Geschmack und Öffentlichkeit

Geschmack und Öffentlichkeit

Matthias Grotkopp, Hermann Kappelhoff, Benjamin Wihstutz (Hg.)

DIAPHANES

1. Auflage
ISBN 978-3-0358-0183-5
© DIAPHANES, Zürich 2019
Alle Rechte vorbehalten

Umschlag, Layout, Satz: 2edit, Zürich
Druck: Steinmeier, Deiningen

www.diaphanes.net

Inhalt

Matthias Grotkopp und Benjamin Wihstutz
Geschmack und Öffentlichkeit. Eine Einleitung　　7

Hermann Kappelhoff
Gemeinsinn und ästhetisches Urteil　　17

Barbara Hahn
»Ein geheimnisvoller sechster Sinn.«
Hannah Arendt über *sensus communis* und den
gesunden Menschenverstand　　35

Ludger Schwarte
Zu Dumm zum Applaudieren? Zur Politik des Geschmacksurteils　　45

Kai van Eikels
Ich bilde mir Öffentlichkeit ein, sie bilden sich Öffentlichkeit ein,
wir bilden uns Öffentlichkeit ein... Änderungen im Imaginären　　61

Martin Vöhler
Enthusiasmus und Mimesis. ›Longins‹ Konzeption des Erhabenen　　83

Benjamin Wihstutz
Urteilende Zuschauer
Über Geschmack und Öffentlichkeit um 1800　　103

Meike Wagner
Medialer Agon und Kunsturteil
Die Theaterpolemik des Moritz Saphir　　121

Jan Lazardzig
Der Geschmack der Polizei
Der Literatur- und Theaterhistoriker Carl Glossy (1848–1937)
und die Entstehung des Wiener Theaterzensurarchivs　　139

Birgit Peter
Zirkus und Geschmack　　163

Matthias Grotkopp
Look at that face!
Expressivität und demokratisches Pathos bei Frank Capra 181

Sarah-Mai Dang
»I Object!«
Kategorisierungsprozesse im gegenwärtigen Woman's Film 207

Jörn Schafaff
Framing und Reframing. Zur Idee einer »Kunsthalle for Music« 223

Autorinnen und Autoren 245

Matthias Grotkopp und Benjamin Wihstutz

Geschmack und Öffentlichkeit
Eine Einleitung

Das Verhältnis zwischen dem Ästhetischen und dem Politischen ist in den vergangenen 20 Jahren zu einer Art Leitmotiv der Geistes- und Kulturwissenschaften avanciert. Insbesondere die Rede von einer Politik des Ästhetischen gehört heute international zu den vielleicht am häufigsten wiederkehrenden Topoi zeitgenössischer Theoriebildung; in der Film-, Theater- und Kunstwissenschaft ebenso wie in den Philologien. Dass der Geschmack, zweifellos eine der zentralen Begriffe ästhetischer Theorie, dabei zunächst lange Zeit eine untergeordnete Rolle spielte, mag unterschiedliche Gründe wie die Abgrenzung zu einer soziologischen Kritik des Geschmacks oder zu rezeptionsästhetischen Perspektiven der 1970er und 1980er Jahre haben. Jedenfalls blieb der Geschmack seit Beginn des 21. Jahrhunderts bei vielen Autoren ästhetischer und politischer Theorie lange Zeit auffallend unterbelichtet. So lenken etwa Jacques Rancières Beispiele eines ästhetischen Regimes der Kunst die Aufmerksamkeit eher auf eine Politik der Form als auf eine Politik des Geschmacks, Badious Begriffe der In-Ästhetik und der Affirmation beziehen sich weniger auf das ästhetische Urteilen als auf eine Wahrheit und Eigenlogik der Künste und selbst in Chantal Mouffes Überlegungen zu politischen Interventionen der Kunst kommt eine Agonistik des Geschmacks allenfalls am Rande vor.[1]

Und doch liegt auf der Hand, dass den Geschmack seit jeher eine politische Dimension kennzeichnet, die sich nicht allein an historischen Beispielen von Zensur oder sozialer Distinktion bestimmter Klassen und Milieus qua Lebensstil zeigt, sondern sich bereits in philosophischen Bestimmungen des Politischen selbst manifestiert. So nimmt die aristotelische Definition des Menschen als *zoon politikon* bekanntlich ihren Ausgang in einer Unterscheidung zwischen Urteil und bloßer Empfindung,

---

1 Vgl. exemplarisch Jacques Rancière: *Aisthesis. 14 Szenen*, Wien 2013 und ders.: *Moderne Zeiten*, 2018; Alain Badiou: *Kleines Handbuch der Inästhetik*, Wien 2008, Chantal Mouffe: *Agonistik. Die Welt politisch denken*, Berlin 2014.

die den Geschmackssinn, nicht aber das Geschmacksurteil, explizit vom Politischen und Ethischen versucht abzugrenzen. Da der Mensch neben der Stimme über die Sprache verfüge, könne er nicht nur Schmerz und Freude anzeigen, sondern auch Gutes von Schlechtem und Gerechtes von Ungerechtem unterscheiden. Das Politische gründet sich mithin auf einer Distanzierung vom unmittelbar Sinnlichen; »Grundbedingung des Urteilens ist die Freiheit von der Empfindung« schreibt Christoph Menke.[2] Für die ästhetische Theorie resultiert aus dieser Distanzierung eine Hierarchie der Sinne, welche den Geschmack wie den Geruch und das Gefühl zu den niederen Sinnen zählt, die lediglich Lust und Unlust anzeigen können, während aus den *objektiven* Sinnen (Sehen, Hören) ästhetische Urteile hervorgehen, die sich nicht auf den sinnlichen Gegenstand selbst, sondern auf den Gegenstand in der Vorstellung beziehen.[3]

Dass dennoch der Geschmack in den meisten europäischen Sprachen metaphorisch für das ästhetische Urteilen steht, hat mit jener Transformation des Sinnlichen durch die Einbildungskraft zu tun. Dabei ist es vor allem Kant zu verdanken, den Geschmack und das Urteilsvermögen aus der Konkurrenz sowohl zum regelbasierten Denkvermögen als auch zu den erst durch praktischen Erwerb geteilten Vorstellungen und Wissensbeständen des *common sense* herauszulösen und das subjektive Empfinden zu dem Vermögen zu machen, mit dem jedem Einzelnen in seiner physisch-sinnlichen Existenz ein Zugang zur Gemeinschaftlichkeit gegeben ist. Denn im ästhetischen Urteilen werden die sinnlich wahrgenommenen Gegenstände qua Einbildungskraft so verwandelt, als seien sie Gegenstände eines inneren Sinnes, als könne man sie schmecken. Und das bedeutet, dass man im Rahmen dieser repräsentierenden Vorstellung gar nicht anders kann, als diese Gegenstände im Modus des Ge- und Missfallens zu reflektieren und sich zu ihnen als das jeweils Besondere zu verhalten.[4] Dieses ›Schmecken‹ des inneren Sinnes ist insofern politisch, als sich in ihm eine »allgemeine Stimme« artikuliert,

---

2 Christoph Menke: *Kritik der Rechte*, Berlin 2015, S. 373.
3 Siehe Giorgio Agamben: *Taste*, London 2017, S. 1. Kant bezieht den Geschmack entsprechend auf ein interessegeleitetes Wohlgefallen am Angenehmen, nicht jedoch auf ästhetische Urteile des Schönen und Erhabenen. Hegel schließt den Geschmackssinn sogar kategorisch aus dem Sinnlichen in der Kunst aus, beziehe er sich doch nur auf die unmittelbar sinnlichen Qualitäten des Materiellen, wohingegen die Kunst eine vergeistigte »Schattenwelt von Gestalten, Tönen und Anschauungen« hervorbringe. Immanuel Kant: »Kritik der Urteilskraft«, § 3, Hegel, Vorlesungen über die Ästhetik I, S. 61.
4 Vgl. Hannah Arendt: *Das Urteilen*, München 2012, S. 89.

die nach Kant immer auch andere mögliche Urteile reflektiert und damit ihr Urteil »gleichsam an die gesamte Menschenvernunft hält«.[5] Die »Freiheit von der Empfindung« im ästhetischen Urteilen entspricht somit einer widersprüchlichen Bewegung: einer Rückführung des objektiv Wahrgenommenen zu einer unmittelbaren Affektion einerseits, einer Reflexion anderer möglicher Urteile im Sinne der »erweiterten Denkungsart« andererseits. Ich bin unmittelbar berührt, ich urteile sofort und urteile doch zugleich als Teil eines Publikums, als »Mitglied einer Gemeinschaft«.[6] Nach Hannah Arendt verknüpft die Einbildungskraft das Politische und das Ästhetische somit auf spezifische Weise: Sie ist dafür verantwortlich, dass im eigenen Urteilen andere mögliche Urteile in den Blick geraten, sie stiftet Gemeinschaften des Urteilens im Sinne einer Zeitgenossenschaft, stellt aber ebenso den Grund für die Streitbarkeit des Ästhetischen dar und mithin dafür, dass soziale Distinktionen qua Geschmack ebenso möglich sind wie öffentliche Debatten um die Grenzen des guten Geschmacks oder der Zensur.

Bezeichnenderweise sind es heute daher weniger die Entwicklungen im Bereich der Kunst und Ästhetik als vielmehr die globalen Veränderungen im Bereich der Politik und der öffentlichen Meinungsbildung, die den Geschmack erneut in den Fokus rücken. Spätestens mit dem globalen Erstarken demokratiefeindlicher und affektgeleiteter Politiken sowie der damit verbundenen Krise der Medienöffentlichkeit lässt sich die politische Dimension des Geschmacks kaum mehr übersehen.[7] Dabei hängt paradoxerweise diese Krise einer rationalen, homogenen Öffentlichkeit mit einer Konjunktur des Öffentlichkeitsbegriffs zusammen. Denn sowohl die vom Populismus okkupierten *counter publics* als auch ihre Gegenpositionen tun immer wieder so, als gäbe es diesen eigentlichen, einheitlichen öffentlichen Diskursraum und nicht die permanenten Überschneidungen, Ein- und Ausschlüsse vieler Partialöffentlichkeiten. Vor allem die dem ästhetischen Urteilen eingeschriebene Relation zwischen Partikularem und Pluralem; zwischen Subjekt, Affekt und Gemeinsinn werden so auf unverhoffte Weise abermals zu relevanten Gegenständen ästhetischer Theorie.

In ihrer 1970 an der New School gehaltenen Vorlesung über das Urteilen hat Hannah Arendt Kants Überlegungen zum »Geschmack als einer

---

5   Immanuel Kant: *Kritik der Urteilskraft*, §40.
6   Arendt: *Das Urteilen*, S. 105.
7   Auf die Aktualität des Geschmacks im Kontext digitalen Wandels hat als eine der ersten Isabelle Graw hingewiesen: Vgl. dies.: »Le goût, c'est moi. Überlegungen zum Geschmack«, in: *Texte zur Kunst*, Nr. 75, Berlin 2009, S. 54–67.

Art Sensus Communis« zum Anlass genommen, den kantischen Gemeinsinn als Fundament einer politischen Philosophie zu interpretieren, die nicht vom Handeln, sondern vom Urteilen ausgeht. Darin macht sie eine strikte Unterscheidung zwischen dem moralischen Prinzip einer Handlung und ihrer politischen Bedeutung stark: Letztere liegt »ausschließlich im Auge des Betrachters, in der Meinung der Zuschauenden, die ihre Haltung in der Öffentlichkeit erklärten.«[8] Wenn aber die Publizität als Prinzip politischen Handels die Meinung der anderen meint, dann versteht Kant darunter – so Arendt – nicht die gesammelten Überzeugungen und konsensuellen Übereinkünfte, sondern eine Publizität als Modus des Denkens, für den Begriffe wie Gemeinsinn, Einbildungskraft und erweiterte Denkungsart einstehen und der seine Grundlegung in der Mitteilbarkeit des Gemützstandes des »Schönen« hat:

> »Das Vermögen, das diese Mitteilbarkeit lenkt, ist der Geschmack, und Geschmack oder Urteil ist nicht das Vorrecht des Genies. Die *conditio sine qua non* für die Existenz schöner Gegenstände ist die Mitteilbarkeit; das Urteil des Zuschauers schafft den Raum, ohne den solche Gegenstände überhaupt nicht erscheinen können. Der öffentliche Raum wird durch die Kritiker und Zuschauer konstituiert, nicht durch die Akteure oder die schöpferisch Tätigen.«[9]

Die Position der Zuschauer ist der Maßstab der Ereignisse, der Maßstab des Sprechens und Handelns im Raum des Politischen. Die Zuschauer beziehen die Ereignisse aufeinander und urteilen, ob diese geeignet seien, dass man sich an ihnen ein Beispiel nehme. Und der entscheidende Clou ist, dass dieser Position eine Pluralität eingeschrieben ist, die nicht einfach nur die empirische Sozialisierung betrifft, sondern das Vermögen des Urteilens und Unterscheidens meint: »Zuschauer gibt es nur in der Mehrzahl. Der Zuschauer ist nicht mit dem Akt, aber immer mit den Mit-Zuschauern verbunden.«[10]

In dieser Konstellation von Zuschauerschaft und Geschmacksurteil wird deutlich, dass sich der Begriff der Öffentlichkeit in diesem Zuge weder auf die Gebilde des Staates bezieht, noch auf das, was als Information oder Kommunikation in einer räumlichen oder medialen Logik jeder und jedem zugänglich ist (oder sein sollte), und noch viel weniger

---

8 Arendt: *Das Urteilen*, S. 65.
9 Ebd., S. 85.
10 Ebd.

auf das, was für die Allgemeinheit von Interesse ist und die Lebensumstände aller betrifft. Der Begriff der Öffentlichkeit verweist in Arendts Verständnis auf diese Dimensionen von Institutionen, Informationen und Interessen immer nur insofern, wie sie sich in Formen der Erscheinung und Überlieferung einer andauernden Geschichte des Handelns, Sprechens und Urteilens manifestieren und diese Formen der Erscheinung und Permanenz zu einem Bestandteil der Bedingungen des Politischen machen.

Der Ort dieser Erscheinung ist nun aber mit der Moderne und dem Zeitalter der Massenmedien – und das markiert die Historizität dieses Denkens – eben nicht mehr an einen konkreten, eingrenzbaren und wie eine Theaterbühne bespielbaren Raum der Agora der attischen Demokratie noch an eine alles umspannende Sphäre gebunden, sondern an eine konfligierende Interaktion von Partialöffentlichkeiten. In deren Auseinandersetzungen und Kämpfen um Anerkennung entsteht erst eine geteilte, aber stets wieder flüchtige und vorläufige Wirklichkeit. Und der Ort dieser Auseinandersetzungen, der Ort, an dem Öffentlichkeit nun stattfindet, sind die permanenten Modulationen der Empfindsamkeit und Affektivität von Körpern und das urteilende In-Beziehung-setzen der eigenen Sinnlichkeit zu einer gemeinsam geteilten Welt.

* * *

Der vorliegende Band nimmt diese Verknüpfung des Ästhetischen und Politischen bei Kant und Arendt zum Ausgangspunkt, Geschmack und Öffentlichkeit nicht als Gegensätze oder zwei Seiten einer Medaille zu begreifen, sondern als zwei von vornherein im Urteilen miteinander verflochtene Dimensionen. Dass sich Öffentlichkeit heute womöglich mehr denn je als Arena des Geschmacks definiert, dass die internationale Politik nicht selten einem Ringen um subjektive Urteile und einen prekären Gemeinsinn gleicht, legt nahe, sich aus neuer Perspektive mit dem Verhältnis zwischen Geschmack und Öffentlichkeit auseinanderzusetzen und, über die Aktualität des Themas hinaus, historische Konfigurationen dieses Verhältnisses in den Blick zu nehmen. Die Beiträge des vorliegenden Bandes befassen sich aus philosophischer und philologischer, aus film-, theater- und kunstwissenschaftlicher Sicht mit politischen Dimensionen ästhetischen Urteilens, die sich in unterschiedlichen historischen Konfigurationen des Films, des Theaters, der Literatur, der ästhetischen Theorie und der Kunst zeigen.

Der erste inhaltliche Schwerpunkt der Beiträge liegt dabei darauf, von Kant und Arendt ausgehend das Geschmacksurteil als Agens des

Gemeinsinns zu befragen und dabei die Bewegung fortzuführen, die zwischen Kant und Arendt selbst bereits angelegt ist, nämlich die Fragen der Einbildungskraft und des ästhetischen Urteils aus der Frage der transzendentalen Bedingungen zu lösen und auf die konkreten, historisch emergenten Geschmackspositionen von Gemeinwesen zu beziehen. Damit ist zum einen das Problem aufgeworfen, wie sich das Verhältnis der Geschichte der Künste zu politischen und moralischen Fragen qualifizieren lässt, welche Rolle der Geschmackssinn in der Komplementarität von Kunst und Politik zu spielen vermag. Dies wird zum einen in konkreten Fallstudien untersucht, zum anderen aber in systematischen Auseinandersetzungen mit den Konzeptionen des Urteilens bei Kant und Arendt sowie deren Perspektivierung durch andere Positionen wie sie etwa Richard Rorty, Jacques Rancière oder Walter Benjamin vertreten.

Zu diesen grundlegenden Fragestellungen gehört auch die Arbeit an der Rekonstruktion der historischen Diskursverflechtungen, in denen die Theorien und die Praktiken des Urteilens und Schmeckens immer schon eingebunden waren, und die Reflexion über die sich darüber ausprägenden Zuschreibungen von Berechtigungen und Befähigungen zum Urteilen. Umgekehrt heißt das aber auch, die Theorien des Geschmacks und des Urteils selber auf die ästhetischen und diskursiven Praktiken in den Künsten und auf die medialen Formen der öffentlichen Erscheinung von Handeln und Urteilen konsequent historisierend zurückzuführen. Eine solche Historizität der Begriffe Geschmack, Urteil und Öffentlichkeit, Verstand, Vernunft und Gemeinsinn lässt sich aber nicht nur in der Makroperspektive der longue durée entwerfen, sondern auch in den scheinbar minimalen Verschiebungen, die sich etwa zeigen, wenn man die deutschen und englischen Fassungen einiger Arbeiten Hannah Arendts vergleicht (*Barbara Hahn*). Dass sich in solchen Verschiebungen und Kollisionen der Begriffe und Praktiken nicht zuletzt immer auch eine Krisendiagnose des Verhältnisses von Sinnlichkeit und offiziellem Selbstbild einer Kultur zeigt, lässt sich auch in der Hinwendung zu altphilologischen Fallstudien zeigen (*Martin Vöhler*).

In den filmwissenschaftlichen Analysen wird gezeigt, dass die Poetiken filmischer Bilder als Teil einer permanenten Transformation der Sprach- und Wahrnehmungsstrukturen konkreter Gemeinschaften zu fassen sind und dass sich diese Transformation als die Geschichte der Verzweigung und Refiguration von Geschmacksordnungen beschrieben lässt (*Hermann Kappelhoff*). Dabei sind nicht nur die dargestellten Urteilsprozesse und Gemeinschaftsbildungen von Interesse, sondern vor allem die permanente qualitative Modulation einer gemeinschaftlich geteilten Welt in der Verkoppelung der medialen Strukturen filmischer

Bilder mit dem verkörperten Wahrnehmungsvermögen und Selbstempfinden der Zuschauer (*Matthias Grotkopp*). Eine der wichtigsten Erkenntnisse hierbei ist, dass sich dabei die Affizierungsprozesse und Subjektivierungseffekte ästhetischer Formen nicht auf vorgegebene Subjekte beziehen müssen, sondern Projektionen entwickeln können, die gezielt die Grenzen des Gemeinsinns in den Blick nehmen, die eine permanente Verschiebung der Positionen und Perspektiven zwischen Affirmation und Kritik vornehmen und somit eine Erfahrung der Differenz zu den vorherrschenden Wahrnehmungs- und Denkweisen öffentlich wirksam machen (*Sarah-Mai Dang*).

Inwiefern das Geschmacksurteil ein Denken zeigt, dass gerade durch die individuelle Sinnlichkeit und die unbegrenzten Möglichkeiten anderer Geschmäcker immer auch die jeweiligen Grenzen des Geschmacks aufweist, lässt sich an einem Versuch rekonstruieren, Musik auf eine ganz andere Art und Weise zu kuratieren, als es die Algorithmen der Streaming-Dienste tun, und dabei das Geschmacksurteil als Urteil des Besonderen zu fokussieren (*Jörn Schafaff*).

Nicht zuletzt verweist uns aber die Reflexion über die Grenzen des Geschmacks als das, was die eigene Welt begrenzt, auch auf den ganz konkreten Zusammenhang von Geschmack und Normativität: Geschmack als eine Form der Ausgrenzung. Der zweite inhaltliche Schwerpunkt nimmt diese Feststellung zum Ausgangspunkt, um spezifische historische Auseinandersetzungen mit Reglementierungen durch Geschmack und Reglementierungen des Geschmacks zu rekonstruieren. Dabei erweisen sich die unterschiedlichen Geschmackspolitiken stets als ein Ineinander von Formen der hegemonialen Festlegung bestehender Grenzen und Formen der dissensuellen Auflösung und Neuausrichtung der Begrenzungen des Gemeinsinns.

Aus theaterhistorischer Perspektive wird in den Beiträgen gezeigt, wie sich dieser Streit um die Grenzen des Geschmacks und der Geschmackskompetenzen durch Praktiken und Theorien der Zuschauerschaft, durch die Theaterkritik, die Theaterzensur und den Konflikt zwischen Theater und Nicht-Theater hindurch zieht und konstitutiv für das Verhältnis von Theater und Öffentlichkeit ist. Dabei lassen sich sehr genau die Linien nachzeichnen, mit denen die Fragen, auf welche Weise ein ästhetisches Urteil gefällt wird, welche Rolle Affekt und Distanz im Urteil spielen, immer schon die Frage betrifft, wessen Geschmack Gültigkeit besitzt und in wessen Namen sowie auf welche Weise Geschmacksurteile in der Öffentlichkeit des Theaterraums mitgeteilt werden können (*Benjamin Wihstutz*). Solche Diskussionen um den richtigen oder guten Geschmack sind dabei jederzeit offen für Instrumentalisierungen, so wie in der

Praxis der Theaterzensur sich der Sinn für die allgemeine, öffentliche Ordnung und das ästhetische Urteil als Form der Distinktion gegenseitig stützten (*Jan Lazardzig*).

Dass eine kritische Auseinandersetzung mit der kantischen Konzeption von Urteil und Geschmack aus empirisch-sozialwissenschaftlicher Sicht noch ganz andere Distinktionsprozesse und kulturelle Machtgefüge in den Blick zu rücken vermag, dafür stehen nicht zuletzt die Arbeiten Pierre Bourdieus. Das Reglement des guten Geschmacks, das den Zirkus vom Theater kategorisch durch die Unterscheidung von Unterhaltung und Kunst abtrennt, erscheint dann nicht nur eine diskursive Differenzierung zwischen performativen Gattungen, sondern eine Konstruktion die in ganz konkreten Stratifizierungen gesellschaftlich wirksam wird (*Birgit Peter*).

Anhand der Geschichte der Theaterkritik kann gezeigt werden, welch weitreichende Folgen divergierende Auffassungen über das Verhältnis einzelner Organe der Äußerung zu einer umfassenden Medienöffentlichkeit haben und was geschieht, wenn das System eines freien Diskurses von Äußerung und Gegenäußerung durchkreuzt wird von geschmackspolitischen Eingriffen und Grenzziehungen einerseits und von Verweigerungen der Agonalität andererseits (*Meike Wagner*). In genau diesem Sinne ist es wichtig, immer wieder auch jene künstlerischen und diskursiven Strategien zu untersuchen, die sich dezidiert der Hinterfragung der normativen und sozialen Voraussetzungen des ästhetischen Urteils widmen und dabei bestehende Grenzen zwischen verschiedenen Praktiken, Gattungen und Akteursgruppen revidieren.

Letztlich läuft die Konstellation aus den systematischen Überlegungen und den konkreten historischen Fallstudien darauf hinaus, immer auch die gegenwartsbezogene Reflexion vorzubereiten, im welchen Sinne sich das Geschmacksurteil als Agens eines politischen, eines demokratischen Denkens bestimmen lässt. Eine erste Voraussetzung dafür ist, eben den Gemeinsinn als das Gefühl, in einer gemeinschaftlich geteilten Welt zu leben, als Geschmacksordnung radikal zu konkretisieren und historisch, sozial, kulturell zu verorten. Das ästhetische Urteil wird dann zu der Form, in der die Grenzen dieses Gefühls reflektiert, auf seine Erweiterbarkeit um das jeweils Besondere befragt werden, es wird zu der Form, in der ein Gemeinwesen als Feld konkurrierender Entwürfe des Gemeinsinns hervorgebracht wird. Damit steht auch die Frage im Raum, wie sich die Pragmatik des Urteilens in ihrer weltverändernden Kapazität, als eine Form der Teilhabe gegen das Urteilen als Form der Expertise Geltung verschaffen kann (Ludger Schwarte). Dabei lässt sich die widersprüchliche, antinomische Disposition des Geschmacksurteils

Geschmack und Öffentlichkeit

auf keiner Weise theoretisch aufheben, sondern bezeichnet gerade damit die politische Dimension des ästhetischen Urteilens. In diesem Sinne sind hegemoniale, ausgrenzende und minoritäre, emanzipatorische Geschmackspraktiken ebenso stets aufeinander zu beziehen, wie die affektive Unmittelbarkeit und die suspendierende Rücksicht der Einbildungskraft auf die Standpunkte anderer. So ist ein demokratisches Ethos des Geschmacks möglicherweise in einer Rhetorik der Suspension, der Urteilslosigkeit zu suchen, die sich aber nie abstrahierend von der eigenen Sinnlichkeit, dem eigenen Selbstempfinden löst. Was daraus folgt, ist unter anderem auch eine notwendige Neubestimmung der Imagination als körperlicher, materialistischer Praxis, die konkrete Vielheiten hervorbringt statt theoretische Fantasien von unbestimmter Pluralität, womit die Einbildung aber auch ihre – theoretische – Unschuld verliert (*Kai van Eikels*).

Hermann Kappelhoff

Gemeinsinn und ästhetisches Urteil

In Geschmacksdingen sei die Scham dasjenige Gefühl, welches uns anzeigt, ob wir mit unserer Beurteilung richtig oder falsch liegen. Diesen Gedanken hebt Hannah Arendt in ihrer Lektüre von Kants *Kritik der Urteilskraft* (1790) hervor. Die Scham lasse uns wissen, ob wir in unserem Erscheinungsbild, unserer häuslichen Einrichtung geschmacklos erscheinen: Sie zeigt uns an, dass, wenn wir in alltäglichsten Dingen um Schmuck und Schönheit bemüht sind, dies immer eine handfeste sozialpolitische Komponente hat. An solchem Streben lasse sich ein empirisches Interesse am Schönen erkennen. Dieses Interesse heißt bei Kant »Geselligkeit«; für ihn käme, so Arendt, in allen Fragen des Schönen ein den Menschen als Gattung bestimmendes Streben nach Geselligkeit zum Ausdruck. Das Interesse am Schönen findet seinen Zweck darin, »durch schöne Vorstellungen gemeinsame Gefühle und Gefühle der Gemeinsamkeit zu bewirken«.[1] Für Arendt sieht Kant in diesem Streben nach Geselligkeit den »größten Zweck der menschlichen Bestimmung«.[2]

Dazugehören wollen, sich unterhalten wollen, sich einander seiner Zugehörigkeit versichern, das sind Wünsche, die – in einer solchen Perspektive – ein grundlegendes Bestreben aller Menschen nach Geselligkeit benennen, aus dem das Interesse am Schönen herrührt. Geselligkeit, Unterhaltung und Räsonnement, also jene Dinge, die man unermüdlich als feuilletonistische Betriebsamkeit und uneigentliche Zugabe zum eigentlichen Künstlerischen des Kunstbetriebs abwertet, entsprächen so gesehen durchaus dem gesellschaftlichen Interesse, sich mit der Kunst

---

[1] Georg Kohler: »Gemeinsinn oder: über das Gute am Schönen. Von der Geschmackslehre zur Teleologie« (§§ 39–42), in: Immanuel Kant: *Kritik der Urteilskraft*, Hg. v. Otfried Höffe, Berlin 2008, S. 137–150, hier: S. 149. Vgl. auch: »Empirisch interessiert das Schöne nur in der Gesellschaft [...].« Immanuel Kant: *Kritik der Urteilskraft*, Werkausgabe Band X, Frankfurt a. M. 1990, S. 229 (§ 41). In diesem Interesse komme der Hang zur »Geselligkeit [...] als zur Humanität gehörige Eigenschaft« (Ebd.)
[2] Hannah Arendt: *Das Urteilen*, München 2012, S. 18, Sie zitiert aus Kants »Mutmaßlicher Anfang der Menschheitsgeschichte« (Kant-Werke, Band 9, S. 86; vgl. auch Arendt: *Das Urteilen*, S. 98f.)

und dem Schönen zu beschäftigen: Wir produzieren Schönes als Kunst, weil uns die Erfahrung des Schönen den Raum für Geselligkeit eröffnet. Diesen Gedanken verfolgt noch Dewey, wenn er – gegen Kant – die Erfahrung der Kunst auf ein ästhetisches Verhalten, ein anthropologisches Streben nach Schmuck und Ornament gründet.[3] Von hier führt dieser Gedanke weiter bis zu den gegenwärtigen Versuchen einer evolutionstheoretisch sich ausweisenden Empirie der Ästhetik; auf anderem Wege führt er geradewegs zur Theorie des Habitus, welche im von Scham sanktionierten Geschmacksurteil ein subtiles, aber hoch wirksames Herrschaftsinstrument beschreibt.[4] Und wieder sind es nicht zuletzt die Institutionen und Diskurse des Kunst- und Unterhaltungsbetriebs, in denen diese Herrschaftsform ihr Rüstzeug hat.

Beide Fluchtlinien mag bereits Kant im Blick gehabt haben, als er sich entschied, sich an das Naturschöne und nicht an das Schöne der Kunst zu halten, um die Erfahrung des Schönen theoretisch zu bestimmen.[5] In der Kunst sind ästhetische Urteile immer vermengt mit anderen empirischen Zwecken; sie vollziehen sich in Räumen der Geselligkeit, die eben immer auch gesellschaftliche Räume sind, in denen Geltungsmacht und soziale Distinktion wirksam sind. Deshalb rückt die Kunst erst ins Zentrum von Kants Überlegungen, wenn es um das Machen von Dingen geht, die wir als schön erleben.

Arendt betont, dass Kant keineswegs dem Geselligkeitsstreben misstraute, wenn er sich distanzierend gegenüber dem empirischen Interesse am Schönen äußerte. Ihm sei an der Bestimmung eines reinen ästhetischen Urteils gelegen gewesen – ohne empirische Beimengung. Für dieses Urteil sind Reiz und Rührung ebenso auszuschließen wie das Gefühl peinlicher Verfehlung des Angemessenen. Eben deshalb werden die Bedingungen des reinen ästhetischen Urteils an der Erfahrung des Naturschönen entwickelt.

Darin begründet sich die besondere Stellung des Schönen unter allen möglichen Geschmacksurteilen. Das rein ästhetische Urteil erhebt Anspruch darauf, ein Gefühl zu sein, das jeder teilen kann, weil es den harmonischen Zusammenklang aller Strebungen betrifft. Als Erfahrung eines solchen Gefühls wird das Naturschöne zum Indikator eines allgemein geteilten Fühlens. Die Erfahrung des Schönen ist das Gefühl

---

3 John Dewey: *Kunst als Erfahrung*, Frankfurt a.M. 1998, S.13.
4 Vgl. als klassische sozialwissenschaftliche (und politisch engagierte) Position hierzu: Pierre Bourdieu: *Die feinen Unterschiede. Kritik der gesellschaftlichen Urteilskraft*, Frankfurt a. M. 1982.
5 Vgl. Kant: *Kritik der Urteilskraft*, § 42, S. 231ff.

für eine von allen Menschen gleichermaßen geteilte Sinnlichkeit. Umgekehrt ist die Möglichkeit eines allgemein geteilten Fühlens die Bedingung dafür, dass es überhaupt so etwas wie die Erfahrung von Schönheit – bar aller empirischen Zwecke – geben kann. Und diesen transzendentalen Grund, ein Gefühl für das gemeinsame Fühlen, nennt Kant Gemeinsinn.

Gemeinsinn als Sense of Commonality

Zugespitzt könnte man also sagen, dass es in der *Kritik der Urteilskraft* gar nicht um das Schöne und erst recht nicht um die Kunst geht – sondern um den Begriff des Gemeinsinns.[6] So jedenfalls sieht es Hannah Arendt. Für sie hat Kant mit dem Verständnis des Gemeinsinns als ein transzendentales Gefühl für das Gemeinschaftliche ein uraltes, vielfältig überschriebenes anthropologisches Konzept in eine völlig neue Kategorie politischen Denkens übersetzt.

Wenn ich etwas als schön erlebe, dann setze ich mein Gefühl in Beziehung zu anderen, die in der gleichen Art und Weise die Welt der Erscheinungen erleben. Und wenn ich eine Handlung als abscheulich erlebe, dann gründet sich dieses Urteil auf das entschiedene Gefühl, mein Empfinden mit all jenen zu teilen, die wie ich der menschlichen Gemeinschaft angehören. Ich beziehe mich nicht auf ein Objekt oder einen Sachverhalt, sondern auf ein Gefühl, das ich mit allen teile, denen dieser Sachverhalt zum Ereignis ihres Welterlebens wird.

»Urteilen« meint in dieser Lesart nicht, dass man sich argumentierend eine Meinung bildet. Es sagt mir nicht, was ich zu tun oder zu lassen habe. Das Urteil folgt – so hebt Arendt hervor – gerade nicht dem moralischen Räsonnement der praktischen Vernunft. Es vollzieht sich, wie schmecken und riechen, unmittelbar bewertend: Ich mag, ich mag nicht.[7] Der »Geschmack«, so zitiert Arendt als Schlusspunkt ihrer Argumentation noch einmal Kant, »ist also das Vermögen, die Mitteilbarkeit der Gefühle [...] zu beurteilen.«[8]

---

6 Tatsächlich wird »Gemeinsinn« als apriorische Bestimmung eingeführt, welche Gefühlsurteile, wie die des Geschmacks überhaupt ermöglichen (vgl. ebd. und Marc Düwell: *Ästhetische Erfahrung und Moral. Zur Bedeutung des Ästhetischen für die Handlungsspielräume des Menschen*, Freiburg/München 1999).
7 Arendt: *Das Urteilen*, S. 103.
8 Ebd., S. 111. Arendt zitiert aus dem § 40 Paragraphen der Kritik der Urteilskraft (Kant: *Kritik der Urteilskraft*, S. 228).

Mit dieser Wendung arbeitet sie eine Bedeutung des Begriffs heraus, die sich grundlegend von der des Common Sense unterscheidet. In dieser Bedeutung nimmt der Begriff bekanntlich eine Schlüsselstellung in den Theorien zur Kommunikationsgemeinschaft und zum kommunikativen Handeln ein. Der Kantsche Gemeinsinn hingegen benennt ein Gefühl für das Gemeinschaftliche, einen Sense of Commonality, und keinen Common Sense der verstandesbegründeten Überzeugungen, Meinungen und Erkenntnisse.

Auf eine solche Teilhabe, in der sich eine Gemeinschaft in ihren moralischen Werten verbunden erfährt, bezieht sich auch Richard Rorty, wenn er die Moral, nicht anders als die Wahrheit, zu einer Frage der Zugehörigkeit zu einer Gemeinschaft, zur Frage des Sense of Commonality macht.[9] Darin trifft Rortys Begriff die entscheidende Pointe des Kantschen »Gemeinsinns«, der gerade in der Unterscheidung vom gängigen Verständnis des Sensus Communis oder Common Sense als allgemeines Wissen des gesunden Menschenverstandes seine begriffliche Dignität erhält. Nun ist der Begriff des Gemeinsinns oder Sensus Communis, seiner langen philosophiegeschichtlichen Tradition wegen, so schillernd und vieldeutig.[10] Aber erst in der Kantschen Wendung gewinnt der Begriff eine distinktive Präzision, in der die genuine politische Dimension des poetischen Machens greifbar wird, die Rorty Solidarität nennt. Ist Solidarität doch auf der Ebene eines Gefühls für die gemeinschaftliche Welt anzusiedeln, auf der Ebene geteilter Sinnlichkeit.[11]

Entscheidend nämlich ist, dass sich das Gefühl für das Gemeinschaftliche immer nur in Form eines ästhetischen Urteils reflektieren, bestimmen und befragen lassen kann – weil es das Gefühl betrifft, in einer gemeinschaftlich geteilten Welt zu leben, und keine verstandesmäßig zu fassenden Tatsachen oder Diskurse; weil es eben nicht, wie es bei Kant heißt, auf begrifflichen Operationen gründet. Rorty selbst weist in diese

---

9 Rorty: *Achieving our country*, S. 101. Rorty zielt dabei auf die Frage, wie sich moderne Gesellschaften überhaupt auf sich selbst als politische Gemeinschaften beziehen können und kommt zu dem Schluss, dass alles wirksame politische Handeln, wie kleinteilig es sich in politischen Kampagnen und Gesetzesvorhaben auch vollzieht, auf einem Gemeinschaftsgefühl gründe, das die kulturellen Differenzen und moralischen Verletzungen zu überbrücken vermag, wobei Gemeinsinn und Gemeinschaftsgefühl in nichts anderem begründet werden können als dem Wert, den die Gemeinschaft selbst darstellt.
10 Man kann das Problem sehr genau an der Rekonstruktion von Sophia Rosenfeld beobachten. Vgl. Sophia Rosenfeld: *Common Sense. A Political History*, Cambridge/London 2011.
11 Vgl. Rancière: *Die Aufteilung des Sinnlichen. Ästhetik und Politik*, dazu: Kappelhoff: *Cinematic Realism*, S. 1ff.

Richtung, wenn er den Begriff der Solidarität unauflösbar mit der Ironie poetischen Machens verbindet.[12]

In diesem Sinne – als ein Gefühl für das Gemeinschaftliche, als Sense of Commonality und nicht als Common Sense – begründet der Gemeinsinn im Geschmacksurteil eine, wie Arendt schreibt, »erweiterte Denkungsart«. Der Gemeinsinn fungiert bei ihr immer noch als apriorische Bedingung; nun aber nicht mehr, um ein rein ästhetisches Urteil des Schönen zu begründen, sondern um das Urteilen selbst als einen spezifischen Modus des Denkens auszuweisen: als einen Modus des Denkens, der sich nicht ablöst von dem besonderen Einzelfall des Gefühls für eine besondere Sache.

Das Kantsche Schöne wird gleichsam zur Leiter, die weggestoßen wird, ist erst der Begriff des Gemeinsinns als Gefühl für ein gemeinsames Fühlen bestimmt. Zurück behält Arendt allein das Geschmacksurteil, und zwar in allen empirischen Unsauberkeiten. In der *Kritik der Urteilskraft* stehe – so Hannah Arendt – kein Begriff vom Sein des Menschen zur Diskussion, weder das moralische Wesen Mensch, noch sein Gattungsbegriff, sondern die »Menschen in der Mehrzahl«, »die wirklichen Bewohner dieser Erde«, deren »Zweck die *Geselligkeit*« ist.[13] Das urteilende Denken bleibt immer auf die Pluralität subjektiven Fühlens in dessen je gegebenen situativen Besonderheiten bezogen: Es sei immer ein Urteil über Besonderes – »›das ist gut‹, ›das ist schlecht‹, ›das ist richtig‹, ›das ist falsch‹, ›das ist schön‹, ›das ist hässlich‹«, heißt es bei Arendt.[14]

Aber setzt nicht ein solches Denken den Gemeinsinn erneut als anthropologisches Faktum voraus, wenn auch in der Umdeutung zu einem Gefühl für ein gemeinschaftliches Fühlen? Wie anders sollte sich dieses Denken vollziehen, ohne sich von der Pluralität des je besonderen Erlebens der vielen Verschiedenen abzulösen? In der Antwort auf diese Fragen gibt Arendt dem Gemeinsinn eine dezidiert historisch-politische Prägung. Sie macht nämlich umgekehrt das Geschmacksurteil zum Agens des Gemeinsinns. Das Geschmacksurteil lässt uns mit jeder urteilenden Reflexion immer neu den Gemeinsinn auf seine Verallgemeinerbarkeit hin überprüfen. Es nötigt uns, den Gemeinsinn selbst zu befragen als etwas, das jederzeit unsere Denkungsart begrenzt und darin unendlich

---

12 Vgl. sein Buchtitel »Kontingenz, Ironie und Solidarität«.
13 Vgl. Arendt: *Das Urteilen*, S. 44.
14 Transkript von Arendts Bemerkungen an die American Society for Christian Ethics, Richmond, Va, 21. Januar 1973, Library of Congress, zitiert nach Elisabeth Young-Bruehl: *Hannah Arendt. Leben, Werk und Zeit*, Frankfurt a. M. 1986, S. 615.

erweiterungsbedürftig ist: Das Geschmacksurteil begründet eine »erweiterte Denkungsart«, die sich mit jeder urteilenden Reflexion um diesen einen besonderen Fall des Gefühls für eine Sache notwendig erweitern muss. Das aber bedeutet, den Gemeinsinn als Geschmacksordnung konkreter Kulturgemeinschaften radikal zu historisieren.

Das Geschmacksurteil wird zur »erweiterten Denkungsart«, indem es sich selber in einer Welt verortet, die es als Zusammenhang gegenläufiger und einander ausschließender Positionen des Sinneserlebens entwirft, fingiert und denkt. Dieses urteilende Denken vollzieht sich in der imaginären Arena einer Öffentlichkeit, die auf ihren Rängen ein Publikum versammelt, dessen vielzählige Geschmacksbesonderheiten jeden möglichen perspektivischen Standpunkt des Urteilens implizieren. Dieses ästhetische Parlament hat sein Medium nicht im besseren Argument einer idealen Kommunikationsgemeinschaft, sondern im Urteilen als steter Prozess der Erweiterung der Geschmackspositionen. Das heißt, das Geschmacksurteil bringt notwendig die Grenzen des Gemeinsinns, seine Erweiterungsbedürftigkeit zum Ausdruck.

Das Geschmacksurteil als erweiterte Denkungsart

Man mag sich das ästhetische Parlament mit Cavell durchaus als den Erfahrungsraum des Genrekinos denken. Seine Analyse von STELLA DALLAS (USA 1937), der Frau, die, um aufzusteigen, versucht, sich des Stils der besseren Gesellschaft zu bemächtigen, aber Mal um Mal scheitert; die in jedem Scheitern immer heftiger die Diskrepanz erlebt zwischen ihren exzentrischen Vorlieben, die im Blick der anderen vulgär, übertrieben und abstoßend erscheinen, und dem, was für jene als guter Geschmack gilt.[15] Man kann sich mit Cavell aber auch Stella Dallas als den Typus vorstellen, der mühelos jede Geschmacksposition zu antizipieren und auf den eigenen, exzentrischen Selbstentwurf zu beziehen weiß; der über das Kalkül um das richtige Outfit für die jeweilige soziale Konstellation verfügt.

King Vidors Melodrama ist nicht zufällig zur vieldiskutierten Referenz feministischer Filmtheorie geworden. An STELLA DALLAS ließ sich nicht nur eindrucksvoll die repressive Gewalt des sozialen Habitus nachvollziehen. Es ließ sich auch trefflich darüber streiten, ob der Film die

---

15 Stanley Cavell: »Stella's Taste. Reading Stella Dallas«, in: ders.: *Contesting Tears. The Hollywood Melodrama of the Unknown Woman*, Chicago/London 1996, S. 197–222.

Figur in ihrem exzentrischen Geschmack als unerkannte Individualität in Szene setzte, der Geltung zu verschaffen war; oder ob er nicht vielmehr das Scheitern der Figur als einer Widerspenstigen Zähmung zeigte. Für Cavell war mit STELLA DALLAS die Idee eines neuen Figurentypus des Genrekinos uns buchstäblich vor Augen gestellt. Der Konflikt der Figur, die alle Register der Selbstdarstellung beherrscht und doch an den Anforderungen des sozialen Rollenspiels scheitert, weil ihr scheinbar der Sinn für Angemessenheit fehlt, gibt uns den Typus als eine spezifische Darstellungsform zu verstehen, die sich von anderen Formen der Figurendarstellung – etwa des Theaters oder der Literatur – grundlegend unterscheidet. Denn was sich zunächst als Beschreibung einer Figur auszunehmen scheint, wird über den Begriff des Typus als eine intervenierende Perspektivierung der gemeinsam geteilten Welt, eine spezifische Form der Subjektivierung greifbar. Stellas Bemühen, sich selbst in ihrem exzentrischen Geschmack zur Geltung zu bringen, definiert gleichsam diese Form: Typen sind exzentrische Individualitäten, die Anspruch darauf erheben, als solche wahrgenommen und anerkannt zu werden. Cavell spricht vom »Type« im Sinne einer unverwechselbaren Distinguiertheit.[16]

Das meint gerade nicht das typische Merkmal, welches eine Serie von Einzelnen taxonomisch zusammenfasst; es meint auch nicht das Stereotyp im Sinne einer konventionellen Verknappung der signifikanten Merkmale zum Zwecke serieller Vervielfältigung oder rascher Zuordenbarkeit. Im Gegenteil meint es eine unverwechselbare Individualität, die sich durch alle sozialen Rollen, kulturellen Prägungen und Familienähnlichkeiten hindurch zur Geltung bringt; es meint »typisch« im Sinn eines unverwechselbaren Merkmals, einer Verhaltensweise, Geste oder Attitüde, die charakteristisch ist für eine Person, die ihre Individualität durch alle Rollen hindurch sichtbar werden lässt.

Der Typus bezeichnet die je besondere Weise, in der ein körperlich, sozial und kulturell geprägter Habitus individuell durchformt wird. In diesem Verständnis von Typus ist der doppelte Wortsinn streng aufeinander bezogen, der in der westlichen Tradition mit dem Begriff der Person verbunden ist: Das ist zum einen die Persona, die Charaktermaske des antiken Tragöden, durch die hindurch die lebendige Stimme eines Darstellers klingt; und es ist die Person, die eben in der Unverwechselbarkeit ihrer Stimme durch die Maske hindurch ihre Individualität

---

16 Cavell beschreibt diese Distinguiertheit als »particular ways of inhabiting a social role«. Stanley Cavell: *The World Viewed. Reflections on the Ontology of Film*, Cambridge, Mass./London 1979, S. 33f.

als eine eigenständige, exzentrische Realität vernehmbar werden lässt. Unschwer erkennen wir die Vorstellung Rortys wieder, dass die Neubeschreibungen der gemeinsamen Welt immer auch kreative Selbstentwürfe sind.[17] Die unerhörte, nicht anerkannte Individualität bezeichnet per se den Grenzfall des Sense of Commonality.

Doch beinhaltet der Umstand, dass Cavell seine Überlegungen nicht zuletzt an den Frauenfiguren des Melodramas entwickelt, noch einen weiteren, für uns entscheidenden Hinweis zum Verständnis des Typus. Obwohl Cavell mit dem Begriff vor allem auf die Wechselbeziehung von Star und Figur im Hollywoodkino zielt, wird mit Blick auf das Melodrama deutlich, dass Individualitäten sich als eine spezifische Expressivität, ein Empfindungsstil, eine eigensinnige Pathetik, kurzum als Affekttypus zur Geltung bringen. Dies aber ist im Melodrama immer eine Frage der Inszenierungsweise des Films als Ganzen. Daher möchte ich denn auch von Individualität im Sinne einer spezifischen Form der Subjektivierung sprechen, einer bestimmten Art und Weise, das Ich-Empfinden gegenüber dem Wir-Empfinden einer gemeinsam geteilten Welt in Stellung zu bringen. Diese Formen der Subjektivierung sind nicht allein, ja nicht einmal bevorzugt an der Figur, dem Schauspielstil oder dem Startypus festzumachen.

Man kann sich die Kinozuschauer in der Position von Stella denken, wenn sie verfolgen, wie sich das Urteil über die ordinäre Frau in den unangemessenen Kleidern ändert, je nachdem, von welcher Perspektive aus man sie betrachtet. Man kann die Dramaturgie des Films, dessen Heldin Stella ist, als ein Zuschauergefühl beschreiben, das sich in der Beobachtung der Fauxpas der Figur unauflösbar mit dem Gegenstand der Betrachtung verwickelt, sich in seinem Selbstempfinden noch als Teil dieser perspektivischen Wechsel erlebt, mit denen das Gefühl für die Figur in einander schroff entgegengesetzte Wertungen umschlägt; ein Zuschauergefühl, das sich des dynamischen Prozesses der schroffen Wechsel je konkreter sinnlich-affektiver Bezugnahmen endlich in Gänze gewahr wird und ihn in einer gedanklichen Bewegung umfasst,

---

17 Rorty spricht von exzentrischen Selbstentwürfen und idiosynkratischen Akten der Subjektivierung, die den Kern der poetischen Tätigkeit ausmachen und zugleich damit den Zweck liberaler Politik definieren. Denn die poetischen Erfindungen der Formen, Metaphern und Bilder, mit denen sich die gemeinsame Welt neu und anders beschreiben lässt, bringen zugleich jenes freie Selbst zur Geltung, an dem aller Fortschritt sich bemisst. Poetik und Politik bezeichnen zwei aufeinander verwiesene Aspekte des Politischen, zwei Weisen des »Machens«, der Poiesis des moralischen Fortschritts. Vgl. Rorty: *Kontingenz, Ironie und Solidarität*.

die das »Zuviel der Stella Dallas«[18] als ureigenes Gefühl für sich selbst begreift. Das heißt, nur aus der Position des Zuschauers ist die Dynamik des Geschmacksurteils als eine erweiterte Denkungsart, als Modus des Denkens zu realisieren.

Aber bei Arendt meint Urteilen kein Denken im vielperspektivischen Wahrnehmungsraum des Kinos. Die imaginäre Arena, in dem die unendlich vervielfältigbaren Wahrnehmungspositionen ihren Platz finden, wird von ihr eben als Parlament gedacht, der gesprochenen Rede und dem begrifflichen Denken verpflichtet. Deshalb greift sie, wenn sie Kants Weltbürger zu einem Weltzuschauer werden lässt, auf die philosophisch bewährte Theatermetapher zurück.[19] Das Geschmacksurteil initiiert einen Denkprozess, der wie ein Schauakt vor dem kritisch urteilenden Weltzuschauerpublikum sich vollzieht. Der Metapher des Theaters kommt in Arendts politischen Schriften einige Bedeutung zu. An dieser entscheidenden Stelle – der Interpretation des Kantschen Weltbürgers als Weltzuschauer – aber bleibt sie seltsam abstrakt: Die erweiterte Denkungsart meint letztlich ein Theater der Imagination des politisch denkenden Philosophen.

Das hat Gründe. Arendt hat nämlich das Geschmacksurteil von dem Begriff jener Tätigkeit abgelöst, deren Zweck darin besteht, dieses imaginäre Theater als konkretes Erleben in Szene zu setzen – dem Begriff der Kunst. Sie hat mit dem Kunst-Machen genau jenen Bereich aus dem Blickfeld geschoben, in welchem der Modus urteilenden Denkens auf die Frage nach dem konkreten Machen von Erfahrungsräumen trifft, in denen sich das Denken im Schauakt des Urteilens nicht vom »*Dies* ist schön, *Dies* ist hässlich, *Dies* ist richtig, *Dies* ist falsch« der je gegebenen situativen Besonderheiten ablöst.

Mit Rorty lässt sich diese Verbindung von Machen und Denken dagegen im Beschreiben und Neubeschreiben der Grenzen der gemein-

---

18 Mit diesem Ausdruck benennt Cavell das disziplinarische Geschmacksurteil, wenn er von seiner Mutter berichtet, die immer dann, wenn sie zu tief in die Farbkiste gegriffen hatte, die Frage stellte, ob das »too much Stella Dallas« sei? »When my mother asked for an opinion from my father and me about a new garment or ornament she had on, a characteristic form she gave her question was, ›Too Stella Dallas?‹« (Cavell: *Stella's Taste. Reading Stella Dallas*, S. 200).
19 Vgl. z.B.: »Der allgemeine Punkt der Betrachtung oder Standpunkt ist aber besetzt, durch den Zuschauer, der rein ›Weltbürger‹ ist oder, besser, ein ›Welt-Zuschauer‹.« (Arendt: *Das Urteilen*, S. 91f.) Und: »Das Schauspiel vor dem Zuschauer – das gewissermaßen für sein Urteil aufgeführt wird – ist die Geschichte als ein Ganzes, und der wahre Held dieses Schauspiels ist die Menschheit in der ›Reihe der Generationen fortschreitend‹ in irgendeine ›Unendlichkeit‹.« (Ebd., S. 92).

sam geteilten Welt als poetisches Machen[20] bestimmen und zu folgender These verdichten: Dass sich nämlich die Geschichte der Künste und Gattungen in ihrer Pluralität nur im Umweg über das ästhetische Urteil in ihrem Verhältnis zu den politischen, historischen und moralischen Problemen eines Gemeinwesens als mediale Praxis einer bestimmten Kultur[21] qualifizieren lässt. Um die Beziehung politisch, historisch und moralisch zu qualifizieren, braucht es die Reflexion des ästhetischen Urteils. Ein solches Urteil richtet sich an der Frage aus, ob das dargestellte Geschehen als Wirklichkeit der gemeinsamen Welt mich in meinem Selbstempfinden auf eine Weise betrifft, die nicht nur für mich, sondern für alle anderen gilt, denen ich unterstelle, dass sie mit mir die gemeinsame Welt teilen. Es betrifft einen Sinn, der die Sinnlichkeit selbst prüft – das wiederum ist genau die eigenwillige Deutung, die Hannah Arendt dem Geschmackssinn gibt.

Politik des Ästhetischen

In der Tradition westlicher Philosophie ist die Verbindung von urteilendem Denken und dem Machen konkreter Erfahrungsräume als das Verhältnis von Poetik und Politik ein notorisches Thema. Eben diese Verbindung steht bekanntlich im Zentrum der Theorie des Politischen, wie sie Jacques Rancière entwickelt hat. Gerade aber nicht – und von diesem Problem möchte ich im Folgenden sprechen – im Begriff der Poetik, sondern, in schroffer Abgrenzung dazu, im Begriff der Kunst.

Rancière bezieht sich durchaus auf ein vergleichbares Verständnis von Gemeinsinn, wie ich es mit Arendt als Sense of Commonality skizziert habe. Er spricht von der geteilten Sinnlichkeit und der Sensorialitätsordnung. Auch für ihn ist damit ein spezifischer Modus des Denkens verbunden; auch für ihn wird dieser Modus nicht zuletzt mit Blick auf die Kantsche Ästhetik definiert. Schließlich gilt auch für ihn, dass die Wahrnehmung der Welt, ihre Wahrheit und ihre Moral immer

---

20 Rorty trägt allen moralischen Fort- und Rückschritt, alle politischen Anfänge und Irrwege und insbesondere die Spielräume moralischen Handelns und individueller Freiheit der liberalen Demokratie ein in eine »Geschichte des Machens« (Rorty: »Der Vorrang der Demokratie vor der Philosophie«, in: ders.: *Solidarität oder Objektivität? Drei philosophische Essays*, Stuttgart 1995, S. 82–125, hier S. 100).
21 Vgl. Jameson, Fredric: »Magical Narratives. On the Dialectical Use of Genre Criticism«, in: ders.: *The Political Unconscious. Narrative as a Socially Symbolic Act*, London 1981, S. 103–150.

eine Frage des Gemeinsinns ist, immer eine Frage der geteilten Sinnlichkeit einer gemeinschaftlichen Welt. Jede Erfahrung ist rückführbar auf die bestimmte Art und Weise, in welcher eine Gemeinschaft die Beziehung zwischen dem Ich und dem Wir und deren Beziehung zur Welt beschreibt und kommuniziert: sie ist immer Subjektivierungseffekt einer gegebenen Sensorialitätsordnung. Als solche ist sie jeder Verhandelbarkeit entzogen: Die Formen unseres Fühlens und Denkens liegen immer im Rücken unseres Sprechens, Wahrnehmens, Fühlens.

Politik, die sich auf diese Ordnung, auf die Grenzen und Ausschlüsse der Gemeinschaft bezieht, kann sich deshalb niemals direkt artikulieren. Jede Kommunikation ist Machtvollzügen unterworfen, die festlegen, was sich überhaupt zur Sprache bringen lässt und was nicht. Die »gemeinschaftlich geteilte Sinnlichkeit«, die »Sensorialitätsordnung« einer Gemeinschaft, muss selbst zum Gegenstand eines Dissens werden, um überhaupt verhandelbar werden zu können. Das definiert für Rancière das Politische: Es ist radikaler Dissens, Artikulation des »Unvernehmens«.[22]

Hier nun rückt der Begriff der Kunst ins Zentrum seiner Überlegung.[23] Bedarf doch jeder Dissens, der sich gegenüber der geteilten Sinnlichkeit einer Gemeinschaft artikulieren will, der Möglichkeit, sich auf eine ganz anders eingerichtete gemeinschaftliche Welt, eine ganz andere Idee von Gemeinschaft zu berufen, die Wirklichkeit aufzuspalten und zu vervielfältigen.[24] Diese Voraussetzung zu schaffen, bezeichnet gleichsam die Funktion der Kunst.

Dies meint keineswegs, dass die Kunst selbst unmittelbar das Unvernehmbare artikuliert und den Erfahrungen ihre Stimme leiht, welche keinen Ort haben, von dem aus sie zu beschreiben sind. Die Kunst schafft lediglich Räume einer abgetrennten Sinnlichkeit, welche unbestimmte Möglichkeiten eines solchen Dissens bereithalten, ohne diesen selbst zu artikulieren. Bekanntlich entwirft Rancière dieses Verständnis von Politik als komplementäre Beziehung zwischen einer Ästhetik der Politik und einer Politik des Ästhetischen.

---

22 Jacques Rancière: *Das Unvernehmen*, Frankfurt a.M. 2002.
23 Und zwar genau in der Frontstellung, die durch die Kritik der Urteilskraft aufgebaut wurde: als Gegensatz nämlich von ästhetischem und poetischem Denken. Nicht dass die Kunst sich unmittelbar auf politische Zwecke beziehen könnte, aber doch in einem indirekten Sinne, dass nämlich Kunst die konkreten Voraussetzungen erst schafft, um sich politisch zu artikulieren.
24 Vgl. Rancière: *Der emanzipierte Zuschauer*, Wien 2009, S. 91.

Es gibt eine Ästhetik der Politik, welche die Formen, Relationen und Positionierungen festlegt, auf die sich der Gemeinsinn gründet, und eine Politik der Ästhetik, die Gegenmodelle entwirft und so die Voraussetzungen schafft, diese Welt im Dissens zu verändern: »gegen den Konsens andere Formen des ›Gemeinsinn‹, Formen eines ›polemischen Gemeinsinns‹« [25] aufzurufen.

Soweit ließe sich Rancière wie ein Nachtrag lesen, der Arendts Weltzuschauerpublikum in der Kunst den Erfahrungsraum zuweist, in dem sich die erweiterte Denkungsart vollziehen kann. Gemeinsam ist beiden, dass sie Ästhetik als einen Modus des Denkens begreifen, der in sich selbst politisch verstanden wird. Einmal wird dieses Verständnis durch die Komplementarität von Kunst und Politik definiert, das andere Mal eben im Geschmacksurteil als Grund der »erweiterten Denkungsart«. Interessant aber sind die Differenzen.

Bei Arendt kommt dem Begriff der Kunst keinerlei Funktion für das Verständnis des Geschmacksurteils als Modus des Denkens zu; in ihrer Perspektive ist das Geschmackurteil per se auf den Gemeinsinn bezogen, als Bedingung der Möglichkeit diesen historisch, nämlich als eine »erweiterte Denkungsart« herzustellen. Entscheidend ist, dass sich im Geschmacksurteil ein Denken zeigt, ein Modus der Reflexion, der sich nicht ablöst von der vielfältigen Sinneswirklichkeit der Einzelnen und sich als Gegenüber auf die vielen, letztlich unbegrenzten Geschmackspositionen Anderer bezieht.

Bei Rancière verhält es sich genau umgekehrt, sofern von der Kunst die Rede ist, spielt das Geschmacksurteil in seinen Überlegungen keine Rolle. Der Geschmack ist gänzlich durch die vorgegebenen Sinnesformen einer bestehenden Sensorialitätsordnung bestimmt. Geschmack ist der greifbarste Ausdruck für die Machtfunktion dieser Ordnung; er ist allein eine Frage des sozialen Habitus; der Geschmack exekutiert dieses Ordnungsprinzip. Er funktioniert gerade so, wie man es an STELLA DALLAS studieren kann: Nämlich als Wissen um die Distinktionsmerkmale, in denen sich Gemeinschaftsbildung als Ausgrenzungsmanöver vollzieht.

Bei Arendt begründet das Geschmacksurteil ein geschichtstheoretisches Verständnis von der Machbarkeit des Gemeinsinns. Bei Rancière ist – das scheint mir der neuralgische Punkt zu sein – dieser Begriff epistemologisch fundiert. Die Grenzen des Gemeinsinns sind in sich unveränderbar und nur zu überschreiten, indem das Ganze der Formation einer gegebenen Sinnlichkeit verworfen wird. Dieser Vorstellung

---

25 Ebd., S. 92.

entspricht eine epistemologische Konstruktion, in der das Regime der Ästhetik schroff abgesetzt und dem der Repräsentation entgegengestellt wird, um das Verhältnis von Kunst und Politik zu definieren. Man wird dieser Konstruktion nur allzu leicht folgen. Nimmt sie doch einen grundlegenden Impuls philosophischer Ästhetik auf. Für diesen kann erneut Kants Begriff des Schönen einstehen. Denn ein Urteil, das sich auf ein allgemeines Gefühl für das Schöne stützt, ist mit den Vorstellungen eines regelgerechten Herstellens von Kunst – mit dem, was wir Regelpoetik nennen – unvereinbar. Es ist also durchaus folgerichtig, wenn Rancière die transzendentale Begründung des Gemeinsinns durch das Schöne in eine epistemologische Konstruktion überführt, die sich auf den Gegensatz von Schönheit und Regel, Geschmack und Gattungsgesetz stützt.

Das führt zu der bekannten Formel: Für das Regime der Ästhetik steht die Kunst im Singular, für das der Repräsentation der Plural der Poetiken der Künste und Gattungen ein. Das »Regime des Ästhetischen« verortet die Formen des Denkens wie die Formen der Kunst nicht mehr in Abhängigkeit einer vorab festgelegten Wirklichkeit – etwa so etwas wie »der menschlichen Natur«[26] – die das Denken zu erfassen und die Kunst nachzuahmen und zu repräsentieren hätte wie im »Regime der Repräsentation«. Vielmehr sind die Formen des Denkens selbst die generierenden Kräfte, welche die Wirklichkeit als geteilte Sinnlichkeit einer Gemeinschaft hervorbringen und gestalten, welche »eine Gemeinschaft in Besitz der anschaulichen Formen ihrer Idee bringt.«[27]

Die Verwirklichung des ästhetischen Denkens scheint so gesehen nur die Idee romantischer Kunst zu reaktivieren[28]: die Utopie einer ›ästhetischen Gemeinschaft‹, die »denkt, was sie fühlt, und die fühlt, was sie denkt.«[29] Was nichts anderes meint, als dass die Formen politischer Gemeinschaft im Erfahrungsraum der Kunst als eine Art ästhetischer

---

26 Vgl. Rancière: *Das Unbehagen in der Ästhetik*, Wien 2007, S. 17.
27 Rancière: »Die Geschichtlichkeit des Films«, in: Eva Hohenberger und Judith Keilbach (Hg.): *Die Gegenwart der Vergangenheit. Dokumentarfilm, Fernsehen und Geschichte*, Berlin 2003, S. 230–246, hier S. 240. Die Ästhetik geht also aus einer Verbindung einer Ordnung des Denkens der Künste und einer Vorstellung vom Denken hervor. Sie entsteht als Gedanke eines anschaulichen Modus des Denkens, der gleichzeitig ein geistiger Modus der Anschauung ist. Und diese Vorstellung vom Denken ist von vornherein mit einer Idee von Gemeinschaft verbunden.
28 Vgl. Gertrud Koch: »Nachträgliche Vorwegnahme. Kommentar zu Jacques Rancières«, in: Christoph Menke; Juliane Rebentisch (Hg.): *Kunst, Fortschritt, Geschichte*, Berlin 2006, S.87–96, hier S.89.
29 Rancière: »Die Geschichtlichkeit des Films«, S. 241.

Vor-Demokratie greifbar sind; dieser Erfahrungsraum aber bezeichnet auf die Politik bezogen immer einen Nicht-Ort. Von diesem Ort aus kann – wie Joseph Vogl schreibt[30] – Gesellschaft sich selbst als eine politische Gemeinschaft in den Blick nehmen, ohne dass sie sich auf ein gemeinschaftliches Sein (eine Nation, ein Volk, die Idee des Kommunismus) berufen müsste. Was so in den Blick kommt, sind die Grenzgebiete – das Krisen-, Kriegs- und Feindesland.

So weit gehen die theoretischen Bestimmungen durchaus auf: die Utopie des Ästhetischen entspricht präzise der Bestimmung von Kunst als Raum abgetrennter Sinnlichkeit. Die Probleme der epistemologischen Konstruktion werden freilich sofort greifbar, wenn wir konkret werden. Das Subjekt eines ästhetischen oder moralischen Urteils ist die unabschließbare Gemeinschaft derer, die ein spezifisches Empfinden teilen über das, was sie zu sehen und zu hören bekommen, die daran Anteil nehmen und diesem Empfinden beistimmen können. Dieses konkrete Teilen und Anteilhaben an einem Gefühl lässt sich sehr wohl mit Arendts erweiterter Denkungsart, kaum aber als Artikulation eines polemischen Gegengemeinsinns beschreiben.

Das Problem tritt noch krasser hervor, wenn man – wie Rancière es bekanntlich tut – ein einzelnes Medium als Inbegriff der ästhetischen Ordnung thematisiert: »Der Film kommt aus objektiven Gründen nicht einfach ›nach‹ den Künsten. [...] Er gehört einer Vorstellung von Kunst an, die mit dieser Idee der Geschichte verknüpft ist.«[31] Diese Stellvertreterposition hat erhebliche Konsequenzen; verschwindet doch in dieser Idee des Films – Gertrud Koch hat darauf hingewiesen[32] – seine konkrete Geschichte. Denn diese Geschichte ist ganz wesentlich eine Geschichte der Auseinandersetzung mit Künsten, Gattungen und Genres. Sie ist eine Gattungsgeschichte des audiovisuellen Bildes.

Das Genrekino als Erfahrungsraum konkurrierender Gemeinsinne

Ich habe an anderer Stelle versucht, anhand der Geschichte des Hollywood-Kriegsfilms die Bildräume des Genrekinos auf die Gesellschaft als

---

30 Vgl. Joseph Vogl: »Einleitung«, in: Ders. (Hg.): *Gemeinschaften. Positionen zu einer Philosophie des Politischen*, Frankfurt a. M. 1994, S. 7–27.
31 Vgl. Rancière: *Die Geschichtlichkeit des Films*, S. 230. Vgl. auch Rancière: *La Fable cinématographique*, Paris 2001.
32 Koch: »Nachträgliche Vorwegnahme«, S. 92–94.

Gemeinsinn und ästhetisches Urteil

ein Feld konkurrierender Entwürfe des Gemeinsinns zu beziehen.[33] An diesem wie an beliebig vielen anderen Beispiel lässt sich rekonstruieren, wie sich in historischen Konstellationen ein Gegeneinander höchst widersprüchlicher Politiken beschreiben lässt; solche, die darauf gerichtet sind, die Formen sinnlicher Erfahrung (die »Formsprache politischer Sinnlichkeit«[34]) den herrschenden Machtverhältnissen gemäß einzurichten, zu kontrollieren und zu stabilisieren; und solche, die genau diese Begrenzungen in den Blick zu rücken und aufzulösen bestrebt sind, die in filmischen Bildräumen polemische Gegenentwürfe oder subtile Grenzverschiebungen des Gemeinsinns entwerfen.

In diesem Sinn habe ich mit Rorty versucht, das Genrekino selbst als ein poetisches Machen zu fassen, das stets auf die zeitliche Tiefe der Geschichte des poetischen Machens zu beziehen ist, als eine Geschichte der kontingenten Beschreibungen und Neubeschreibungen, der fortdauernden Refiguration der Grenzen der Gemeinschaft.

Mit Blick auf das ästhetische Urteil als Movens des Gemeinsinns möchte ich den Vorschlag vorbringen, das Beschreiben und Neubeschreiben nicht mehr als Schreiben und Lesen, sondern als Sehen und Hören zu denken, und das Filmen und Filme-Sehen als paradigmatische Metapher des poetischen Machens zu betrachten. Dann lässt sich über das Genrekino gerade in der Pluralität seiner Erfahrungsmodi und Ausdrucksmodalitäten als eine Geschichte des Herstellens von ›Räumen abgetrennter Sinnlichkeiten‹[35] schreiben. In den historischen (Re-)Konstruktionen – man kann hier von Siegfried Kracauer bis Stanley Cavell zahllose Beispiele anführen – wird dieses Kino als ein Erfahrungsraum greifbar, von dem aus die Begrenztheit und Kontingenz bestehender Geschmacksordnungen in den Blick zu nehmen sind. Freilich misst sich dieser Blick nicht an der Utopie einer ästhetischen Gemeinschaft. Stattdessen werden immer neu die Grenzen dieser Gemeinschaft im Medium des Geschmacksurteils sichtbar.

Wie müsste eine Welt beschaffen sein, in der Stella Dallas in ihrer ganzen Exzentrik als Schönheit sichtbar werden kann, eine Welt nach ihrem Geschmack und in der andere an ihr Geschmack finden? Anschließend an die lange theoretische Diskussion um die Bedeutung der Schluss-

---

33 Hermann Kappelhoff: *Genre und Gemeinsinn. Hollywood zwischen Krieg und Demokratie*, Berlin und Boston 2016.
34 Reinhart Koselleck: »Kriegerdenkmale als Identitätsstiftungen der Überlebenden«, in: Odo Marquard, Karlheinz Stierle (Hg.): *Identität. Poetik und Hermeneutik VIII*, München 1979, S. 255–276, hier: S. 273.
35 Vgl. Rancière: *Das Unbehagen in der Ästhetik*, S. 34ff.

sequenz dieses Films,[36] würde ich behaupten, dass mit dieser Sequenz genau diese Frage an die Zuschauer weitergegeben wird.

Gemeinschaft ist in dieser Perspektive immer ein ad-hoc-Ereignis, das sich um die Entdeckung herum formiert, dass Etwas oder Jemand fehlt. Sie wäre immer gebunden an den Entwurf einer fingierten Welt, in der dieses Fehlen überhaupt fühlbar, wahrnehmbar wird. Sie wäre – ich beziehe mich hier auf einen der wichtigsten Theoretiker des Genrekinos, Rick Altman[37] – immer eine Partikulargemeinschaft, die auf dem dissidenten Geschmacksurteil beruht. Altman führt diesen Gedanken nicht zufällig an jenen Filmen aus, die ihr Publikum als Freunde des abseitigen, des nicht gesellschaftsfähigen Geschmacks versammeln. An solchen Filmen lässt sich lernen, dass man den Gemeinsinn selbst als ein zerklüftetes Feld immer neuer partikularer Geschmacksgemeinschaften in den Blick nehmen muss. Doch sind Kult- und Trashfilm lediglich besonders markante Manifestationen eines von Geschmacksurteilen geleiteten Denkens.

Folgen wir Altmans Überlegungen zu den partikularen Communities, die sich als Publikum eines dissidenten Geschmacks formieren, dann lässt sich in der Geschichte des Genrekinos die politische Gemeinschaft als ein Kampffeld heterogener, instabiler und miteinander konkurrierender ad-hoc-Gemeinschaften beschreiben. Das Geschmacksurteil ist der Leitfaden einer Beschreibung, in der die Bildräume des Genrekinos auf die Gesellschaft als ein Feld konkurrierender Entwürfe des Gemeinsinns zu beziehen sind – auf Gesellschaft als eine politische Gemeinschaft –, ohne ein Sein dieser Gemeinschaft (ein Volk, eine Nation oder den Kommunismus als Telos der Geschichte) in Anspruch zu nehmen.

In dieser Lesart lässt sich die erweiterte Denkungsart bei ihrem alten Namen ansprechen: nämlich gattungspoetisches Denken. Dazu muss gesagt werden, dass ich das regelpoetische Gattungsverständnis für einen historischen Sonderfall halte, der– das lässt sich bei Rancière sehr gut studieren – zu einem epistemologischen Popanz geworden und völlig ungeeignet ist, das gattungspoetische Denken zu repräsentieren. Der Plural der Künste, der Gattungen oder Genres ist keineswegs durch Gesetze definiert, welche die Relation zwischen zu repräsentierenden

---

36 Vgl. Linda Williams: »›Something else besides a mother‹: Stella Dallas and the Maternal Melodrama«, in: Christine Gledhill (Hg.): *Home is where the heart is. Studies in Melodrama and the Woman's Film*, London 1987, S. 299–325; Gledhill, Christine: »Christine Gledhill on *Stella Dallas* and Feminist Film Theory«, in: *Cinema Journal* 25, no. 4 (1986), S. 44–48.
37 Rick Altman: *Film/Genre*, London 1999, S. 156–165.

Gegenständen und den medialen Formen und Ausdrucksweisen festlegen.[38]

Das Abtrennen von Räumen der Kunst als Räume einer abgetrennten Sinnlichkeit ist selbst noch als ein poetisches Machen zu begreifen. Dieses Machen ist stets auf die zeitliche Tiefe, auf die Geschichte des poetischen Machens zu beziehen. Die abgetrennten Räume der Kunst sind nicht denkbar, ohne dass Blickachsen gezogen werden, welche diese Geschichte als Feld des poetischen Machens (re-)figurieren. Die Differenzierungsbenen dieser Perspektivierungen sind entlang der Bestimmung der Mittel und medialen Verfahren, der Ausdrucksformen, der Sujets oder Gegenstände und der Wirkungsabsichten und Modi des Genießens verlegt. Es sind immer noch die gleichen, welche Aristoteles als Unterscheidungskriterien vorschlägt, um aus dem diffusen Herkommen überlieferter Dichtungen einen Raum zu konstruieren, in dem die Tragödie als Geschichte einer Gattung Gestalt gewinnt.[39]

Die Folie einer solchen Beschreibung aber ist die konkrete Geschichte der Künste und Gattungen in ihrer Pluralität. Dies gilt denn ganz besonders auch für den Film und das Kino. Was nichts anderes heißt, als in der Analyse der Filme die Geschichte selbst als eine Geschichte des poetischen Machens in den Blick zu rücken. Die geschlossene Einheit einer Sensorialitätsordnung wäre nicht mehr als eine nützliche Fiktion: Sie bleibt ähnlich abstrakt, wie Arendts Metapher vom Weltzuschauer. Mein Vorschlag ist, beides, sowohl die »erweiterte Denkungsart« als auch die Utopie einer ästhetischen Gemeinschaft, in seiner geschichtlichen Konkretion zu begreifen, nämlich als eine Geschichte des poetischen Denkens in der Pluralität der Künste und Genres.

Geschichte als Geschichte des poetischen Machens von Medien in den Blick zu bekommen, deren Zweck es ist, eine geteilte Weltwahrnehmung herzustellen, heißt zu zeigen, wie jeder Film, jedes Gedicht, jedes Gemälde einen Blick installiert, der durch diese Geschichte hindurchgegangen ist. So etwa wie die Exposition des Films STELLA DALLAS, die in wenigen Minuten eine Bühne errichtet, welche man auf Anhieb als jene erkennt, auf der die Frauen der Romanwelt des 19. Jahrhunderts vom

---

38 Das Problem liegt in einer doppelten Verengung: zum einen steht im Hintergrund der Idee des abgetrennten Raumes der Kunst immer noch der Werkbegriff; die abgetrennten Räume übernehmen wichtige Bestimmungen der Autonomie der Kunst. Zum anderen ergibt sich aus der epistemologischen Konstruktion – hier ästhetisches, dort repräsentatives Denken – ein Verständnis von Gattung und Genrepoetik, das höchst unterkomplex daherkommt.
39 Vgl. Aristoteles: *Poetik*, Stuttgart 1994, v.a. S. 17–25.

sentimentalen bis zum naturalistischen Rollenentwurf die Gestalten vorzeichneten, durch die hindurch Stella sich selbst – mit Rüschenbluse und dem Buch *India's Love Lyrics* an der Hand am Vorgartenzaun – zur Geltung zu bringen sucht. Die abgetrennten Räume, von denen Rancière spricht, sind immer schon das Ergebnis eines solchen Ins-Verhältnis-Setzens. Erst als eine solche Refiguration werden diese Räume als ein poetisches Machen wahrnehmbar – ob wir dieses nun Kunst nennen oder nicht. Sie werden wahrnehmbar als Figurationen des Verhältnisses von Poetik und Politik, welches in seiner Spezifik die Gegenwart trifft. Das mag im je gegebenen Einzelfall höchst schemenhaft nur greifbar sein oder sich in der bloß wiederholenden Reprise längst vertrauter Muster erschöpfen – immer aber werden Zuschauer die Filme in ein bestimmtes Verhältnis zu dieser Geschichte setzen. Sie sind deshalb immer als eine Figuration des Verhältnisses von Poetik und Politik zu beschreiben.

Barbara Hahn

»Ein geheimnisvoller sechster Sinn.«
Hannah Arendt über *sensus communis* und den *gesunden Menschenverstand*

Offenbar war dem gesunden Menschenverstand nur ein kurzes Leben beschieden. Zumindest in Deutschland. Als Hannah Arendt in den fünfziger Jahren ihre große Studie über den Totalitarismus für die westliche Hälfte des halbierten Landes in ihrer Muttersprache schrieb, diagnostizierte sie der »Moderne« einen »allgemeinen Verlust an gesundem Menschenverstand«; dieser Verlust, so präzisierte sie, sei »charakteristisch für die Moderne«.[1] Gesunder Menschenverstand – ein Konzept, das erst in der zweiten Hälfte des 18. Jahrhundert etabliert wurde. Kant definiert ihn als »den gemeinen Verstand, so fern er richtig urteilt«.[2] Auch wenn es für's erste dahingestellt sei, wann genau die Moderne begann – viel Zeit scheint dem richtig urteilenden Verstand nicht geblieben zu sein, bevor er in und von der Moderne zerrieben wurde. Ein Blick in die englische Fassung von Arendts Buchs zeigt, dass dem common sense, von dem hier die Rede ist, ein anderes Schicksal beschieden war. Bereits die Überschriften der Kapitel, in dem die beiden Konzepte entfaltet werden, gehen in völlig unterschiedliche Richtungen: »Antisemitism as an outrage to common sense« heißt es in den *Origins of Totalitarianism*; in den *Elementen und Ursprüngen totaler Herrschaft* dagegen »Antisemitismus und der gesunde Menschenverstand«.[3]

Damit setzte sich der common sense zu einer der schrecklichsten Ideologien des zwanzigsten Jahrhunderts ganz anders ins Verhältnis als der gesunde Menschenverstand. Für den common sense ist die Antwort

---

1 Hannah Arendt: *Elemente und Ursprünge totaler Herrschaft*, Frankfurt a. M. 1955, S. 13.
2 Immanuel Kant: »Prolegomena zu einer jeden künftigen Metaphysik, die als Wissenschaft wird auftreten können«, in: *Ausgabe der Preußischen Akademie der Wissenschaften*, Bd. IV, Berlin 1968, S. 253-383, hier S. 369. Im Folgenden wird auf die Akademie-Ausgabe mit der Sigle AA Bezug genommen.
3 Hannah Arendt: *The Origins of Totalitarianism*, New York 1951, S. 3; dies.: *Elemente und Ursprünge totaler Herrschaft*, S. 3.

auf Antisemitismus outrage, Empörung. Dagegen steht zwischen dem gesunden Menschenverstand und dem Antisemitismus das schlichte und doch so unglaublich weitreichende Wörtchen und.

Common sense und gesunden Menschenverstand trennen Welten, und gleichzeitig sind sie aufs engste miteinander verbunden. Beides sind – auf ihre Weise – Übersetzungen: Von Aristoteles' koine aisthesis, vom sensus communis der lateinischen Philosophie. Wie aber ist diese Spannung aus Unterschied und Gemeinsamkeit genauer zu bestimmen? In der deutschen Fassung des Buches heißt es im Blick auf das zwanzigste, das Jahrhundert der Ideologien:

> »Die Ideologien haben unter anderem den Zweck, die nicht mehr gültigen Regeln des gesunden Menschenverstands zu ersetzen; die Ideologie-Anfälligkeit der modernen Massen wächst genau in dem Maß, als gesunder Menschenverstand (und das ist der common sense, der Gemeinsinn, durch den wir eine uns allen gemeinsame Welt erfahren und uns in ihr zurechtfinden) offenbar nicht mehr zureicht, die öffentlich politische Welt und ihre Ereignisse zu verstehen.«[4]

Die Regeln des gesunden Menschenverstands, so die Annahme, hatten ihre Gültigkeit bereits verloren, und nur deshalb konnten Ideologien an deren Stelle treten.

Eine dreifache Übersetzung: gesunder Menschenverstand, das ist der common sense, der Gemeinsinn, wobei Gemeinsinn ein sehr genaue Wiedergabe des lateinischen sensus communis ist. Alle drei Modi, gemeinsame Welten zu erzeugen, Welten, in denen Menschen miteinander leben können, sind im Zeitalter der Ideologien Geschichte geworden. Was aber, so die bange, nicht ausgesprochene Frage im Hintergrund, was bedeutet das für die Gegenwart? Wie kann man mit anderen Menschen zusammenleben, wenn es keinen Raum gibt, der von irgendeiner Gemeinsamkeit gestiftet wurde, sei es der gesunde Menschenverstand, der common sense oder der Gemeinsinn?

Wenn Hannah Arendt über diese gemeinsame Welt in den Vereinigten Staaten nachdenkt, wenn sie sich einfügt in diese Sprache, die eine ganz andere politische Tradition in sich aufgesogen hat als das Deutsche, ändern sich die Koordinaten. Der erstaunliche Befund: In den englischen Fassungen des Buches fehlt nicht nur der eben zitierte Satz, sondern

---

4 Arendt: *Elemente und Ursprünge totaler Herrschaft*, S. 13.

mehr als eine halbe Seite.⁵ Mit anderen Worten: die englischsprachigen Leser werden nicht mit diesem »nicht mehr« konfrontiert, das die Zeitalter des gesunden Menschenverstands von denen der Ideologien trennt. Oder noch einmal mit anderen Worten: Der common sense scheint in den USA immer noch eine gemeinsame Welt zu ermöglichen oder vielmehr zu erzeugen.

Eine weitere Passage, dieses Mal aus dem Schlusskapitel des Buches zeigt, wie weit Deutschland und die Vereinigten Staaten in Arendts Schreiben voneinander entfernt sind. Bereits in der zweiten Hälfte des 19. Jahrhunderts hätten Denker wie Friedrich Nietzsche und Jakob Burckhardt die Gefahr von Pöbelherrschaft und Diktatur gesehen:

»All diese Prophezeiungen sind nun in der Tat eingetroffen, aber, wie es mit Prophezeiungen meist zu gehen pflegt, in einer Art und Weise, die doch von den Propheten nicht vorhergesehen war. Was sie kaum vorausgesehen oder doch in seinen eigentlichen Folgen nicht richtig eingeschätzt hatten, war dies ganz unerwartete Phänomen eines radikalen Selbstverlusts, diese zynische oder gelangweilte Gleichgültigkeit, mit der die Massen dem eigenen Tod begegneten oder anderen persönlichen Katastrophen, und ihre überraschende Neigung für die abstraktesten Vorstellungen, diese leidenschaftliche Vorliebe, ihr Leben nach sinnlosen Begriffen zu gestalten, wenn sie dadurch nur dem Alltag und dem gesunden Menschenverstand, den sie mehr verachteten als irgend etwas sonst, entgehen konnten.«⁶

Und die entsprechende oder eher die nicht entsprechende Passage im englischen Buch:

»Yet, while all these predictions in a sense came true, they lost much of their significance in view of such unexpected and unpredicted phenomena as the radical loss of self-interest, the cynical or bored indifference in the face of death or other personal catastrophes, the passionate inclination toward the most abstract notions as guides for life, and the general contempt for even the most obvious rules of common sense.«⁷

Der englische Satz läuft auf den common sense hinaus, er kulminiert in ihm. Der general contempt der Massen für dieses Regelwerk des

---
5 Dies.: *The Origins of Totalitarianism*, S. 9. Der entsprechende Absatz beginnt mit »There are, to be sure…«.
6 Dies.: *Elemente und Ursprünge totaler Herrschaft*, S. 506f.
7 Dies: *Origins of Totalitarianism*, S. 310.

Zusammenleben kann ihm offenbar nur vorübergehend etwas anhaben. Ganz anders im Deutschen. Hier »verachten die Massen« den gesunden Menschenverstand mehr als irgendetwas sonst. Sie versuchen, ihm und dem Alltag zu »entgehen«, wie es am Ende des Satzes heißt. Wobei alles Gemeinsame in der Konstruktion des Satzes wie zerrieben wird. Verachtung und der Versuch, ihm zu entgehen – das scheint den gesunden Menschenverstand in seiner Substanz zu treffen. Und noch etwas braucht es im Englischen nicht, im Deutschen aber doch: »[Die Massen] leiden umgekehrt an einem radikalen Schwund des gesunden Menschenverstandes und seiner Urteilskraft sowie an einem nicht minder radikalen Versagen der elementarsten Selbsterhaltungstriebe.«[8] Wieder fehlt der Satz in der englischen Fassung.[9] In dieser Sprache scheint es sich zu erübrigen, auf die Urteilskraft zu verweisen, die sich aus dem common sense speist. Ohne common sense keine Urteilskraft, das scheint sich von selbst zu verstehen; dass man ohne gesunden Menschenverstand nicht urteilen kann, ist in Germany offenbar kein Gemeinplatz.

Als Hannah Arendt zwanzig Jahre später die Arbeit an ihrem letzten Buch, *The Life of the Mind*, begann, hat sich die Perspektive verändert. Es ist nicht mehr von den Massen die Rede, die den gesunden Menschenverstand so verachten und damit das Zusammenleben der Menschen unmöglich machen. Sie habe sich noch einmal ins Gebiet der »Denker von Gewerbe«[10] begeben, so schreibt Arendt in der Einleitung, ein Gebiet, dem sie sich aus guten Gründen lange nicht genähert hatte. Doch nun wolle sie ihrer »preoccupation with mental activities«[11] noch einmal nachgeben.

Ausgangspunkt dafür war etwas, worauf Arendt im Prozess gegen Adolf Eichmann in Jerusalem gestoßen war, den sie für den *New Yorker* beobachtet hatte: »In my report on it I spoke of ›the banality of evil.‹ Behind this term, I held no theory or doctrine, although I was dimly aware of the fact that our tradition of thought – literary, theological, or philosophical – on the phenomenon of evil was opposed to it.«[12]

---

8 Dies.: *Elemente und Ursprünge totaler Herrschaft*, S. 553.
9 Dies.: *Origins of Totalitarianism*, S. 338.
10 Im Englischen heißt es: »I try my hand at it, for I have neither claim nor ambition to be a ›philosopher‹ or to be numbered among what Kant, not without irony, called Denker von Gewerbe, the ›professional thinkers‹.« Dies.: *The Life of the Mind*, San Diego/NewYork/London 1978, S. 3.
11 Ebd.
12 Hier wie im Folgenden wird *The Life of the Mind* nach dem Typoskript in Hannah Arendts Nachlass zitiert; Library of Congress, Washington, D. C., Manuscript Division, Hannah Arendt Papers, Speeches and Writings File. Books, The Life of the Mind,

Eichmann war an Verbrechen von einem Ausmaß beteiligt, wie sie in der gewalttätigen Geschichte der Menschen noch nicht begangen worden waren. Doch, so der erschreckende Befund, nicht aus Gründen. Bisher hatten Haß, Neid, Missgunst, Bosheit, Rache die Menschen getrieben. Gründe, wie man sagen könnte, die mit anderen Menschen zu tun haben, Gründe, die den Täter in ein Verhältnis zu seinen Opfern setzte. Bei Eichmann war das anders. Er kannte die Menschen nicht, denen er Böses antat. Er sah, hörte, fühlte sie nicht. Und – er hatte sich bei seinen Taten nichts Böses gedacht. Er hatte sich kaum etwas gedacht. Eichmanns »Gedankenlosigkeit«[13] wirft eine grundsätzliche Frage auf: »Should the problem of good and evil, should our faculty to tell right from wrong be connected with our faculty of thought?«[14]

Mit dieser Frage geht das Buch nicht um. Ein Fragment, wie wir wissen. Den letzten Teil über das Urteilen konnte Arendt nicht mehr schreiben. Doch wie sich zeigt, wirft jedes Nachdenken über die »faculty of thought« so grundsätzliche Fragen auf, dass die nach dem »problem of good and evil«, der Ausgangspunkt des Nachdenkens, erst einmal aufgeschoben werden musste.

---

first draft. Die Druckfassung wurde von Mary McCarthy bis in die Begrifflichkeit hinein so stark bearbeitet, dass im Buch eher McCarthy als Arendt zu lesen ist. So heißt es in McCarthys Bearbeitung: »The immediate impulse came from my attending the Eichmann trial in Jerusalem. In my report of it I spoke of the ›banality of evil‹. Behind that phrase, I held no thesis or doctrine, although I was dimly aware of the fact that it went counter to our tradition of thought—literary, theological, or philosophic—about the phenomenon of Evil.« (Arendt: *Life of the Mind*, S. 3) Besseres Englisch, das steht außer Frage. Aber – es ist falsch. Manchmal, so könnte man im Blick auf Arendts Formulierungen sagen, muss es ein bisschen falsch sein, damit es richtig wird. »Banality of evil« – *a phrase*, eine Formulierung, eine Redewendung wie bei McCarthy oder *a term*, ein Begriff wie bei Arendt? Und was stand nicht dahinter – a theory, eine Theorie, oder a thesis, eine These? Auch was fehlt, muss genau bezeichnet werden. Arendt nennt die Banalität des Bösen einen Begriff und was ihr fehlte, eine Theorie. McCarthy nennt die Banalität des Bösen eine Formulierung, was fehlt, eine These. Mit diesem so weitgehend umgeschriebenen Satz als Anfang – auch die Syntax wurde ja wesentlich verändert –, gibt es keinen Grund mehr, *The Life of the Mind* zu schreiben, dem Denken, Wollen und Urteilen nachzugehen. Formulierungen können immer geändert werden, und eine These kann man auch nachreichen.
13 In einem Brief vom 9. Juni 1971 schlug Mary McCarthy vor, als englischen Term »inability to think« statt »thoughtlessness« zu wählen, was Arendt in ihrem Buch verwirft. Vgl. *Between Friends: The Correspondence of Hannah Arendt and Mary McCarthy 1949–1975*, Hg. von Carol Brightman, New York 1995, S. 296.
14 Vgl. Arendt: *Life of the Mind*, S. 5, wo auch dieser Satz anders lautet: »Might the problem of good and evil, our faculty for telling right from wrong, be connected with our faculty of thought?«

Seit dem Beginn des zwanzigsten Jahrhunderts, so Arendt in der Einleitung, plagen sich nicht nur die Philosophen damit herum, dass die Unterscheidung zwischen dem sinnlich Wahrnehmbaren und dem Übersinnlichen, dem Metaphysischen, zusammengebrochen ist. »Mit der wahren Welt«, schrieb Nietzsche, »haben wir auch die scheinbare abgeschafft.«[15] Das bräuchte nicht weiter zu bekümmern, wäre dies »not so much the concern as the common unexamined assumption of nearly everybody«.[16] Dem politischen Aspekt dieser Feststellung folgt Arendt hier nicht weiter, auch nicht möglichen neuen Denkweisen, die darauf antworten. Was diese tiefe Krise unangetastet ließ, ist die Fähigkeit der Menschen zu denken. Doch was genau bedeutet das? Auf zwei unterschiedlichen Wegen kann diese »faculty of thought« untersucht werden: Noch einmal von den Sinnen aus – oder von der Sprache. Wie sich zeigt, geht Arendt zwischen diesen beiden Wegen hin und her. Sie tut es auf Englisch, denn dieses letzte Buch über das Leben des Geistes konnte sie bekanntlich nicht mehr ins Deutsche bringen. Das hat weitreichende Konsequenzen. Im Englischen scheinen die beiden Wege – zumindest ein Stück weit – in eins zu fallen. Erkundungen in der Welt der Erscheinungen, in der Welt, wie sie unseren Sinnen erscheint, erschließen und ermöglichen gleich auch Gemeinsames. Die fünf Sinne, »the senses«, sind mit dem common sense verbunden.

»The reality of what I perceive is guaranteed by its worldly context, which includes others who perceive as I do, on the one hand, and by the working together of my five senses on the other. What since Thomas Aquinas we call common sense, the sensus communis, is a kind of sixth sense needed to keep my five senses together and to guarantee that it is the same object that I see, touch, taste, smell, and hear; it is the ›one faculty [that] extends to all objects of the five senses‹. This same sense, a kind of ›sixth sense‹, which is so mysterious because it cannot be localized as a bodily organ, fits the sensations of my strictly private five senses – so private that sensations in their mere sensational quality and intensity are incommunicable – into a common world shared by others.«[17]

---

15 Arendt: *Life of the Mind*, S. 10f. Arendt zitiert hier Friedrich Nietzsche: »Götzen-Dämmerung«, in: Friedrich Nietzsche: *Kritische Gesamtausgabe*, hg. von Giorgio Colli und Mazzino Montinari, Bd. VI/3, Berlin 1969, S. 49–157, hier S. 75.
16 Arendt: *Life of the Mind*, S. 11.
17 Arendt: *Life of the Mind*, S. 50.

Der Sprung von der fünf zur sechs ist hier nicht so schwer. Die fünf Sinne, mit deren Hilfe wir die Welt wahrnehmen, garantieren nicht, dass wir dieselbe Welt wahrnehmen. Wollen wir uns darüber verständigen, brauchen wir diesen geheimnisvollen sechsten Sinn, einen unsinnlichen Sinn sozusagen, ein Sinn, der uns zu und mit anderen Menschen ins Verhältnis setzt. Im common sense ist dieses Unterfangen auf den Begriff gebracht. Der common sense beruht auf den Wahrnehmungen der fünf Sinne, und er garantiert, dass diese Wahrnehmungen in eine gemeinsame Welt eingefügt werden.

Sprechen wir dagegen vom gesunden Menschenverstand, springen wir von einer Kategorie zur andern. Von den Sinnen zum Verstand. Man könnte es auch so formulieren: Im Deutschen ist der Schritt von den Wahrnehmungen der Sinne zum Gemeinsamen schwieriger zu bestimmen. Der Gemeinsinn, auch ein Wort, das Kant einzuführen versuchte, blieb Episode; in Hannah Arendts Überlegungen trägt wohl nicht zufällig der gesunde Menschenverstand den Sieg davon. Doch welche Brücke führt von den Sinnen zum Verstand?

In *The Life of the Mind* versucht Arendt, sie mit Hilfe von Kants *Kritik der reinen Vernunft* zu schlagen. Doch scheint in diesem großen Text ein Baustein zu fehlen, so dass der Brückenbau unfertig bleibt. Mit Kant sagt Arendt, dass der »innere«, der unsichtbare Sinn, durchaus nicht dasselbe sei wie das Denkvermögen, »the faculty of thought«.[18] Und ebenfalls mit Kant nennt sie dieses den Verstand, abgegrenzt von der Vernunft, dem Erkenntnisvermögen. Eine Unterscheidung von so weitreichenden Folgen, dass selbst Kant sie womöglich nicht ganz erfasst habe. Die Vernunft, »dieser oberste Gerichtshof aller Rechte und Ansprüche unserer Speculation«,[19] reiche nicht an die Wirklichkeit heran; sie könne die Welt der Sinne nicht berühren. Die Begriffe der Vernunft seien daher vorläufig; sie können weder zeigen noch beweisen. »In other words«, so Arendt, »they neither reach nor are able to present and represent reality. It is not merely the otherworldly transcendent things which they can never reach, but reality – the realness given by the senses playing together, kept in tune by common sense, and guaranteed by the fact of plurality – is beyond their reach.«[20] Daher Kants Befürchtung, dass die Arbeit der Vernunft womöglich eine Welt aus »leeren Gedankendingen«[21]

---

18 Arendt: *Life of the Mind*, S. 5.
19 Kant: *Kritik der reinen Vernunft*, AA, Bd. III, S. 442.
20 Arendt: *Life of the Mind*, S. 64.
21 Kant: *Kritik der reinen Vernunft*, AA, Bd. III, S. 442. Arendt zitiert Kant in *Life of the Mind*, S. 64, auf deutsch.

erzeuge; eine Befürchtung, auf die er mit der Erfindung einer »höchsten Vernunft«[22] antwortet, deren Bewegungen unsere Vernunft nachspüre.

Ein kleiner Widerspruch »in the work of this very great thinker«,[23] dem Arendt mit einem Satz kontert, den sie – fast versteckt – in Kants Ausführungen findet: »Die reine Vernunft ist in der Tat mit nichts als sich selbst beschäftigt und kann auch kein anderes Geschäft haben.«[24] Die Vernunft sucht Sinn, der Verstand Wahrheit. Oder in Arendts Worten: »The need of reason is not inspired by the quest for truth but by the quest for meaning. And truth and meaning are not the same.«[25] In ihrem Buch untersucht Arendt das eine – meaning, Sinn –, aber nicht das andere – truth, Wahrheit. Für die braucht es andere Menschen. Wahrheit gibt es nur in der Welt, die wir mit anderen herstellen und teilen. Wie also setzen sich, – aus der Perspektive dieses Buches, – Wahrheit und Sinn ins Verhältnis?

Man könnte vermuten, dass Arendt hier den falschen Text von Kant zu Rate gezogen hat. Wäre eine Antwort darauf nicht eher in der *Kritik der Urteilskraft* zu finden? Nach dem Abschluss ihrer großen Studie zum Totalitarismus wandte Arendt sich tatsächlich diesem Buch zu. Ihre Lektüre, so könnte man meinen, öffnete einen Weg. In einer längeren Passage im großen Aufsatz »Kultur und Politik« von 1958, der mit der Krise des gesunden Menschenverstands im Jahrhundert der Ideologie umgeht, scheint im Rückgriff auf Kant, im Beharren auf der Urteilskraft, eine Möglichkeit auf:

»Daß die Urteilskraft eine im spezifischen Sinne politische Fähigkeit ist, und zwar genauso, wie Kant sie bestimmt, nämlich die Fähigkeit, die Dinge nicht nur aus der eigenen, sondern aus der Perspektive aller anderen, die ebenfalls präsent sind, zu sehen, ja daß sie vielleicht die Grundfähigkeit ist, die den Menschen erst ermöglicht, sich im öffentlich-politischen Raum, in der gemeinsamen Welt zu orientieren – diese Einsicht ist nahezu so alt wie artikulierte politische Erfahrung. Um so erstaunlicher ist, daß kein Philosoph vor oder nach Kant sie zum Gegenstand einer eigenen Untersuchung gemacht hat; und der Grund für dieses Erstaunliche liegt in der tiefen Politikfeindlichkeit unserer philosophischen Tradition, von der wir hier nicht sprechen können. Jedenfalls heißt diese Fähigkeit bei den Grie-

---

22 In Kants *Kritik der reinen Vernunft*, AA, Bd. III, S. 447, ist die Rede von der »höchsten Vernunft [...], von der die unsrige ein schwaches Nachbild ist«.
23 Arendt: *Life of the Mind*, S. 65.
24 Kant: *Kritik der reinen Vernunft*, AA, Bd. III, S. 448.
25 Arendt: *Life of the Mind*, S. 15. Hervorhebung im Typoskript.

chen φρόνησις (phronesis), und wenn Aristoteles diese Hauptfähigkeit des Staatsmannes ausdrücklich der σοφια (sophia) der Philosophen, denen es auf Wahrheit ankommt, entgegensetzt, so folgt er wohl wie auch sonst gerade in seinen politischen Schriften der öffentlichen Meinung der athenischen Polis. Wir mißverstehen heute zumeist diese Fähigkeit als gesunden Menschenverstand, der einmal auch in Deutschland ›Gemeinsinn‹ hieß, sich also ursprünglich mit jenem ›common sense‹ oder ›sens commun‹, den die Franzosen ›le bon sense‹ schlechthin nennen, deckte und den man auch einfach Weltsinn nennen könnte. Denn nur ihm verdanken wir es, daß unsere privaten und ›subjektiven‹ fünf Sinne und ihre Sinnesdaten in eine nicht subjektive, ›objektiv‹-gemeinsame Welt eingepaßt sind, die wir mit anderen teilen und beurteilen können.«[26]

Und weiter:

»An Kants Bestimmungen ist so außerordentlich denkwürdig, daß er die Urteilskraft in ihrer ganzen Großartigkeit entdeckte, als er auf das Phänomen des Geschmackes und des Geschmacksurteils stieß. Er nahm Anstoß an der vermeintlichen Willkür und Subjektivität des ›de gustibus non disputandum est‹, weil diese Willkür seinen politischen Sinn verletzte. Diesen gängigen Vorurteilen gegenüber bestand er darauf, daß der Geschmack ja ›anderen dasselbe Wohlgefallen zumutet‹ und die Geschmacksurteile ›jedermann Einstimmung ansinnen‹. Daher versteht er, daß der Geschmack wie der Gemeinsinn, dem er entspringt, das gerade Gegenteil eines ›Privatgefühls‹ ist, wiewohl er fast immer dafür gehalten wird.«[27]

Kants Gemeinsinn war aus der Perspektive dieses Aufsatzes noch lebendig. So wie er hier eingeführt wird, spricht er zu den Fragen, die sich in der zweiten Hälfte des zwanzigsten Jahrhunderts stellen. Warum also nun, in den 1970er Jahren, der Drang, diesen Zusammenhang auszuarbeiten, dieses Mal ohne die Hilfe der Kantschen Urteilskraft? Noch einmal zurück zum Anfang von *The Life of the Mind*, zur »banality of evil«. Noch einmal das entsprechende Zitat: »Behind this term, I held no theory or doctrine, although I was dimly aware of the fact that our tradition of thought – literary, theological, or philosophical – on the phenomenon of evil was opposed to it.« »Dimly aware« –, mit Blick auf

---

26 Hannah Arendt: »Kultur und Politik«, zitiert nach: Hannah Arendt: *Zwischen Vergangenheit und Zukunft*, Hg. von Ursula Ludz, München/Zürich 1994, S. 277–304, hier S. 298.
27 Ebd.

die deutsche Fassung von Eichmann in Jerusalem wird deutlicher, was hier gemeint sein könnte. Hier findet sich eine Formulierung, die das gesamte Unternehmen von The Life of the Mind in ein neues Licht setzt. Das letzte Kapitel der englischen Fassung endet mit den Worten: »It was as though in those last minutes he [Eichmann] was summing up the lesson that this long course in human wickedness had taught us – the lesson of the fearsome, word-and-thought-defying banality of evil.«[28] Die deutsche Fassung hingegen endet folgendermaßen: »In diesen letzten Minuten war es, als zöge Eichmann selbst das Fazit der langen Lektion in Sachen menschlicher Verruchtheit, der wir beigewohnt hatten – das Fazit von der furchtbaren Banalität des Bösen, vor der das Wort versagt und an der das Denken scheitert.«[29] »Das Wort versagt« ist eine recht ungewöhnliche Formulierung. In Gedichten, Romanen und Briefen findet sich häufig die Wendung »das Wort versagt mir«. In Martin Heideggers Essay »Das Wesen der Sprache« liegt alles daran, »ob die Sprache das geeignete Wort schenkt oder versagt«.[30] In Arendts Buch gibt es keine Sprache, die ein Wort schenkt oder versagt. Noch stärker das Ende des Satzes: »an der das Denken scheitert«.

Was genau scheitert hier? Eine Denkweise oder »the faculty of thought«? Wohl eher das letztere. Wenn das stimmt, dann wäre der Ausgangspunkt von Arendts letztem Buch noch einmal aufs Neue und noch einmal anders zu bestimmen. Dann läge in seinem Grund die Frage danach, was geschieht, wenn dieses Scheitern nicht nur möglich, sondern bereits wirklich geworden ist. Wenn – um es noch einmal in Blick auf Kant zu formulieren – die Unterscheidung von Verstand und Vernunft nicht mehr weiterhilft, der Unterschied womöglich zusammenbricht. Wenn – um es noch einmal anders zu formulieren – die Sinne und der common sense, die Sinne und der gesunde Menschenverstand unendlich weit auseinandergedriftet sind.

---

28 Hannah Arendt: Eichmann in Jerusalem. A Report on the Banality of Evil, New York 1994, S. 252.
29 Dies.: Eichmann in Jerusalem. Ein Bericht von der Banalität des Bösen, aus dem Amerikanischen von Brigitte Granzow, München 1997, S. 371.
30 Martin Heidegger: »Das Wesen der Sprache«, in: Friedrich-Wilhelm von Hermann (Hg.): Gesamtausgabe, Bd. I/12, in: Unterwegs zur Sprache, Frankfurt a. M. 1985, S. 147–204, hier S. 151f.

Ludger Schwarte

Zu Dumm zum Applaudieren?

Zur Politik des Geschmacksurteils

1. Was ist und wer hat Geschmack?

Als ästhetisches Phänomen ist der Geschmack bislang kaum untersucht worden.[1] Meist wird er, neben dem Riechen und Tasten, als untergeordneter haptischer Sinn übersehen. Auffällig zunächst, dass die reflexive, auf einen Chiasmus deutende Form »Sich Schmecken« anders als beim Riechen und Tasten nicht zu funktionieren scheint. Schmecke ich mich nicht mit, wenn ich etwas schmecke? Das Schmecken rührt aus einer Sensation, d. h. einem Ereignis, in dem Ding und Mensch, außen und innen der Sinne aufeinanderprallen und ineinander übergehen.[2] Doch es ist keine wechselseitige Berührung. Das Geschmeckte bleibt nicht bestehen, es wird konsumiert: Das, was geschmeckt wird, löst sich in mir auf.

Wie etwas schmeckt, weiß ich nur, wenn ich mich riskiert und an sehr empfindlichen Stellen ausgeliefert habe. Der Geschmack kündigt sich an, das Schmecken folgt einer Ahnung, einem Geruch, aber ich schmecke die Aktivität meiner Muskeln, meiner Haut, meiner Nerven, die Inkorporation gewissermaßen mit. Wenn der Geschmack sich einstellt, ist es oft zu spät; ich bin gefangen vom Geschmackseindruck – vom Brennenden, Unangenehmen, Ekligen, das sich nicht mehr vermeiden lässt (wenn ich z. B. etwas schon auf der Zunge, im Mund habe). Ich muss es probieren, eine unvorhersehbare Wirkung zulassen; ich muss

---

1 Madalina Diaconou: *Tasten Riechen Schmecken*, Würzburg 2005. Stellt das Riechen und das Haptische in den Vordergrund ihrer phänomenologischen bzw. aisthetischen Forschungen.
2 Hegel schreibt: »Das schmeckende Ding – der schmeckende Mensch: Schmecken sowohl aktiv als passiv, in Einem das Subjektive und Objektive des Empfindens.« G. W. F. Hegel: »Fragmente, Notizen, Aphorismen«, in: ders. *Berliner Schriften 1818–1831*, Werke 11, Frankfurt a. M. 1970, S. 574.

es in mich aufnehmen, in den Innenraum meines Körpers, wenn ich etwas geschmacklich beurteilen will.

Wie mir etwas an zwei verschiedenen Tagen schmeckt, kann ich nicht wissen, auch wenn es sich um zwei völlig identische Dinge handelt, die ich jeweils schmecke. Der Geschmack vergeht schnell. Was man heruntergeschluckt, sich einverleibt und verdaut hat, schmeckt man nicht mehr. Dem Geschmack geht der Geruch voraus; der olfaktorische Eindruck begleitet die Verarbeitung der Geschmacksnerven. Der Geruch dauert, der Geschmack ist flüchtig und punktuell.

Wenn ich etwas auf der Zungenspitze oder mit den Lippen teste, ohne es in den Mundinnenraum hereinzunehmen, kann ich etwas probieren, etwas einer Probe unterziehen, ohne es zu schmecken. Entsprechend vorsichtig kann ich ohne herunterzuschlucken etwas aufnehmen und dann mit der Zunge und dem Gaumen testen, ob etwas heiß oder kalt, süß oder sauer ist, ohne dass ich sagen könnte, wonach oder dass es schmeckt. »Abschmecken« nennt man die Überprüfung und Verfeinerung der Ingredienzien. Aber das Schmecken ist kein Analysieren von Bestandteilen, keine Bestätigung einer Erwartung und auch keine Beurteilung des Zusammenpassens, sondern das Auslösen einer Sensation.

Geschmackvoll oder geschmacklos kann ich nur eine Sensation nennen, die etwas mit mir macht. Zugleich muss ich es bearbeiten, damit etwas mit mir, in mir geschieht. Zwischen »ich schmecke etwas« und »es schmeckt mir« liegt eine Aktivität des Schmeckens, aber auch ein sinnendes, gespanntes Abwarten. Was ich schmecke, hängt von dem ab, wie ich mich fühle, von meinem Zustand, aber auch von der Umgebung, der Atmosphäre, der Luft. Was ich schmecke, hängt aber auch von dem ab, was ich bislang zu mir genommen habe, von der Ausprägung und Schärfung meines Sinnes, meines Verstandes, meines Gedächtnisses, meiner Worte, von einem kulturellen Kontext. Die Artikulation des Geschmackssinns ist dann wie ein Kommentar auf den Akt des Schmeckens. Manchmal sagen wir: »das schmeckt gut«, obschon es uns jetzt gerade nicht reizt, und meinen, dass es jedem immer hinreichend gefallen muss. Manchmal sagen wir: »das schmeckt mir nicht« und äußern damit Zweifel an einer Situation. Was hat das Schmecken mit dem Zweifeln gemein?

Dass ich etwas schmecken muss, um zu wissen, ob es mir gefällt, ist völlig unabhängig davon, ob ich feine Sinne habe oder grobe. Wenn mir jemand ein Rezept vorliest oder ich eine Speisekarte studiert habe, weiß ich noch nicht, ob mir das schmeckt; ich muss hineinbeißen.

Dieses je Singuläre des Schmeckens wurde seit der Scholastik mit dem Satz »De gustibus non est disputandum« bezeichnet. Wäre es dabei geblieben, gäbe es kein Publikum, das sich über das Schmecken und die Artikulation von Geschmack bildet.

Es ist wohl zunächst Michel de Montaigne (und nicht erst, wie zumeist angenommen, Gracián) gewesen, der einen Begriff des von allen Menschen geteilten Geschmacks entwickelt. Er bezeichnet damit eine zugleich individuelle und universelle, kulturspezifische und vielseitige Grundlage des Vernunfturteils:

> »Ich habe ein so anpassungsfähiges Naturell und einen so vielseitigen Geschmack wie nur irgendeiner auf der Welt. Die Verschiedenheit der Lebensweisen von einem Volk zum andern löst in mir nichts als Freude an solcher Mannigfaltigkeit aus. Jeder Brauch hat seinen Daseinsgrund.«[3]

Der Geschmack ist also keine physiologisch determinierte Neigung, sie folgt keinem Naturgesetz, sondern ist Ausdruck der autonomen Urteilskraft,[4] die sich in Auseinandersetzung mit Naturerfahrungen oder geistigen Autoritäten, doch nicht in Abhängigkeit, sondern auf Augenhöhe mit ihnen bildet: »Wahrheit und Vernunft sind Gemeinbesitz aller Menschen, und sie gehören dem, der ihnen zuerst das Wort geredet hat, nicht mehr als dem, der es nach ihm tut.«[5] Montaignes Kosmopolitismus stützt sich auf den »goust commun«, als dem, worin alle Menschen als Menschen übereinstimmen.

Baltasar Graciáns »El Discreto« (1646) gemäß zeichnet den vollkommenen Weltmann vor allem der ›Gusto‹ aus. Der Begriff Gusto bezeichnet das mittels Erfahrung und Introspektion ausgebildete Vermögen des Menschen, durch gelungene Lebensführung sein Menschsein zu vervollkommnen. »Gusto« meint hier das Vermögen, in allen Bereichen

---

3 Michel de Montaigne: *Essais,* übersetzt von Hans Stilett, Frankfurt a. M. 1998, Bd. III, 9, S. 497, Frz. Essais III, Gallimard 1965, 9, S. 258f.
4 »[...] aus freien Stücken, ohne persönliche Verpflichtung« Montaigne/Stilett, Essais III, 9, S. 498. »C'est par libre selection de mon jugement et de ma raison, sans obligation particuliere.« Frz. Essais III, S. 262.
5 Montaigne fährt fort: »Platons Meinung nach – das hat nicht mehr Gewicht als meiner Meinung nach, wenn er und ich eine Sache auf die gleiche Weise sehen und verstehen [...]: So soll auch der Zögling alles, was er anderen entlehnt hat, sich anverwandeln und zu einem voll und ganz ihm gehörenden Werk verschmelzen: zu seinem eignen Urteil. Auf nichts anderes, als es zu bilden, haben seine Erziehung und die Mühen des Studiums abzuzielen.« Montaigne/Stilett, Essais I, 26, S. 226. Frz. Montaigne, Essais I, 26, S. 226.

und Situationen des Lebens immer die rechte Wahl zu treffen und alle Dinge frei von subjektiver Täuschung nach ihrem wirklichen Wert zu beurteilen.

Der Bindung des »Buen Gusto« an den »Discreto« bei Gracián entspricht bei den französischen Moralisten (La Rochefoucauld, Méré, Bouhours, Saint-Évremond, La Bruyère) die Bindung des »Goût« an den »Honnête Homme«. Zielte Graciáns Gusto auf eine Anwendung im politischen Bereich, so verlegen die französischen Autoren den Goût ins Moralische, in dem der Honnête Homme die Délicatesse seiner Umgangsformen und seines Urteils erweist. Dies behält offenkundig auch eine soziale Distinktionsfunktion: Der »délicatesse« der »honnêtes gens« setzt Saint-Évremond den (schlechten) »goût de la nation en général« entgegen.[6] Der Geschmack ist hier noch einer Elite reserviert, die es versteht, sich ein Urteil zu bilden und sich abzugrenzen.

Eine erste Übertragung des Begriffs »Goût« ins Ästhetische hatte zuvor allerdings kein geringerer als René Descartes geleistet. 1619 bereits hat Descartes in seiner ersten Schrift, dem »Compendium Musicae«, die These verfochten, das Objekt der Musik sei der Klang; sein Ziel sei es zu gefallen und verschiedene Leidenschaften in uns zu erzeugen. Der Klang sei ein von Körpern und Materie erzeugtes physisches Phänomen. Die Harmonien fänden ihren Grund nicht, wie die Pythagoräer glaubten, in den Proportionen der Himmelssphären, sondern schlicht im Geschmack des Zuhörers.[7] Für Descartes ist Denken nichts anderes als die Aktivierung des »Bon Sens.« Indem ich urteile, wende ich alltäglich immer schon Vernunft an. In der entscheidenden Eingangspassage des Discours de la Méthode identifiziert Descartes die Vernunft mit dem Gemeinsinn (Bon Sens), wobei die elitenkritische Ironie nicht zu überhören ist, wenn er schreibt, die Vernunft (Bon Sens) sei die bestverteilte Sache der Welt, niemand wünsche sich mehr davon, auch diejenigen nicht, die doch in allen übrigen Dingen kaum den Rachen voll bekämen. Der Bon Sens sei von Natur aus in allen Menschen gleich.[8]

---

6 Charles de Saint-Evremond: *Sur les Tragédies*, Paris 1697, 2, S. 245.
7 Im Januar 1630 schreibt Descartes an Mersenne: »Tout ce calcul sert seulement pour montrer quelles consonances sont les plus simples, ou si vous voulez les plus douces et les plus parfaites, mais non pas pour cela les plus agréables [...]. Mais pour déterminer ce qui est le plus agréable, il faut supposer la capacité de l'auditeur, laquelle change comme le goust, selon les personnes.« René Descartes: *Œuvres*, hg. v. Adam/Tannery, Paris 1996, Bd. 1, S. 108.
8 »Der [Bon Sens] ist die bestverteilte Sache der Welt, denn jedermann meint, damit so gut versehen zu sein, daß selbst diejenigen, die in allen übrigen Dingen nur sehr schwer zu befriedigen sind, doch gewöhnlich nicht mehr [davon] haben wollen, als

Zu Dumm zum Applaudieren?

Mit der Querelle des Anciens et des Modernes wird der Begriff des Geschmacks bekanntlich in die ästhetische und poetologische Theorie eingeführt. Für Fontenelle[9] (1688) und Charles Perrault[10] (1688) wird der Bon Goût zu derjenigen Instanz, die die Autorität der Antike kritisch infrage stellt, weil sie es vermag, das Schöne unabhängig von Ort und Zeit zu beurteilen. Der Widerpart dieser Modernen, nämlich Anciens wie Nicolas Boileau[11] und La Bruyère,[12] kritisieren den Geschmack der Modernen als unzulässige Verallgemeinerung des gegenwärtigen Standpunkts, um daran die zeitlose Gültigkeit der antiken Geschmacksnorm zu erweisen.

2. Was unterscheidet ein Geschmacksurteil von anderen Urteilen?

Das politisch Brisante des cartesianischen Rationalismus besteht vor allem im Universalismus des »Bon Sens«, d. h. in dem allen Menschen unterschiedslos zugesprochenen kritischen Sinnesurteil. Ähnlich wie Montaigne schreibt Descartes im »Discours de la Méthode«: »Ich habe niemals angenommen, dass mein Geist in irgendeinem Sinne perfekter wäre als derjenige irgendeines anderen.«[13]

Seine Methode orientiert sich vor allem an einem Gegenwartsbezug, wie er in täglichen Geschäften und Handwerken ausgebildet wird: hier muss überlegt, gefolgert und entschieden werden; die Konsequenz folgt auf dem Fuße. Im Gegensatz dazu seien spitzfindige Logeleien konsequenzfrei und auch das Bücherwissen nähere sich niemals so sehr der Wahrheit wie die einfachen Räsonnements, die ein Mensch mit seinem

---

sie wirklich haben. Es ist nicht wahrscheinlich, daß sich in diesem Punkte alle Leute täuschen; sondern es beweist vielmehr, daß das Vermögen, richtig zu urteilen und das Wahre vom Falschen zu unterscheiden, das eigentlich das ist, was man Bon Sens oder Vernunft nennt, von Natur aus in allen Menschen gleich ist.« René Descartes: *Discours de la Méthode, Œuvres*, Hg. Adam/Tannery, Bd. 6, S. 1f. Übersetzung: Kuno Fischer, Stuttgart 1961, S. 3, modifiziert (LS).
9 Bernard Le Bouvier de Fontenelle: *Digression sur les Anciens et les Modernes*, Paris 1688.
10 Charles Perrault: *Parallèle des Anciens et des Modernes en ce qui regarde les Arts et les Sciences (1688-1698)*, München 1964.
11 Nicolas Boileau: *Réflexions critiques sur quelques passages du Rhéteur Longin (1694)*, Reflexion VIII, Paris 1966, S. 522ff.
12 Jean de La Bruyère:»Discours sur Théophraste et des Ouvrages de l'Esprit«, in: *Les Charactères et les Moeurs de ce Siècle (1688)*, Paris 1951, S. 65–90.
13 »Pour moy, je n'ai iamais présumé que mon esprit fust en rien plus parfait que ceux du commun.« René Descartes: *Discours de la Méthode*, S. 2. Übersetzung LS.

Bon Sens in Bezug auf die Dinge, die sich ihm präsentieren, anstellen könne. Räsonieren, Entscheiden und die Entscheidung an ihren Konsequenzen zu messen – vernünftiges Urteilen ist kein wenigen Eingeweihten vorbehaltenes Geheimnis, sondern etwas, das wir alle täglich üben müssen.[14]

In seinen Schriften verwendet Descartes die Ausdrücke »Bon Goût«, »Bon Sens« und »Ingenium« noch weitgehend synonym. Philosophisch wird diese Vernunftauffassung bald – zugunsten einer Unterscheidung von Gemeinsinn und Esprit – angefochten und hält sich am Längsten in der englischen Common Sense Philosophie.[15]

Das französische Kunstpublikum des 18. Jahrhunderts, das sich in der neu entstehenden Ausstellungsarchitektur einstellt, hat eine überaus wichtige Rolle bei der kulturellen Durchsetzung der Auffassung, jeder könne sich seines Verstandes bedienen und öffentlich Urteile fällen; in der Geschmacksästhetik wie auch in den Institutionen moderner Kunst wirken die universalistischen Grundannahmen Descartes kurioserweise fort. So sind für Peter Osborne die Räume der zeitgenössischen Kunst – mehr noch als die Kunstwerke selbst – Maschinen zur Hervorbringung einer globalen Zeitgenossenschaft.[16]

---

14 »Et ainsi ie pensay que les sciences des livres […] ne sont point si approchantes de la verité, que les simples raisonnemens que peut faire naturellement un homme de bon sens touchant les choses qui se presentent.« Descartes, AT, Bd. 6, S. 12f. Vgl. Descartes, AT, Bd. 6, S. 6f. Der Sens Commun wird hier im Sinne des Bon Sens angesprochen. Descartes, AT, Bd. 6, S. 10.

15 Während Descartes Bon-Sens-Konzeption bei Buffier und dann in der englischsprachigen Common-Sense-Philosophie weiterlebte, kannten Helvétius und Voltaire für den Bon Sens nur Spott. Gegenüber jeder Form vulgärer Vernünftigkeit lobten sie die Finessen des Esprit und den Erfindungsreichtum des Genies. Claude Buffier: *Traité des vérités premières*, Paris 1724, S. 14f. Vgl. auch Jean Baptiste Boyer; Marquis d'Argens: *La philosophie du bon-sens*, London 1737; Etienne Bonnot De Condillac: *Essai sur l'origine des connaissances humaines*, Amsterdam 1746. Die pejorative Wendung Saint-Evremonds kehrt bei Claude-Adrien Helvétius: *De l'esprit*, Amsterdam 1759, S. 289, wieder. Für Voltaire (*Dictionnaire Philosophique*, London 1764) ist Vernünftigkeit das Kennzeichen des Vulgären. Die in der »schottischen Schule« (Thomas Reid, James Beattie) ausgearbeitete Common-Sense-Philosophie ist abhängig von Claude Buffier.

16 »The coming together of different times that constitutes the contemporary, and the relations between the social spaces in which these times are embedded and articulated, are thus the two main exes along which the historical meaning of art is to be plotted. In response to this condition in recent years, the inter- and transnational characteristics of an art space have become the primary markers of this contemporaneity. In the process, the institutions of contemporary art have attained an unprecedented degree of historical self-consciousness and have created a novel kind of cultural space – with the international biennale as its tiring emblem – dedicated to the

Im Cartesianismus wird das Geschmacksurteil als ein natürliches Vermögen des Menschen so begründet, dass es dem Vorwurf, ein bloßes Vorurteil zu sein, entzogen bleibt. So wird das Geschmacksurteil in der cartesianischen Ästhetik Fontenelles,[17] Houdar de la Mottes[18] und Crousaz'[19] zum vorweggenommenen Verstandesurteil. Doch diese Verbindung von Geschmack und Verstand tritt bald in den Hintergrund. Gegen den ästhetischen Rationalismus im Umkreis Fontenelles behaupten Du Bos' »Réflexions critiques sur la poésie et la peinture« (1719) auf der Grundlage des Lockeschen Sensualismus die Unmittelbarkeit der ästhetischen Erfahrung: Der Geschmack wird eingegrenzt auf den Sinn, der vom ästhetischen Gegenstand unmittelbar angesprochen wird. Dieser rezeptive Sinn befähigt ein Publikum zu spontaner Urteilsbildung. Über den Geschmack im Sinne des Sentiments verfüge jeder Mensch:

»Mais tous les hommes peuvent juger des vers & des tableaux, parce que tous les hommes sont sensibles, & que l'effet des vers & des tableaux tombe sous le sentiment.«[20]

Du Bos unterstreicht, dass es Grenzen der Kompetenz in den Bereichen des Politischen, des Medizinischen und der Wissenschaft gebe, aber nicht in den Künsten, deren Basis eine Einwirkung auf das Sentiment sei. Da jeder Mensch sensibel ist, kann er im Bereich der Künste urteilen. Hier wird der Menschheit offenbar nurmehr zugetraut, voraussetzungslos über vegetative Empfindungsfähigkeit zu verfügen.

Ist Kunstkritik folglich ein Expertenurteil oder eine Artikulation eines von der Vernunft abgekoppelten Empfindens? Die von der königlichen Akademie seit dem 17. Jahrhundert im Louvre organisierten Kunstausstellungen waren öffentlich und gratis. Die vorgesehene Haltung des Publikums war zunächst diejenige der Bewunderung, nahe der Devotion. Noch beim Salon von 1737 gestattet sich der anonyme Autor der »Description raisonné des tableaux exposés au Louvre« lediglich »die Freiheit, über die Perfektionen und die Schönheit der ausgestellten

---

exploration through art of similiarties and differences between geopolically diverse forms of social experience that have only recently begun to be presented within the parameters of a common world.« Peter Osborne: *Anywhere or not at all, Philosophy of Contemporary Art*, London 2013, S. 27.
17 Bernard de Fontenelle: *Réflexions sur la Poétique* (verf. 1695), Paris 1742.
18 Antoine Houdar de la Motte: *Réflexions sur la critique*, Paris 1715.
19 Jean-Pierre de Crousaz: *Traité du beau*, Amsterdam 1715.
20 Jean-Baptiste Du Bos: *Réflexions critiques sur la Poésie et la Peinture (1719/1755)*, Paris 1993, S. 288.

Stücke« seine Meinung zu sagen.²¹ Doch schon beim Salon von 1747 im Louvre entsteht die Kunstkritik.

Mit La Font de Saint-Yennes Kommentar über diese Ausstellung tritt zum ersten Mal ein Autor im Namen des Publikums auf und beurteilt die ausgestellten Werke. Jeder habe das Recht über die Künste zu urteilen: »Ein Gemälde, das ausgestellt wird, ist wie ein Buch, das durch die Druckerpresse veröffentlicht wird. Es ist wie ein Theaterstück: jeder hat das Recht, es zu beurteilen.«²² Dies sorgte für Entrüstung unter den Kunstkennern. Sein Projekt einer kunstkritischen Zeitschrift (»journal de critique d'art«) wird 1759 von der Regierung abgelehnt.

Charles Coypel, der erste Maler des Königs, formuliert im Namen der Akademie expertokratische Einwände gegenüber dieser ersten öffentlichen Kunstkritik: Nur perfekte Connaisseure besäßen die Legitimation, ihre Gedanken öffentlich mitzuteilen. Mit welchem Recht könne sich irgendein Privatmann, womöglich noch anonym, als Sprecher des Publikums ausgeben, das sich doch zwanzig Mal am Tag ändere. Die unterschiedlichen Ansichten, die von der Masse der Besucher geäußert würden, seien das Letzte, was Beachtung verdiene.²³ 1765 erinnert der Chevalier de Jaucourt die Leser der Encyclopédie daran, dass jeder Bürger das historische Recht auf Kunstgenuss habe. Das Geschmacksurteil wird transformiert in die kritische Haltung, d. h. in eine letztlich nicht verantwortliche Position gegenüber den Wirkungen von Entscheidungen.

3. Warum bildet sich im 18. Jahrhundert das »ästhetische Regime der Kunst« parallel zum Diskurs, demzufolge die Öffentlichkeit Geschmacksurteile fällen darf?

Hier geht es um mehr als um die Frage der sozialen Positionierung der Kunst. So sehr auch die ökonomischen Hintergründe dieser Debatte Aufmerksamkeit verdienen, wichtig ist, dass die Kunst fortan als der Bereich angesehen wird, in dem Urteile aufgrund des Sentiments gefällt

---

21 Anonym (Jean-Florent-Joseph Neufville de Brunabois-Montador): *Description raisonnée des tableaux exposés au Salon du Louvre*, Paris 1738, S. 2.
22 »Un Tableau exposé est un Livre mis au jour de l'impression. C'est une pièce représentée sur le théâtre: chacun a le droit d'en porter son jugement.« Étienne La Font de Saint-Yenne: »Réflexions sur quelques causes de l'état présent de la peinture en France: avec un examen des principaux ouvrages exposés au Louvre le mois d'août 1746«, La Haye 1747, in: Étienne Jollet (Hg.): *La Font de Saint-Yenne*, Paris 2001, S. 2.
23 Charles Coypel: »Dialogues sur L'Exposition des Tableaux dans le Sallon du Louvre en 1747«, in: *Mercure de France*, Novembre 1751, S. 62.

werden. Obschon es auch kennerschaftliche Urteile von höherer Qualität geben kann, was niemand in Zweifel zieht, liegt die Bedeutung der modernen Kunst eben genau darin, dasjenige Terrain zu sein, in dem jeder Beliebige aufgrund seiner vegetativen Emfindungsfähigkeit, nämlich aufgrund seines Schmecken- und Fühlenkönnens, das Recht hat zu urteilen.

Das Zugestehen einer universellen Beurteilungskompetenz und der sich in der öffentlichen Kunstkritik ausbildenden Urteilspraxis wird mit zwei Einschränkungen erkauft, nämlich mit einer Begrenzung der Kunst auf das Ästhetische (in Abgrenzung zur Vernunft und Realität) sowie mit einer Einschränkung politischer Partizipation auf das reflektierende ästhetische Urteil, auf das Befinden, das Gefühl der Lust oder Unlust, auf »gefällt mir«/»gefällt mir nicht«.

Mit Immanuel Kant wird der Umschlagspunkt der historischen Transformation erreicht, in der sich ein ästhetisches Regime der Kunst herausbildet und die Differenz zwischen Denken, Handeln und Urteilen festgeschrieben wird.

Auf diese Differenz stützen sich auch noch die Konzeptionen von Lyotard und Rancière, die jeweils das Ästhetische als Widerstandsbereich gegenüber der Herrschaft des Verstandes in den Fokus rücken.

Jacques Rancière lobt Kant und Schiller dafür, dass sie die Autonomie ästhetischer Erfahrung gegenüber den Dimensionen der Erkenntnis und des Konsums herausgearbeitet haben, dass sie die Hierarchie der Sujets aufgelöst haben und den Kunstgenuss der Elite entzogen, profaniert, für alle geöffnet haben.[24] Die Ästhetik bietet aus Sicht Rancières tatsächlich eine Alternative zur Abstraktheit politischer Aktionen, wie sich in der folgenden Passage zeigt: »[Schiller entwirft] eine Freiheit und Gleichheit, die sinnliche Realitäten und nicht einfach legalistische oder staatliche Formeln sind. Auf dieser Schicht ruht der Traum einer ästhetischen Revolution auf, der in den Formen der erlebten Erfahrung selbst eine Freiheit und eine Gleichheit realisierte, die in ihren rein politischen Formen immer dazu verurteilt wären, abstrakt zu bleiben.«[25]

Die sensorielle Differenz, die Voltaire installiert, wenn er behauptet, die Leute von Geschmack hätten nicht die gleichen Sinne wie die einfachen Leute,[26] lässt Rancières »ästhetisches Regime« ebenso hinter sich wie die Unterscheidung von Lärm und Sprache. Darin liegt für Rancière die »politische Bedeutung des ›Widerstands‹« der Kunst:

---

24 Vgl. Giorgio Agamben: *Profanierungen*, Frankfurt a. M. 2005.
25 Rancière: *Ist Kunst widerständig?*, S. 43.
26 Vgl. ebd., S. 45.

»Das freie ästhetische Spiel und die Universalität des Geschmacksurteils bestimmen eine neue Freiheit und eine neue Gleichheit, die verschieden sind von denen, die die revolutionäre Regierung unter der Form des Gesetzes einrichten wollte: eine Freiheit und eine Gleichheit, die nicht mehr abstrakt, sondern sinnlich sind. Die ästhetische Erfahrung ist die eines neuen Sensoriums [...].«[27]

Doch die Bedeutung der Kunst liegt genau darin, dass nur hier ein Emanzipationspotenzial gegenüber sozialen Distinktionen behauptet werden kann.

Die Artikulation möglicher Gleichheit im Geschmacksurteil wäre durchaus ein lobenswertes Programm, wenn ihm nicht eine Asymmetrie eingeschrieben wäre, die Lyotard und Rancière übersehen: Das ästhetische Gefühl bleibt abgetrennt vom Denken und Agieren. Es bleiben Zuckungen dahin vegetierender politischer Tiere.

Rancière lobt die Abschaffung der Hierarchie im Bereich der Ästhetik, erkauft sich mit der Festlegung der Kunst auf die ästhetische Erfahrung aber die hierarchisierende Unterstellung, dass das allgemeine Publikum de facto nur Gefühle artikuliert, letztlich aber nicht im vollem Sinne vernünftig denkt und handelt. Ästhetik in diesem Sinne dient lediglich der kommunikativ abgefederten, koordinierten Rezeption von Befehlen.

Merkwürdig unterbelichtet bleibt in beiden Konzeptionen, bei Lyotard und Rancière, die Artikulation des Geschmacksurteils in der Öffentlichkeit. Es muss nicht gleich das Tomatenschmeissen oder hysterische Schreiorgien wie bei Elvis oder den Beatles sein: schon das Klatschen ist eine Intervention, die mehr ist als die »Mitteilung von Beifall zu einer Darbietung«, weshalb Adorno in seiner »Naturgeschichte des Theaters« schreibt, der Applaus erinnere an archaische, kannibalische Zerstörungspraktiken.[28]

Der Lärm des Publikums ist jedoch keine bloße Nervenzuckung und auch keine barbarische Zerstörung mühsam errichteter zivilisierender Infrastrukturen, sondern ein Artikulationsereignis innerhalb eines Resonanzraumes, es ist eine Wiederaneignung des Wortes, wenn man so

---

27 Ebd., S. 21f.
28 Nur die Architektur der Spektakel unterbreche diese Zerstörung und öffne eine Spannung, in der sich ein Rhythmus entfaltet, der auch die Zerstörung und das Verschwinden noch produktiv macht. In diesem Sinne, sagt Adorno, ist das Theater wie »ein Uhrgehäuse, [das] den Gang der Welt am Zeiger des Schicksals Abend zu Abend nachmißt.« Theodor W. Adorno: *Naturgeschichte des Theaters, Gesammelte Schriften* Bd. 16, Frankfurt a. M. 1978, S. 317.

will, ein responsiver Akt gegenüber Akteuren und Chor innerhalb eines geteilten widersprüchlichen Präsenz.

Dieser Akt der Artikulation eines kritischen Urteils muss nicht selbst ästhetisch daherkommen. Er wird jedoch als Akt der Beurteilung oder der Interpretation unterschätzt, denn die kritischen Artikulationsformen nehmen entscheidenden Anteil an der Transformation eines ästhetischen Objektes in ein künstlerisches Ereignis. Fischer-Lichtes Konzept der Aufführung unterstreicht, dass die Artikulationsformen des Publikums keine bloße Tonspur einer bloß rezeptiven ästhetischen Erfahrung sind, und auch keine wegzufilternden Störungen, sondern Interventionen, die das, was als Aufführung zählt, zusammen mit der darstellerischen Leistung konstituieren; oft genug wird das Publikum zum Akteur.[29]

4. Was ist die Rolle der Kennerschaft/Expertise im Geschmacksurteil?

Die öffentliche Artikulation eines Geschmacksurteils muss verstanden werden als Intervention, die, zumindest im Bereich der Kunst, Anteil hat an der Transformation eines ästhetischen Objektes in ein Kunstwerk, oder aber, an dessen Vernichtung. Jeder solche Akt ist deswegen mehr als ein »ästhetischer Gemütszustand« (Kant).

Das Urteilen ist nicht nur ein Reflektieren, ein zuschauendes Einschätzen, ein distanziertes Bewerten und Meinungen Artikulieren, worauf es Kant und Arendt einschränken. Das Urteilen ist ein Akt, dessen Voraussetzungen, dessen Vollzugsaspekte, dessen Resultate und Wirkungen es hinsichtlich der Möglichkeit, etwas Besonderes zur Sprache zu bringen, zu analysieren gilt. Das Urteilen umfasst offenbar die Fähigkeit der Beurteilung (Wahrnehmung), die Ausübung dieser Fähigkeit (Reflexion) und die Artikulation dieser Ausübung (Sprache) ebenso wie den Vollzug dieser Artikulation (Handlung) in einem kulturell strukturierten Raum.

Die Pragmatik des Urteilens kann nur erfasst werden, wenn man das Unterscheiden, Kritiküben und Intervenieren als Weltverändern zur Grundlage einer Analyse des Urteils macht. Im Urteilen wird etwas verneint oder bejaht. Zur Vorstellungsverbindung tritt ein Glaube hinzu,

---

29 »Die leibliche Ko-Präsenz meint vielmehr ein Verhältnis von Ko-Subjekten. Die Zuschauer werden als Mitspieler begriffen, welche die Aufführung durch ihre Teilnahme am Spiel, d.h. ihre physische Präsenz, ihre Wahrnehmung, ihre Reaktionen mit hervorbringen. Die Aufführung entsteht als Resultat der Interaktion zwischen Darstellern und Zuschauern.« Erika Fischer-Lichte: *Ästhetik des Performativen*, Frankfurt a. M. 2004, S. 47.

der die Überzeugung impliziert, dass das Vorgestellte wirklich existiert oder die Verbindung tatsächlich auf diese Weise besteht.[30] Mit dem Urteil lege ich mich jemandem gegenüber fest. Urteile stellen ein So-Sein oder ein Nicht-so-Sein fest.[31] Nur, wo nicht gewusst werden kann, muss geurteilt werden. Aus diesen Gründen nähert sich das Urteilen eher einem Vermuten als einem Wissen und Erkennen an. Im Urteilen setzen wir nicht nur unser Vorstellen, Empfinden und Mutmaßen in Bezug auf die Realität einer Zustimmung oder Korrektur aus. Wir statuieren etwas und engagieren uns für seine Geltung. Wir reifen an unseren Urteilen und übernehmen mit ihnen und für sie eine Verantwortung. Das Urteil artikuliert das Denken der Öffentlichkeit.

Wer also davon ausgeht, dass die Öffentlichkeit voraussetzungslos nur zu (vegetativen) Geschmacksurteilen im Sinne Du Bos' in der Lage wäre, d.h. wer unterstellt, dass sie lediglich eine Befindlichkeit zu kommunizieren, aber nicht eine Qualität zu bestimmen fähig ist, impliziert letztlich, dass die Reaktion des Publikums eine Art zustimmender Rülpser ist, ein unwillkürliches Verhalten, vielleicht im Sinne von Plessners Analyse des Lachens und Weinens. Ist aber die Geschmacksartikulation nicht doch ein bewusstes Übernehmen einer Rolle im Sinne Fischer-Lichts, ein bewusster Akt eher als ein konditionierter Reflex? Ist das Publikum zu dumm zum Beifallklatschen an der richtigen Stelle oder zum giftigen Schweigen als Antwort auf plumpe Reize?

Jürgen Habermas äußert immer wieder Zweifel, das allgemeine Publikum könne ohne Hilfe von »Gatekeepern« und Moderatoren qualitativ zuträgliche Diskurse produzieren; verglichen mit Einkanalmedien wie Zeitung oder Fernsehen erscheinen ihm Medien der Publikumsartikulation wie das Internet gewissermaßen als die diskursive Sickergrube für den globalen Shitstorm der Herzen.

Applaus und Kritik, in welcher tumben Form auch immer, sind Interventionen und Engagements. Wenn Jubel, Kreischen, Buh-Rufen oder das Singen von Elogen in den höchsten Tönen mehr und anderes impliziert als bloß vegetative Geschmacksurteile im Kantischen Sinne, von Interaktionen, delegierten Performances, partizipativen Kunstformen und kritischen Stellungnahmen ganz zu schweigen, so müssen diese Formen ästhetischer Motorik jedoch zugleich auch als eher historische Formate asymmetrischer Teilnahme gewertet werden.

---

30 John Stuart Mill: *A system of logic, ratiocinative and inductive*, I, 5 § 1, London 1848, 56, 62; 1, § 2; 7, 20; 5, § 1, 88.
31 Edmund Husserl: *Erfahrung und Urteil*, Hamburg 1999, S. 353f.

Wie ist nun im Gegensatz dazu die Rolle der Kennerschaft bzw. Expertise im Geschmacksurteil zu bewerten? Wird sie in der Art und Weise greifbar, wie ich mein Urteil äußere? Sicherlich auch; doch reichen elaborierte Ausdrucksweise und Erudition sicher nicht hin. Ganz im Gegensatz zu der Tatsache, dass nur jeder selbst entscheiden kann, ob ihm etwas schmeckt und dass auch der perverseste Geschmack immer noch Anspruch auf allgemeine Zustimmung stellt, meinen die Ausdrücke »X hat Geschmack« oder »Y hat keinen Geschmack« so etwas wie Stilsicherheit, Gewitztheit der Kombination, Überlegenheit des ästhetischen Urteils, oder eben gerade die Abwesenheit davon. Wenn damit kein angeborenes Talent, kein Genie und kein aus sozialer Stellung herrührendes Distinktionsvermögen gemeint ist, bliebe doch auch jede Erklärung unzureichend, die daraus eine Anwendung erlernbarer ästhetischer Regeln machte.

Was kann ein Kunstkenner, was kann eine Kunstkritikerin, das der Laie in der Galerie, im Museum, oder der Tölpel im Konzertsaal, im Kino nicht kann?

Sagen wir: die Kunstkritikerin artikuliert ein fundiertes Urteil, das sich seinerseits der Kritik aussetzt. Fundiert heißt hier nicht nur »begründbar« oder »begründet«, sondern gestützt auf nachvollziehbare Erfahrungen, auf ausgewiesene Quellen, auf der Höhe möglicher Kenntnisse und relevanter Theorien.

Das methodisch erlernte Wissen und alle Erfahrung kann dabei auch im Wege stehen. Wem angesichts eines neuen Kunstwerkes nur einfällt, mit welchen Werken und Stilen der Vergangenheit es zu vergleichen wäre, der stellt nur seine Gelehrsamkeit, nicht aber seine Urteilskraft unter Beweis.

Deshalb verdient ein Aspekt besondere Beachtung, nämlich die Suspension des Urteils im Prozess des Urteilens. Wenn ich mir etwas auf der Zunge zergehen lasse oder wenn ich über etwas recherchiere, um mir ein Urteil zu bilden, so muss ich erst einmal abwarten und mich ausliefern. Wie bildet sich eigentlich eine solche Zone der Urteilslosigkeit? Ich weiß genau, dass ich die Sache verfehlen werde, wenn ich mit vorgefertigten Meinungen oder unverrückbaren Überzeugungen an sie herangehe. Man kann Urteile nach Graden der Gewissheit differenzieren (Kant unterscheidet problematische, assertorische, apodiktische); neben Fehlschlüssen zählen falsche Einschätzungen des Grades an Gewissheit hinsichtlich der Urteile zu den gravierendsten Verstandesfehlern. Vorurteile sind vorläufige Urteile, die als bestimmende, assertorisch oder gar apodiktisch gesetzt werden. Das vielleicht gravierendste dieser Vorurteile ist es, die vorgebliche Expertise anderer vorbehaltlos anzunehmen: Es ist das Vorurteil der Autorität.

Und doch gibt es Expertise und Autorität auch im Fall der Ästhetik, so schwer ich mich auch offensichtlich damit tue, das anzuerkennen und theoretisch zu reflektieren. Nehmen wir den Kunstkenner. Ein gutes Beispiel liefern vielleicht Werner Spies' (gekaufte) Beltracchi-Expertisen. Oder diejenigen Techniker, die mithilfe von Dendrochronologie das Alter von Kunstwerken ermitteln. Im Idealfall können beide Methoden, der formal geschulte Blick und die Analyse chemischer Proben, die Echtheit bzw. Herkunft eines Kunstwerkes korrekt bestimmen. Sie können Einflüsse bestimmen und formale oder technische Vergleiche anstellen. Und sich doch irren oder (korrupt) manipulieren.

Aber keinesfalls können sie objektiv feststellen, ob etwas ein Kunstwerk ist. Das kann nur eine Interpretin, die über ein philosophisch geschultes Bewusstsein, insbesondere über den fortschrittlichsten Kunstbegriff verfügt. Adorno spricht von Interpretation, Kommentar und Kritik als drei Stufen der Transformation eines ästhetischen Objektes in ein Kunstwerk.[32]

Auch Arthur Danto ist bekanntlich der Ansicht, dass erst die Interpretation aus einem ästhetischen Objekt ein Kunstwerk macht (Kommentar und Kritik scheinen ihm vernachlässigenswert). Die Interpretation fügt dem Kunstwerk eine nicht-wahrnehmbare Tiefendimension hinzu.

Wichtig ist dabei festzustellen, dass die Transformation eines ästhetischen Objektes in ein Kunstwerk nicht allein durch eine Äußerung des Geschmacks möglich ist. Nicht Jubel und Applaus macht aus etwas ein Kunstereignis.

Ich habe andernorts die Logik der Expertise zu bestimmen versucht[33]. Es ist die Abduktion. Sie erfordert letztlich Kreativität und nicht Erfahrung: Abduktion ist jene Art von Argument, die von einer überraschenden Erfahrung ausgeht, von einer Erfahrung, die einer Überzeugung zuwiderläuft. Dies geschieht in Form eines Wahrnehmungsurteils, das eine neue Form von Überzeugung notwendig macht, um die Erfahrung zu verallgemeinern.[34] Die Pointe bei der Abduktion ist weniger der Schluss als das Auffinden der Regel (Hypothesenbildung).

---

32 Vgl. Adorno, *Ästhetische Theorie, Gesammelte Schriften*, Bd. 7, Frankfurt a. M. 1978, S. 289.
33 Siehe Ludger Schwarte, *Vom Urteilen*, Berlin 2012.
34 Charles Sanders Peirce: *Collected Papers*, Band 5, hg. v. Charles Hartshorne; Paul Weiss, 1931–1935, S. 171. Vgl. Joachim Lege: *Pragmatismus und Jurisprudenz. Über*

Zu Dumm zum Applaudieren?

Hinzu kommt natürlich die Kontextkenntnis, die Schärfe der Begriffe, und das fortschrittlichste Bewusstsein. Ohne einen kriterienscharfen Fortschrittsbegriff kann es keine Expertise geben, sondern nur Deduktion. Beispielsweise (1) »Eine Sonate besteht aus vier Sätzen, von denen nur der zweite, langsame Satz in der Dominant- oder Subdominanttonart komponiert ist, die übrigen in der Grundtonart.« (2) Dieses Instrumentalstück besteht aus vier Sätzen, die entsprechend komponiert sind, also (3) ist es eine Sonate.

Diese Folgerungsbeziehung könnte ein »Subsumptionsautomat« herleiten. Interpretation, Kommentar und Kritik zeichnen sich durch triftige Vergleiche und informierte, begründete Qualitätsurteile aus. Damit ist nicht gemeint, dass sie sich darüber äußern, wie es sich anfühlt, dieses oder jenes Kunstwerk zu erfahren, oder welcher Modus der Wahrnehmung der angemessene wäre; vielmehr sind darunter Einschätzungen zu verstehen, die wie eine Wette auf die zukünftige Geltung des ästhetischen Objektes zu verstehen sind, wobei sie diese selbstverständlich wesentlich beeinflussen. So idiosynkratisch sie sich auch geben mögen, Kritiker behaupten, mit ihrem Urteil aufgrund allen zu Verfügung stehenden Wissens eine Einschätzung darüber formulieren zu können, was jenseits des augenblicklichen Reizes einer materiellen Gestalt als Wert des überzeitlichen ästhetischen Objektes (um eine Unterscheidung von Wollheim aufzugreifen) übrigbleiben wird. Das Urteil der Kritikerin organisiert gewissermaßen den Kredit, der in ein Objekt investiert werden muss, damit es einst als Kunstwerk gilt.

Die Art der Fundierung lässt sich allerdings ebenso wenig prinzipiell festlegen wie der dominante Kunstbegriff. Zur Politik des expertokratischen Geschmacksurteils zählt daher neben dem Versuch der Etablierung und Reproduktion von Beurteilungshegemonien auch die Disziplinierung der Weise, ästhetische Impulse in Eigenbewegung umzusetzen.

---

die Philosophie des Charles Sanders Peirce und über das Verhältnis von Logik, Wertung und Kreativität im Recht, Tübingen 1998.

Kai van Eikels

Ich bilde mir Öffentlichkeit ein, sie bilden sich Öffentlichkeit ein, wir bilden uns Öffentlichkeit ein…

Änderungen im Imaginären

1.

Dummheit bleibt ein Hauptproblem, wird aber auch Teil der Lösung sein müssen.

2.

Wie einen besseren Gebrauch von der Einbildungskraft machen? Einen politisch besseren, für das Politische besseren Gebrauch? Die Frage unterstellt, dass der Gebrauch bisher schlecht war. Oft schlecht, überwiegend schlecht. Eine Durchsicht der Konsequenzen, die das Imaginäre dort hat haben können, wo diesseits, jenseits, abseits des Regierens Politik hätte stattfinden sollen, kommt zu keinem schmeichelhafteren Ergebnis. Weshalb Politik zumeist dort *nicht* stattfand, unterblieb oder ein Minderes, nicht Ausschlaggebendes blieb, denn die entpolitisierende Wirkung der Imagination überwog. Zu viele Menschen reproduzierten kraft ihrer Einbildung Bilder von den vielen Menschen, die den Vielen die Möglichkeit absprachen, politisch wirksam zu werden. So dass wenig geschah, was die Vielen als Subjekt politischer Wirkungen involvierte; und sogar dann, wenn wirklich etwas geschehen war, an dem Viele partizipiert hatten, wies die Logik, die Viele für einen politischen Realismus hielten, das Wirkliche zurück mit der Begründung, das Mögliche zu diesem Wirklichen sei nicht gegeben. Die Bilder kontrollierten die Vorstellungen vom Möglichen, mitsamt dessen ängstlich-erregten Dehnungen ins Unmögliche, und der Realismus sorgte dafür, dass das für möglich Gehaltene die Wirklichkeit kontrollierte. Wie in einem Roman von Fontane passierte ausschließlich das, was in einem Roman von Fontane passiert.

3.

Artefakte, darunter Kunst, haben Jahrhundert für Jahrhundert Imaginationen der Vielen in Form genießbarer Bilder fabriziert. Ein Großteil der Bilder zeigt, genüsslich angewidert, die Dummheit der Vielen: von der grobschlächtigen, verderbten, schmutzigen Dummheit des Pöbels über die still-gefügige, stumpfe Dummheit der Bevölkerungen (von Machiavelli'schen oder Leo Strauss'schen Zynikern manipuliert) zur hysterisch aggressiven Dummheit des Mobs, mit oder ohne zornigen Gott im Genick, und zur hysterisch defensiven Dummheit der Panikmasse, deren Glieder aus Angst ums Leben einander zu Matsch trampeln. Erlösung vom Fluch des Viele-Seins verspricht, glaubt man nach Genuss dieser Bilder, höchstens eine noch größere Dummheit: ein Exzess des Ordinären, der die feinen Unterschiede und mit ihnen die Stände, Klassen, Preisgruppen verschluckt; ein Schweigen, das die Stille ins Unduldsame, Alles-Ablehnende kehrt; ein plötzliches, ereignishaftes Intervenieren des Weltgeistes, der aus den vandalierenden Horden ein revolutionäres Subjekt knetet; eine kollektive Selbstauslöschung, die den Weg freiräumt für das wahrhaft menschenwürdige Posthumane.

Über all den Anblicken einer unüberwindlichen, bestenfalls in glücklicher Apokalypse verglühenden Dummheit fällt erst verzögert die Dummheit der Bilder selbst auf. Dumm sind sie, weil ihre Faszinationskraft aus dem Unwissen darüber schöpft, was viele Menschen tun, und das Faszinieren keine achtbarere Aufgabe erfüllt, als dieses Unwissen zu leugnen. Ihre Dummheit verdummt, indem sie die Einbildungskraft einem Ressentiment dienstbar macht, das Menschen gegen Mehrere von ihresgleichen hegen. Auf hintergründige Weise an jeder Erkenntnis beteiligt, kommt Einbildung angesichts dieses unbehaglichen Objekts, einer *Anzahl* von Menschen, mit einem präventiven Erstschlag der überforderten Wahrnehmung zuvor. So wird eingebildet, dass die Vielen sich ausbreiten wie ein gehender Teig; dass sie dahinrollen gleich sturmgetriebenen Wolkenfronten, wo nicht selbst als Sturm aufziehen; dass elektrische, ja elektromagnetische Kräfte in ihnen toben, die Massivität ihrer aggregierten Körper sie träge macht und lähmt oder aber eine eigene gewaltige Energie generiert; dass im Zustand der Vielheit ein Kreatürliches aus dem Zivilisationspanzer bricht und Menschen in gerade jene Tiere verwandelt, deren vermeintliche Eigenschaften dem Schreckszenario oder der Verklärung zupass kommen.[1] Dumm und verdummend, verweisen diese Vorstellungen auf Fälle, in denen sie als *self-fulfilling prophecy* wirkten, um ihre Wahrheit unter Beweis zu stellen, richten Evidenz so ein, dass kein Gegenbild sie unterbricht. Dieselbe Dummheit reüssiert im ausschließenden ›Ohne mich!‹ und im eingemeindenden ›Einer von ihnen!‹, wo imaginierte Gemeinschaften die heterogene Wirklichkeit des Lebens zu Vielen filtern, bis Unwissen Misanthropie oder Patriotismus gebiert. Benedict Anderson analysierte in *Imagined Communities* den Nationalismus des 18. und 19. Jahrhunderts aus dem Erstaunen, wieso Menschen derart starke positive und negative Bindungen zu Millionen anderen Menschen fühlen, von denen sie mit beinah niemandem im Leben kommunikativen Kontakt haben.[2] Das Konzept der imaginierten Gemeinschaft, die sich gegen das Aktuelle, das ihr abgeht, zusehends immunisiert, markiert die Aporie, in die kausalmechanisches Denken gerät, sobald eine affektive Beziehung weder den deutlich konturierten Einzelnen des Paars oder der *primary groups* Familie, Verwandtschaft, Freundeskreis gilt noch im Verhältnis zur Gesellschaft als abstraktem Ganzen aufzuheben ist: Jemand hat tatsächlich keinen blassen Schimmer, was die vielen Menschen nebenan und an den vielen andern Orten tun, was sie tun können, tun könnten, was ihm mit ihnen unter Umständen gelänge oder misslänge, von ihnen oder ohne sie drohte. Statt der Gelassenheit eines Handelnden, den das Unerkennbare kaum schert, da die Aufmerksamkeit beim Erkennbaren weilt, reagiert sein Gemüt eines von Handlungsmacht abgeschnittenen Subjekts jedoch mit Stress, will Bilder. Je begegnungsloser sein Leben verläuft, je weniger Gelegenheit die kommunikativen Berührungen bekommen, ein praktisches Wissen um das Politische als Sphäre der Vielen zu mehren, desto verzweifelter ist er angewiesen auf eine abgesicherte Rhetorik des Imaginären, die ihm sagt, wem er verbunden ist, welche Intensität und welchen Sinn diese Verbindungen haben. Welche Geschichte der Vorstellungen von den Vielen gäbe nicht Blumenbergs These recht, die kulturelle Entwicklung mit all dem Reichtum ihrer Produkte hänge an einem schmalen Set von Metaphern fest, die

---

[1] Vgl. bspw. Michael Gamper: *Masse lesen, Masse schreiben. Eine Diskurs- und Imaginationsgeschichte der Menschenmenge 1765–1930*, Paderborn 2007.
[2] Vgl. Benedict Anderson: *Imagined Communities. Reflections on the Origin and Spread of Nationalism* (Revised Edition), London 2006.

neue, abweichende Informationen stets wieder in ihre Deutungsmuster zurückziehen?[3]

4.

Wer geglaubt hatte, neue Kommunikationstechnologien sorgten schon für Erfahrungen, in denen die komplexe Wirklichkeit eines Interagierens von Vielen mit Vielen den Populismus der Sinnbilder Lügen straft, muss heute miterleben, wie effektiv die *many-to-many*-Plattformen Mobs von Nationalisten, Rassisten, Chauvinisten rekrutieren. Algorithmisch gestützt reproduziert die *filter bubble* das Prinzip der *imagined community*. Die Vermeidung der Begegnung, der Berührung mit Fremden oder Fremdem an Bekannten, schiebt sich in die Routinen des Kommunizierens, bis selbst ein reich Vernetzter ausschließlich mit denen in Kontakt tritt, die seine Gemeinschaftseinbildung illustrieren. Verheerend erfolgreich sind die Einstellungen, die Internetkonzerne vornehmen, um ein behaglicheres, konsumfreundlicheres Klima zu schaffen, weil sie bloß optimieren, was das symbolische Management des Imaginären seit langer Zeit ziemlich wirksam betreibt.

Denn strukturell dumm ist vor allem auch das, was die Menschen mit den Bildern von den Vielen getan haben und tun. Die Art, wie sie imaginieren, wie sie zu Vielen imaginieren und wie sie als Viele aus diesem Imaginieren Anleitungen beziehen, verrät das Fehlen einer politischen Pragmatik des Imaginären: Kaum wer taucht ein ins Anschauliche mit einem Hinblick darauf, was mit dessen Evidenzen anzufangen oder weiterzumachen wäre, welcher Organisation kollektiven Handelns sie sich zueignen, von welcher sich abwenden. Viel zu selten implizieren Imaginationen der Vielen eine strategische Besinnung auf die *unterschiedlichen* Auswirkungen der Einbildungskraft. Trotz eines halben Jahrhunderts Ideologiekritik (als Ideologie gelten immer die falschen Einbildungen, nie die richtigen) kennt der zeitgenössische politische *logos* diesbezüglich keine *techne* des Unterscheidens. Während linke Theorien mittlerweile eifrig positive Bilder von den Vielen ausdenken, um die Negativphantasmen zu konterkarieren oder umzupolen wie im Fall der Multitude, adressieren ihre Diskurse notorisch eine unschuldige, dem Guten gewogene Einbildung. Ungeachtet der Vorwürfe an den Gegner Kapitalismus, Zeit und Raum des Politischen mit Manipulatio-

---

3 Vgl. Hans Blumenberg: *Die Lesbarkeit der Welt*, Frankfurt a.M. 1986 (9. Aufl.).

nen bis hinein in Subjektivität selbst systematisch zu infiltrieren, setzt die emanzipatorische Phantastik für ihre eigene Verbreitung gesundes gemeinsames Imaginieren voraus. Als gebe es eine politische Öffentlichkeit, sobald wir sie uns einbilden. Ist aber das nicht die Pointe eines Multitudes ermunternden Konzeptes von *publicness*: dass es Öffentlichkeit gibt, sobald welche von uns sie sich einbilden? Michael Warner beschreibt in *Publics and Counterpublics* die Entstehung des Öffentlichen aus einem *speech act*. Wenn wer Mitmenschen in einer Rede oder einer mitteilenden Handlung auf eine bestimmte Art und Weise adressiert und welche von ihnen auf diese Adressierung ansprechen, kann an jedem Ort, zu jeder Zeit ein Effekt eintreten, der die Situation von einer privaten oder vage sozialen in eine öffentliche verwandelt.[4] Zu dieser Adressierung gehört, dass der Adressierende Bekannte und Unbekannte *gleich* behandelt, und zwar eher die Bekannten so wie Unbekannte als umgekehrt. Öffentlichkeit steht im Zeichen eines prinzipiellen Einander-Fremdseins, einer Distanz, die im Sinne dessen, was Nietzsche Perspektive nannte, Gleichheit ins Gesellschaftliche einzieht.[5] Auf einer Szene des Öffentlichen treten diejenigen, die im sozialen Umgang sich relativ nah oder fern stehen, in Äquidistanz. Sie bleiben dieselben Menschen, aber situative Umbestimmung vollzieht einen Ausgleich. Zwar entmachtet öffentliche Unterredung die Abstufungen in den Verhältnissen, die Bekanntheitsgrade, die Allianzen und Konkurrenzen, Sympathien und Antipathien niemals vollends; doch indem die Botschaft des Senders dem engsten Vertrauten eine Distanziertheit mitkommuniziert, die ihn veranlasst, sich unter die Unbekannten zu reihen, weist die Adressierung ›öffentlich‹ auf eine egalitäre Wirklichkeit hin.

Diese Wirklichkeit existiert *neben* der sozialen Realität eines breit gefächerten Spektrums des Kennens, der Affiliationen und Verpflichtungen durch sozio-ökonomische Deals. Sie bleibt aufrufbar, wie übermächtig Ungleichheit die Umstände auch prägt. In Warners Modell eines performativen Ursprungs von *publics* geht die Distanz der öffentlichen Adressierung nicht darauf zurück, dass ein Souverän wie der Staat die Beziehungen zwischen den Menschen unterbricht und sie als seine Bürger in Entfremdung voneinander hält. Der lokalen und temporären Öffentlichkeit gelingt mehr oder anderes, als das staatliche Monopol auf *public affairs* ins Zwischenmenschliche hineinzukopieren. Die Perfor-

---

4 Vgl. Michael Warner: »Publics and Counterpublics« (Abbreviated version), in: *Quarterly Journal of Speech*, Vol. 88, No. 4, November 2002, S. 413–425.
5 Vgl. ebd., S. 417f.

manz – dass und wie jemand redet-handelt, dass und wie die Adressaten auf sein Reden-Handeln reagieren mit Zuspruch oder Widerrede, mit Aktionen, die ihm den Rücken stärken oder die Initiative abblocken – reklamiert eine Kompetenz, von der zu fragen wäre, woher sie stammt: Aus einer Erinnerung an ›das Demokratische‹, die, wie immer historisch verfälschend, aus der attischen Polis oder einer anderen Quelle die Überzeugung zieht, dass Menschen Gleiche sind und ihr Zusammenleben das wenigstens in entscheidenden Momenten bewahrheiten sollte? Aus einem Anknüpfen an die Tradition jenes Liberalismus, der in Europa die Vorstellung einer zentralen, einheitlichen, universellen *public sphere* ausbildet – der supplementären Verdopplung oder kompensatorischen Rekonstruktion eines Forums, wo Bürger, die keine professionellen Politiker, keine Abgeordneten sind, dennoch Debatten über Angelegenheiten der Allgemeinheit führen?

Warner erzählt die Geschichte von *publicness*, indem er die Kritik an der bürgerlichen Öffentlichkeit resümiert und die in Opposition dazu entstehenden *counterpublics* in den Vordergrund rückt. Die *public sphere* des 18. Jahrhunderts verdankt ihre Reichweite den großen populären Zeitungen, die Schreibenden ein Mittel geben, politische Aussagen zu verbreiten. Das *few-to-many*-Medium Zeitung bietet von Wenigen produzierte Botschaften Vielen zur Rezeption an, ohne reziproke Kommunikation zu unterstützen (Leser können Leserbriefe schreiben, aber es kommen nur ein paar von ihnen zu Wort). Die Wortführer in der bürgerlichen Öffentlichkeit bringen ihre Positionen im Namen des Volkes, der Nation, der Zivilisation, der Menschheit vor; wer Zugang zu dieser Sphäre will, muss Codes der »self-abstraction« anzuwenden verstehen.[6] De facto teilen daher weiße, gebildete, mehrheitlich wohlhabende erwachsene Männer den angeblich allen offenstehenden Diskursraum unter sich auf, und dieser eklatante Widerspruch zwischen Anspruch und Realität motiviert wiederholt politische Initiativen, die ›von unten‹, aus der Bevölkerung heraus sich selbst organisieren: Frauen, Schwarze, Studierende, LGBT-Leute demonstrieren gegen ihren Ausschluss aus einer zivilen Sphäre des Politischen, die in unklarer Anhänglichkeit, zwischen Kontroverse und Kohabitation, an der Seite des staatlich verwalteten Politischen schwebt. Wie stehen solche *counterpublics* zu *the public sphere*? Emanzipieren sie von der Zentralisierung des Öffentlichen, zerbrechen den Rahmen, in den Kollektivsingulare wie ›das Volk‹, ›die Nation‹, ›die Zivilisation‹ und ›die Menschheit‹ das Imaginäre ein-

---

[6] »What you say will carry force not because of who you are but despite who you are.« Michael Warner: *Publics and Counterpublics*, Cambridge/MA 2002, S. 165.

sperren? Oder verlängern, erweitern, multiplizieren sie das Phantasma der allumfassenden Gemeinschaft, indem sie entlang der Diskrepanz zwischen Imagination und kommunikativer Realität immer wieder von noch unberücksichtigter Seite eine Realität einfordern, die das Imaginierte bestätigt?

Jacques Rancières Philosophie der »mésentente«, des Unvernehmens, präzisiert das *counter-* von *counterpublic*. Rancière lokalisiert das demokratische Ereignis in dem Moment, da diejenigen, denen die offiziellen Repräsentationen des Gemeinwesens ihren Anteil vorenthalten, eine Gelegenheit nutzen, um irregulär, marginal, irgendwo vom Rand her ein eigenes öffentliches Sprechen zu beginnen. Ihre Rede geht aus einem Körper hervor (oder besteht zunächst im Zeigen dieses Körpers), dem der Status quo des politischen *logos* die Befähigung zur Teilnahme am öffentlichen Diskurs aberkennt. Die politische Valenz des Streites, der mit dem Einbruch einer solchen fremden Rede im Kommunalen ausbricht, liegt in der Behauptung, als ausgeschlossener, überzähliger Teil, »part des sans-part«, das *wahrhaftige Ganze* der Gemeinschaft zu verkörpern.[7] Das konfrontiert also nicht lediglich den Anspruch auf Universalität, den ein friedlich-inklusives Bild von Öffentlichkeit imaginär einlöst, mit den harten Fakten der Ausgrenzung. Dem etablierten kollektiven Imaginären tritt eine konträre Imagination entgegen, stemmt sich gegen dessen Evidenz mit einem »Wir sind...«, das nach Maßgabe einer Logik der sich zum Ganzen zusammenfügenden Teile absurd anmutet: Warum sollten die Frauen die Menschheit repräsentieren, wo doch knapp die Hälfte der Weltbevölkerung aus Männern besteht? Warum die Schwarzen, angesichts der Mehrzahl von Hautfarben und ihrer Mischungen? Warum Schwule, Lesben, Bisexuelle oder Transgender, wenn statistisch die Majorität der Menschen cis-heterosexuell lebt? Das vermessene »Wir verkörpern hier und jetzt das Universale!« – die konstitutive Hybris des Proletariats als politischer Klasse – leistet Widerstand nicht bloß gegen eine schlechte, Versprechungen hinterherhinkende Realität, sondern gegen die Verschwörung des schlechten Realen mit einer unbestreitbar guten Imagination. Für die Politisierung der Situation kommt es darauf an, mit der Realität der Verhältnisse zugleich das vorherrschende kollektive Imaginäre zu bekämpfen, indem man der symbolisch-imaginären Ordnung, in der die geltende Vorstellung von Öffentlichkeit eingebettet ist, den Gehorsam aufkündigt.

---

7 Vgl. Jacques Rancière: *Das Unvernehmen. Politik und Philosophie*, Frankfurt a. M. 2002, u.a. S. 132ff.

Doch entkommt so ein Ereignis, das die Passung von imaginärer und realer Kollektivität selbst erschüttert, jemals der Aneignung durch den Vorgang, mittels dessen die Sehnsucht nach Inklusion sich als die harmonisierende Kraft hinter oppositionellem Posing entpuppt? Die ungemütliche Forderung nach der Diktatur des Proletariats bei Marx und Engels bestand darauf, dass das neue Kollektivsubjekt, die Verkörperung des Universalen, eine Weile faktisch Herrschaft ausüben müsse, damit die revolutionäre Erneuerung nicht ins Integrative zurückschlägt. Ohne gewaltsam hergestellte Identität des Realen mit der Gegen-Imagination kommt man in Verlegenheit zu erklären, wie Veränderung sich im Vorstellen durchhält. Während gegenwärtig in Europa die Migranten das politische Subjekt eines Unvernehmens im Rancière'schen Sinne bilden, erleben sowohl der Feminismus als auch die Queer-Bewegung dort, wo ihre Gegenöffentlichkeiten die größte Resonanz fanden, die Krisen der Zeit nach dem Ereignis: Was ist politisch von einer Gleichstellung der Geschlechter zu halten, die darauf hinausläuft, Frauen in die leitenden Positionen kapitalistischer Gesellschaftsarchitektur zu pushen, oder den Standard der bürgerlichen Kleinfamilie dadurch befestigt, dass Männer halbwegs faire Beiträge zu Hausarbeit und Erziehung leisten? Bereichert die Homo-Ehe die Vielfalt queerer Lebensformen um eine Option, die das Normale öffnet, oder trägt sie dazu bei, die alten, ein bisschen permissiver repressiven Normen auf die einstmaligen Abweichungen auszudehnen? Die Widrigkeiten, die ein Andauern emanzipatorischer Bewegungen mit sich bringt, betreffen das Verhältnis dessen, was ihnen für Öffentlichkeit gilt, zum Imaginären: Bestehen sie darauf, weiterhin konträr zu imaginieren – d.h., insistieren sie auf einer Wirklichkeit des Zusammenlebens, die *im Imaginären ebenso unversöhnt bleibt* wie in den materiellen Besitz-, Macht- und Anerkennungsverhältnissen? Oder pflichten sie einer Vereinheitlichung der Vorstellungen bei, erteilen ihre Zustimmung zu einer neu komponierten, Ansichten aus diversen Blickwinkeln moderierenden Imagination des Gemeinwesens, auf dass die Angleichung der Realität an das Bild des Besseren im Weiteren schneller vorankomme?

Der *conventional wisdom* hält allein die letztere Einstellung für pragmatisch. Dem zu widersprechen fällt schwer, weil politisches Denken eine Pragmatik kollektiven Imaginierens, das nicht nach Vereinheitlichung strebt, zu entwickeln versäumt hat. Wohl liefert Theorie bestrickende Bilder des Dissens, des Widerstreits, der Devianz, des Exodus, der rhizomatischen Verflechtung, des ekstatischen Mit-Seins... Doch wie kann Einbildung mit diesen Bildern etwas anderes bewirken, als einmal mehr imaginäre Gemeinschaften zu stiften (deren Mitglieder einander lieben und hassen wie Wagnerianer)? Welche theoretischen Ansätze nehmen es mit der Ambivalenz von Einbildungskraft in politischer Kollektivität auf, ohne auf dem Gipfel der Skepsis gegen die Befangenheit der anderen das eigene Imaginieren ins Unbefragbare von Erfahrung oder Widerfahrnis zu pressen?

5.

In der *Kritik der Urteilskraft* – jener dritten Kritik, die Hannah Arendt für sein eigentliches politisches Werk hielt[8] –, entwickelt Kant eine Version der bürgerlichen Öffentlichkeit, die sich auf den ersten Blick nur dadurch von dem bei Warner Rekapitulierten unterscheidet, dass er das *public* entschlossener aus der Situation eines Publikums entwirft. Wie Arendt bemerkt, kann oder will Kant politisches Handeln nur souveränen, staatlich autorisierten Instanzen zugestehen.[9] Öffentlichkeit erhält daher bei ihm nicht die Aufgabe, die Abtretung der Entscheidungsmacht an Regierende zu kompensieren. Der für Aufklärung wichtige öffentliche Gebrauch der Vernunft sieht es auf eine Freiheit und eine ihr korrespondierende Würde von Gleichen ab, die eben der Rückzug der Bürger auf den Posten des Zuschauers ihnen gewährt: Wo Menschen Publikum sind und sich als *Urteilende* einander zuwenden, vermöge ihr Umgang Freiheit und Gleichheit zu verifizieren.

Dabei verwendet Kant eine Theatermetapher, wo er vom Publikum im Kontext des Politischen spricht. In *Der Streit der Fakultäten* verteidigt er den Wert der Französischen Revolution gegen den royalistischen Einwand, es habe lediglich ein kleiner Teil der Pariser Bevölkerung daran aktiv teilgenommen, mit dem Argument, für das politische Ereignis komme es weit mehr auf die Reaktionen des Publikums und dessen »Teilnehmung dem Wunsche nach« an als darauf, wie viele Akteure die Bühne des Schauspiels bevölkern.[10] Anderswo pocht er auf das Recht des Zuschauers, »der an einem oder dem andern Akt genug hat, wenn er daraus mit Grunde abnehmen kann, daß das nie zu Ende kommende Stück ein ewiges Einerlei sei«, über dem »Trauerspiel« der Geschichte

---

8 Vgl. ihre Kant-Vorlesungen in: Hannah Arendt: *Das Urteilen*, München/Zürich 2012, S. 16–119.
9 Vgl. ebd., S. 94ff.
10 Vgl. Immanuel Kant: »Der Streit der Fakultäten«, in: *Schriften zur Anthropologie, Geschichtsphilosophie, Politik und Pädagogik*, Frankfurt a. M. 1964, S. 351–368, hier S. 146ff.

den Vorhang fallen zu sehen, wenn es zum »Possenspiel« verkommt.[11] Doch offenbar sitzen die Mitglieder dieses Publikums keineswegs körperlich versammelt in einem Zuschauerraum. Es handelt sich um Zeitungsleser wie Kant selbst, der im fernen Königsberg mit gehöriger Verzögerung von den Pariser Ereignissen erfährt. Sie nehmen etwas wahr aus der Distanz einer Wahrnehmung, die immer schon näher bei ihrer eigenen Vorstellung dessen verweilt, was es wahrzunehmen gibt, als bei dessen materieller Präsenz.

Die Ersetzung des wahrgenommenen Objektes durch eine Vorstellung davon, die dessen Form zum Widerpart der subjektiven Einlassung werden lässt, stellt denn auch die wichtigste Operation innerhalb des von Kant in der *Kritik der Urteilskraft* beschriebenen Rezeptionsvorgangs dar. Diese Ersetzung unterscheidet das ästhetische vom empirischen Geschmacksurteil.[12] Wie Arendt betont, verschiebt Kant nicht nur den Akzent vom Entscheiden, das durch Mehrheitsvotum oder Konsens einen gemeinsamen Beschluss anstrebt, zum unbegleichbar diversen, in Zerstreuung verbleibenden Urteilen. Indem er das ästhetische Urteil als eine besondere Art des Geschmacksurteils versteht, ruft das Ästhetische von den fünf menschlichen Sinnen ausgerechnet den einen auf, der keine »Gegenstände identifizierbar« macht, kein Objektives erschließt, das die Sprache gut in Worten ausdrücken kann, sondern »innere Empfindungen, die privat und nicht mitteilbar sind«.[13] Ebenso wenig hat der Geschmack von sich aus die Fähigkeit zur Repräsentation: »Ich kann mich beispielsweise an ein Gebäude, eine Melodie, den Eindruck beim Berühren von Samt erinnern, nicht jedoch an Geschmecktes.«[14] Gegenüber Gesehenem und (mit etwas größeren Schwierigkeiten) Gehörtem und Berührtem glückt es zudem bisweilen, eine neutrale, positive und negative Affekte ausbalancierende Haltung einzunehmen, während beim Schmecken unweigerlich und meist heftig Gefallen oder Missfallen sich meldet. Der Geschmack ist das der Neigung preisgegebene Sinnesempfinden, der Sinn ohne innere Mitte. Eine Orientierung am Geschmack wird daher auch kein äußeres Mittleres zwischen Subjekten auffinden oder erfinden.

---

11 Immanuel Kant: »Über den Gemeinspruch: Das mag in der Theorie richtig sein, taugt aber nicht für die Praxis«, in: *Werke in zehn Bänden*, Darmstadt 1968, Bd. 9, S. 166f.
12 Vgl. Immanuel Kant: *Kritik der Urteilskraft*, Werke in zwölf Bänden, Bd. 10, Frankfurt a.M. 1968, S. 115–127.
13 Arendt: *Das Urteilen*, S. 100.
14 Ebd.

Wenn Arendt vom empirischen Geschmack sagt, er sei nicht mitteilbar, betrifft das den vollen Umfang einer Intersubjektivität, die unterstellt, dass alle oder viele von uns über einen *common ground* verfügen, der die Grundlage des *common sense* wäre. Kollektivität im Zeichen des Geschmacks hat nichts von Verständigungsprozessen zu erhoffen, die einen Ort verbürgter Übereinkunft erfolgreich in die sozial bewohnte Umwelt projizieren. Kant denkt mit dem Geschmacksurteil Subjektivität aus einer eminent asozialen Neigung, die Geltung beansprucht, ohne sich dafür auf Begriffe stützen oder auf die Autorisierung durch ein Gesetz spekulieren zu können. Ehe sie in ihren Erläuterungen vom empirischen zum ästhetischen Geschmacksurteil übergeht, führt Arendt die Radikalität dieser Auftrennung des Sozialen vor Augen: Eine Welt bevölkert von Menschen, die geradezu ihrem subjektiven Geschmack folgten und sich dabei von Normen des ›guten Geschmacks‹ unbeeindruckt (oder trotzig dagegen) auf ihr Lust- und Unlustempfinden beriefen, böte weder die Option, andere mit Argumenten zu überzeugen, noch Aussicht auf einen Kompromiss. Der Urteilende verhält sich in dem Moment, da er im Gefallen oder Missfallen aufgeht, »gänzlich idiosynkratisch«.[15]

Das Geschmacksurteil ergäbe mithin eine Verteilung von Idiosynkrasien, und es erscheint rätselhaft, wie daraus eine Sphäre des Öffentlichen entstehen soll. Die »Lösung des Rätsels«, so Arendt, »heißt Einbildungskraft«.[16] Die Einbildungskraft wandelt das Urteil von einer Reaktion auf sensorischen Input in etwas um, mittels dessen das Subjekt sich selber ermittelt. Sie bereitet die Rohdaten zu, präpariert sie für die Reflexion, indem sie das Materielle möglichst weitgehend ausscheidet und allein die Form beibehält.[17] Und das requalifiziert auch die Kollektivität unter ästhetisch Urteilenden: Das Publikum, die Vielzahl im ästhetischen Urteilen befindlicher Subjekte, ist keine Tischgesellschaft, die über irgendetwas miteinander redet, wie die Sitten es gebieten, indessen jeder still idiosynkratisch schmeckt gemäß Wittgensteins Einsicht in die Wirklichkeit präpositionaler Kommunikation, wovon man nicht reden könne, davon müsse man schweigen. Man kann, versichert Kant, von der Mitteilbarkeit eines Urteils ausgehen, das, indem es die Einbildung

---

15 Ebd.
16 Ebd., S. 101
17 »Unwichtig ist, ob etwas in der Wahrnehmung gefällt oder nicht: was nur in der Wahrnehmung gefällt, ist gefällig, nicht schön. Etwas gefällt vielmehr in der Vorstellung; denn nun hat die Einbildungskraft es so zubereitet, daß ich darüber nachdenken kann.« (Ebd., S. 104)

verwendet, um sich materiell vom Objektiven zu lösen, zugleich die Vielfalt subjektiver Einstellungen bezüglich dieses Objektiven in den Bereich des Einzubildenden hineinholt. Man kann, obwohl auch für den ästhetischen Geschmack (der kein grundsätzlich anderer ist als der empirische, sondern dessen Differenzierung mithilfe einer selbständigeren Einbildungskraft) gilt, dass zwischen der Position, die ein Subjekt mit seinem Urteil bezieht, und der, die ein anderes Subjekt mit dem seinen bezieht, kein Mittleres ge- oder erfunden werden kann. Wo Kants Formulierungen sich ans Dialogische herantasten, geht es stets um die Renitenz des Subjekts gegen das Zureden der Zeitgenossen, und an keiner Stelle seiner *Kritik der Urteilskraft* beschreibt er eine Szene, auf der eine gelingende Aussprache über ästhetische Urteile *aktuell* vonstatten geht. Subtil formuliert er, ein Subjekt könne den anderen sein Urteil »ansinnen«.[18]

Wo Arendt in ihrer Kant-Interpretation den genaueren Verlauf eines solchen Ansinnens nachzeichnet, zeigt sie, wie weitgehend dieser Entwurf von Öffentlichkeit die Kollektivität aller beteiligten Urteilenden der Einbildung ausliefert. Die Öffentlichkeit, die sich bildet als Sphäre der Mitteilung unter Subjekten ästhetischer Erfahrung, knüpft Beziehungen von Vorstellung zu Vorstellung. Dieselbe Einbildungskraft, die gestattet, das Empirische so zuzubereiten, dass eine reflexiv genießbare Form dabei herauskommt, ermöglicht es auch, *sich in den Standpunkt eines anderen zu versetzen*, der dasselbe Empirische kraft seiner Einbildungskraft durch eine Vorstellung ersetzt und sich subjektiv positioniert im reflexiven Genießen der herauskommenden Form. Und nicht nur eines, sondern aller anderen:

»Dieses geschieht nun dadurch, daß man sein Urteil an anderer, nicht sowohl wirkliche, als vielmehr bloß mögliche Urteile hält, und sich an die Stelle jedes andern versetzt, indem man bloß von den Beschränkungen, die unserer eigenen Beurteilung zufälliger Weise anhängen, abstrahiert [...].«[19]

Reflexion ist hier auf die Bewegung im Imaginären hin perspektiviert, die aus einer Subjektivität heraus die subjektiven Positionen anderer durchläuft. Aus dieser Bewegung leitet Kant einen *sensus communis*

---

18 »Es ist ein empirisches Urteil: daß ich einen Gegenstand mit Lust wahrnehme und beurteile. Es ist aber ein Urteil a priori: daß ich ihn schön finde, d. i. jenes Wohlgefallen jedermann als notwendig ansinnen darf.« Kant: *Kritik der Urteilskraft*, S. 220; vgl. auch ebd., S. 223f.
19 Ebd., S. 225.

ab, einen Gemein-Sinn, der ohne in der Außenwelt vorgefundene oder in sie hineininstitutionalisierte Gemeinsamkeit doch das Leben zu Vielen in einer bürgerlichen Gesellschaft beeinflusst. Statt einfach lustvoll streitbar derjenige zu sein, der ein bestimmtes Geschmacksempfinden hat, ist der ästhetisch Urteilende jemand, dessen Reflexion eine Rückwirkung auf das Empfinden auslöst. Was diese Rückwirkung des imaginierenden Durchgangs durch die Standpunkte anderer aus seinem Empfinden werden lässt, macht seinen Beitrag zu einer ästhetischen Gemeinschaft aus.

6.

Ab hier, ab ovo dieses Werdens, kann oder könnte er dann auch kommunizieren. Ab hier wäre sein Empfinden »frei für die Kommunikation«.[20] Wo aber ist hier? Bzw. wann? Wie steht es um die Zeitlichkeit eines Urteils, dessen Formulierung ein unabschließbarer Reflexionsprozess austrägt, der noch dazu die Vielzahl derer, mit denen der Urteilende jeweils konkret zu tun bekommt, vom Anspruch auf das Allgemeine her immer schon überschritten hat? Denn wie viele andere Standpunkte müsste seine Vorstellung abarbeiten, um zu einem allgemeinen Standpunkt zu gelangen? Und versteht sich die Zahl möglicher Urteile in irgendeinem Verhältnis zur Anzahl der Menschen, mit denen er wirklich in eine Auseinandersetzung gerät? Es scheint eher, als weiche eine solche Reflexion jederzeit der Aktualität eines Momentes aus, in dem einer subjektiven Positionierung ein *hier* entspräche, für das der Körper, der das Subjekt trägt – irgendetwas, das er tut oder lässt, sagt oder verschweigt, ausdrückt oder umkapselt – einzustehen imstande wäre. In dem Maß, wie eine Denkungsart sich selbstabstrahierend erweitert, drängt die Positionierung qua ästhetischem Urteil nichtimaginäre Pluralität beiseite. Wenn sie auf den Bahnen ihrer imaginären Bewegungen einander umkreisen, die Positionen anderer im Möglichen vorwegnehmend, konstituieren die Mitglieder des Kant'schen Publikums kollektiv eine Raum-Zeit, die *keine Gegenwart der Begegnung eicht*. Aufeinandertreffen wird für das Mitteilen, das von Vorstellung zu Vorstellung verläuft, bestenfalls akzidentell sein. Da jedes Subjekt sein Urteil verallgemeinert mittels einer imaginären Erweiterung, kann es eine allen

---

20 Arendt: *Das Urteilen*, S. 112.

verbindliche Gegenwart für die Aktualisierung dessen, was die Verallgemeinerung zwischenzeitlich sagen und tun lässt, nicht geben.[21]

Dass Arendt zum Ende ihres Lebens derart emphatisch Kants Urteils-Kollektivität aufgriff, verwundert angesichts der tragenden Bedeutung, die aktuelle Begegnungen für ihre Theorie des Politischen und insbesondere der Öffentlichkeit haben. Arendt sieht Politik und Kunst darin aufeinander verwiesen, dass sowohl das politische Handeln als auch die performativen Künste auf die Anwesenheit anderer angewiesen sind, die ein flüchtiges Vollziehen bezeugen, erinnern, weitertragen.[22] Der politischen und künstlerischen Praxis kommt ein besonderer Wert zu, weil der Mensch sich darin einer Aktualität aussetzt, die das Kollektive auf die Vergänglichkeit der körperlichen Anwesenheit eines jeden Menschen bezieht: Nachhaltige Wirksamkeit und Wirklichkeit kann das, was ein Mensch sagt und tut, nur insoweit erlangen, als einige andere und mit der Zeit viele andere darauf reagieren, sich davon bewegen, unter Umständen zu eigenem Handeln anregen lassen. Auch hier liegt die Betonung auf der Zerstreuung, der Dissemination von Wirkungen, die Einzelne oder Institutionen weder durchplanen noch verlässlich steuern können und die eben deshalb die Dynamik eines genuin demokratischen, anarchischen Politischen ausmacht. Doch diese Dynamik originär verteilten, quer zu Hierarchien, Gesellschaftsstrukturen und Regierungsmechanismen milliardenfach pro Sekunde stattfindenden Reagierens bestimmt Raum-Zeit aus der vielzähligen Aktualität eines wirklichen, materiellen Vollziehens. Die unvorgängliche Pluralität dessen, was Arendt (an die aristotelische Abgrenzung von der *poiesis* anschließend) unter *praxis* fasst, ergibt sich direkt aus der prekären Disposition dieses Aktuellen. Politische und künstlerisch-performative Praxis erstreckt sich, transaktuell, in der Gegenwart sterbenden, vom ersten Tag seines Lebens an verderbenden Fleisches. Überlebt sie, so »in

---

21 Die Frühromantiker haben bereits auf die Konsequenzen des Ästhetischen für die Bestimmung von Raum und Zeit hingewiesen. Raum und Zeit lassen sich nicht mehr im Apriorischen systematisch festsetzen, wie Kant es in der »Transzendentalen Ästhetik« seiner *Kritik der reinen Vernunft* noch tat. Nach der Allgemeinen Relativitätstheorie spätestens wird jede Theorie des Kollektiven dem Umstand Rechnung tragen müssen, dass die materiellen Prozesse, zu denen das Leben der Urteilenden gehört, Raum-Zeit immerzu erst bestimmen.
22 Vgl. zu dieser Engführung von politischem Handeln und künstlerischer Performance bei Arendt ausführlicher: Kai van Eikels: *Die Kunst des Kollektiven. Performance zwischen Theater, Politik und Sozio-Ökonomie*, Paderborn 2013, u.a. S. 19–33 und S. 445–462.

einem Gedächtnis, das selber stirbt«.²³ Die Rede von der Anwesenheit anderer beschränkt das Öffentliche keineswegs auf Treffen anlässlich von Versammlungen, sei es auf der Agora oder im Theater; aber sie verlangt für politische Kollektivität eine Anerkennung von Endlichkeit, von fleischlich gemessener Zeit für einen von Körpern aktuell einzunehmenden Raum.

Einer Kollektivität, die sich kraft der Autonomisierung von Vorstellungen in potenziell unendlicher Reflexion bildet, fehlt zu dieser Anerkennung der Mut, Vernunft den Weg allen Fleisches gehen zu lassen. Der *metaphorische* Gebrauch der Theatervorstellung für das Politische bei Kant arrangiert ihre Verweigerung im Anschein des Performativen. So wie die Theatermetapher die Tode der Französischen Revolution in der Eventualität eines Schauspiels aufhebt, dessen Akteure wenig zählen (weil sie als Schauspieler vornehmlich repräsentieren und die Zahl von Repräsentierenden nie viel zur Sache tut), wird auch im Publikum niemand durch Sterblichkeit die Aufführung stören. Während der Vorstellung herrscht ein von körperlicher Verwesung befreites, ›leibliches‹ Verweilen beim Imaginären. Für die Regelung von dessen Endlichkeit ist das Symbol-Management des aufgeführten Werkes zuständig. Wohl braucht es die Aufführung, um Publikums-Kollektivität einzuspielen; aber nur als *Bild* des Zusammen, als imaginäre Default-Einstellung einer geteilten Gegenwart. Das Bild ist dringlich, gerade insoweit die Einbildenden *keine* Gegenwart teilen – weder dann, wenn sie im Theatersaal sitzen, noch dann, wenn sie in jenen Cafés und Salons, wo Habermas zufolge die politische Öffentlichkeit aus einer literarischen hervorging, die Zeitung aus der Hand legen, um sich hitzige Wortgefechte mit ihren Nachbarn zu liefern.²⁴

Obwohl er die Kollektivität resolut ins Imaginäre verlegt und erst aus der von Einbildung bewerkstelligten Verallgemeinerung heraus Kommunikationen zulässt, hält Kant an der Einheit der öffentlichen Sphäre fest. Und zwar anders als Hegel, der das philosophische Denken selbst zur Agentur des großen Ganzen bestellt, dadurch, dass er sie vorausgesetzt sein lässt und geltender, nicht eigens bezeichneter Konvention zur Eingewöhnung überantwortet: Wo bei Gelegenheit *a public* ist, soll *the public* werden. Und das wird schon. Zwar wird gesellschaftlicher Verkehr nirgends und zu keiner Zeit einen Abgleich der Ansichten im Aktuellen vollbringen können, da die Urteile aus dem Subjektiven nicht herauszu-

---

23 Jean Paul: *Ideengewimmel*, hg. von Thomas Wirtz, Frankfurt a. M. 1996, S. 242.
24 Vgl. Jürgen Habermas: *Strukturwandel der Öffentlichkeit. Untersuchungen zu einer Kategorie der bürgerlichen Gesellschaft*, Frankfurt a. M. 1990, u.a. S. 116–121.

kehren und ins Objektive zu stellen sind, wie Hegel es mit dem Begriff wollte. Umso wichtiger jedoch, dass das Einheitliche *in der Vorstellung selbst bereits verankert* ist, damit der öffentliche Gebrauch der Urteilskraft sich von jedem Ort aus auf ein imaginäres Zentrum ausrichtet.[25] Allein durch die Notwendigkeit solcher Konventionalisierung hängt das Kant'sche Publikum am Theater. Das Theater stellt einen (irgendeinen) zentralen Ort dar, an den Leute kommen, um in Absehung von ihrer Versammlung individuell zu Vorstellungen zu gelangen, deren jede sich im Ansinnen an die anderer zum Allgemeinen erweitert. Indem es die Körper für das ästhetische Rezipieren diszipliniert, sorgt das bürgerliche Theater dafür, dass körperliches Zugegensein im Zuschauermodus mit jeder durchlebten Aufführung ein bisschen mehr zur Verkörperung des Bildes von geteilter Gegenwart wird. Und jede andere kulturelle Institution, die so funktioniert, kann Theater ersetzen. Ästhetische Öffentlichkeit benötigt letztlich keine spezifischen Künste, sondern Kultur: institutionelle Publikums-Maschinen, Apparate, die Menschen dazu erziehen, sich als Mitglied eines Publikums zu verhalten. Zwischen die Zonen des zerstreut Geselligen geschaltet, drängt diese Erziehung Leute überall, auch in der Zerstreuung, zu Statthaltern eines Allgemeinen zusammen; und je mehr die lebhafte Anteilnahme an diesem Allgemeinen ihre Einbildungskraft verzehrt, desto öfter hängen die Körper gelähmt im Gegenwärtigen, einer neben dem andern, wie durchschnittene Muskeln.

7.

Auf die eingangs gestellte Frage nach einem besseren Imaginieren zurückkommend: Was spricht dagegen, eine imaginäre Erweiterung des eigenen Standpunkts im Zeit-Raum von Praxis auszusetzen? Warum kollektives Imaginieren zwanghaft in Vereinheitlichung zu einem Kollektiv namens ›das Publikum‹ zurückbinden? Warum die vielzählige Aktualität der Körper, in denen die Subjekte ihr endliches Leben fristen, in einer zu Kants Zeit vielleicht hoffnungsfrohen, heute bloß verbissenen Bürgerlichkeit zur Verkörperung dessen drillen, was als Zusammenhalt umso besinnungsloser eingebildet werden muss, je unverbundener das Einbilden selbst geht? Nach all dem, was man in seinem Namen angerichtet

---

25 Was Habermas als Verfall der Öffentlichkeit analysierte (eine später teilweise revidierte Einschätzung), ist die Zersetzung *dieser Vorstellung*, dieser imaginären Zentrierung angesichts von Wirklichkeiten des Kommunizierens und ihnen korrelierender Organisationsformen des Vorstellens, die sie allzu unübersehbar nicht bewahrheiten.

hat, können wir dem Liberalismus im Namen von Öffentlichkeit schließlich diejenige Konsequenz aus seinen Überzeugungen zumuten, die zu ziehen ihn die Affiliation mit dem souveränen Staat und die Bringschuld für den Kapitalismus stets gehindert hat: das Einbilden der Beziehungen zu den anderen endlich zu befreien vom Dienst an der imaginären Gemeinschaft.

Wie also so imaginieren, dass *die Imagination der Zerstreuung gerecht wird?* Wo in theoretischen Entwürfen von Kollektivität ohne Zentrum die Rede war, bot sich meist ein Bild des azentrischen Kollektivs an, die Bilder zentrierter Kollektivität zu verdrängen, während die Körper der Rezipierenden unverändert aufgefordert blieben, kraft ihrer Einbildungskraft dieses eine Bild zu verkörpern. Von Kants Ansatz ließe sich lernen, dass Theorie, statt suggestive Fiktionen des Pluralen zu fabrizieren, an der Organisation kollektiver Praxis besser mitwirkt, indem sie erörtert, was körperlich mit dem Imaginieren geschehen kann. Wenn Imagination sich im Eröffnen von Öffentlichkeit wirklichkeitsmächtig erweist, so sollte politische Theorie mit einem *Materialismus der Einbildung* die Optionen dieser Macht sondieren.

Keine schlechte Demonstration eines Denkens, das ausgehend von einer Verselbständigung des Imaginären auf die Materialität kollektiver Bestimmungen stößt, liefert Walter Benjamins »rationale Astrologie«.[26] Die Fragmente zu seinem »Versuch, eine Anschauung von Astrologie sich unter Ausschaltung der magischen ›Einfluß‹-Lehre, der ›Strahlenkräfte‹ u.s.w. zu verschaffen«,[27] würdigen die Fähigkeit der Einbildungskraft, Ähnlichkeiten zu erzeugen. Die willkürlichen Assoziationen aufs Geratewohl herausgepickter Sterne mit Tieren, mythischen Gestalten und Gerät legen davon Zeugnis ab, und Benjamin überlegt, ob dem nicht eine Effektivität innewohne, die auch ohne den Aberglauben an beseelte Dinge oder die dumpfe Idyllik einer kosmischen Einheit von Mensch und Natur hilfreich sei – ja, die uns Menschen in dem Grade zur Hilfe bei dem kommt, was wir in der Welt tun mögen, wie wir sie in unserer Unnatur gesteigert finden:

---

26 Walter Benjamin: »Zur Astrologie«, in: *Gesammelte Schriften*, Bd. 6, Frankfurt a. M. 1996 (3. Aufl.), S. 192f., hier S. 193. Die Begegnung mit Benjamins Astrologie-Fragmenten verdanke ich Ole Frahm und dem LIGNA-Radioballett *Das Unbewusste der Sterne.*
27 Ebd., S. 192.

»Die Natur erzeugt Ähnlichkeiten; man braucht nur an den Mimikry zu denken. Die allerhöchste Fähigkeit im Produzieren von Ähnlichkeiten aber hat der Mensch.«[28]

Das Ähnlichkeiten-Wahrnehmen bei den gegenwärtigen Menschen sei der schwache Rest einer mimetischen *Handlungsfähigkeit*:

»Man muß damit rechnen, daß prinzipiell Vorgänge am Himmel von frühern Lebenden, sei es von Kollektivis, sei es von einzelnen, nachgeahmt werden konnten.«[29]

Lebten unsere Vorfahren womöglich mit Haut und Haaren im Ähnlichen, so behält der moderne Abendländer davon lediglich den Sinn für Ähnlichkeit in seiner Beobachtung und einen Geschmack für das Einander-Entsprechende in der Sprache.[30] Gerade diese Reduktion, die das mimetische Vermögen von der nachahmenden Verkörperung ablöst, es in *Konversation* überführt, bringt Benjamin zufolge mit der Abschwächung zugleich eine Ausweitung, Verfeinerung und Dynamisierung.[31]

Als politische *techne* des Imaginierens zu Vielen hilft die rationale Astrologie bei der kollektiven Koordination menschlichen Handelns. Der Einzelne gewinnt eine Vorstellung vom Zusammenhang mit anderen, wofern sein Blick den Umweg über ein Gestirn nimmt. Die Sternenkonstellation tritt an die Stelle, die im Kant'schen Modell das Kunstwerk besetzt (schon bei Kant, wie gesehen, eine *offene* Stelle). Auch die astrologische Wahrnehmung und Reflexion gilt der Form: Die Sterne sind Markierungen von Positionen, Quellen selbst durch Raumzeit übertragener Information über Befindlichkeiten in Raum und Zeit. Sie prangen am

---

28 Walter Benjamin: »Lehre vom Ähnlichen«, in: *Gesammelte Schriften*, Bd. 2.1, Frankfurt a. M. 1980, S. 205–210, hier S. 205.
29 Benjamin: *Zur Astrologie*, S. 193.
30 Benjamin fügt dem theoretischen Instrumentarium Kants das *Medium* hinzu: Das hier Geschmack Genannte ist weder rein subjektive Zu- oder Abneigung noch sittlich vergegenständlichter *gout* (und das Drama des *self-directed character*, der gegen die Gesellschaft Autorschaft für sein Urteil behauptet, lange *passé*). Geschmack für das Ähnliche meint Lust an einer Bewirkbarkeit, die zur medialen Eigendynamik der Sprache gehört.
31 »Dergestalt wäre die Sprache die höchste Verwendung des mimetischen Vermögens: ein Medium, in das ohne Rest die frühern Merkfähigkeiten für das Ähnliche so eingegangen seien, daß nun sie das Medium darstellt, in dem sich die Dinge nicht mehr direkt wie früher in dem Geist des Sehers oder Priesters sondern in ihren Essenzen, flüchtigsten und feinsten Substanzen, ja Aromen begegnen und zu einander in Beziehung treten.« Benjamin: »Lehre vom Ähnlichen«, S. 209.

Firmament eines außenseitenlosen, durchweg materiellen Diesseitigen, das nicht ›dort oben‹ an der Scheidefläche zwischen Zeit und Ewigkeit rotiert, wo Enttäuschung an der Gegenwart das Irdische zu spiegeln gewohnt war. Benjamins Sterne blinken vielmehr unter uns. Indem seine Kollektivmimetik die Einbildungskraft in der Sprache frei lässt, Ähnlichkeiten nach Geschmack zu konstruieren, erhält der gestirnte Himmel eine *unmetaphorische* Wölbung quer durchs körperliche Leben. Anders als bei Kant orchestriert er nicht die Stimme des moralischen Gesetzes in mir, sondern es handelt sich um eine weitere Streuung von zahlreichen Körpern. Beliebigen, im Prinzip, aber *Körpern*, denn die Elemente des Sternbilds gehören in ihren Bewegungen derselben materiellen Wirklichkeit an wie das, wovon Menschen finden, dass deren Konstellation ihnen ähnle. Die Kontingenz der Ähnlichkeitsbeziehung bleibt ebenso unaufgelöst, wie das Wahrnehmen des Zusammenhängens ähnlich dem von Y, Y und Y zerstreut bleibt in dem, was Konversation zwischen X, X und X hin und her überträgt.

Einbildungskraft ist hier nicht eingeschlossen in einem Subjekt, das sich ins Allgemeine hochimaginiert, um jedem Fremdkontakt mit schon geleisteter Selbstabstraktion zuvorzukommen. Aber ebenso wenig dienen Kontakte der Einbildung dazu, ein Verhandeln über die imaginäre Form des Ganzen (›das Kollektiv‹) zu versorgen, das entweder Einigung auf ein Bild erreicht oder scheitert und denselben Verhandlungsprozess mit weniger Beteiligten wiederholt, bis Konsens im Imaginären besteht. Obgleich Einbildung sich aus dem Kontrollbezirk subjektiver Weltverarbeitung heraustraut, geht Kollektivität nicht darauf zurück, dass eine besonders starke, gewitzte, gewöhnliche Phantasie ein integrationsmächtiges Bild schafft, woraufhin kollektives Imaginieren der Anordnung im Bild gehorchend Körper in Stellung bringt. Zu verspielt ins Aktuelle für die Faszination solcher Bildmacht, erblicken eine Anzahl von Menschen ihre gegenwärtigen Verortungen in etwas, das aus imaginären Beziehungen zwischen zeigbaren und zählbaren Positionen einer materiellen Welt besteht; und mittels dieses Erkennens rufen sie ein dem Aufgezeigten, Durchgezählten entfernt Analoges, der Figur in etwa Entsprechendes unter einander hervor.[32]

---

[32] Wobei zählbar nicht heißt, dass man ihre Summe ermitteln kann, sondern dass sie dem *Prozess eines Zählens* zugänglich sind. In diesem Sinne verstand Norbert Wiener das kybernetische Verhältnis zur Wirklichkeit aus einer Ähnlichkeit mit dem Sterne-Zählen (vgl. ders., *Kybernetik. Regelung und Nachrichtenübertragung im Lebewesen und in der Maschine*, Düsseldorf/Wien 1963, S. 63).

Tatsächlich imaginieren die Menschen in diesem Szenario sogar hemmungsloser als in den gesellschaftlichen Zuständen, in denen eine souveräne symbolische Administration des Imaginären sie lenkt. Und die rationale Astrologie heißt die Dummheit vieler Ansichten, die Einbildung erzeugt, vorbehaltsloser willkommen als Kants beschränkter Liberalismus, der Disziplinierung durch bürgerliche Institutionen zwingend einkalkuliert. Rationalität ist bei Benjamin ein *Effekt* der astrologischen Technik im Umgang mit der Imagination, keine anerzogene subjektive Selbstbeherrschung des Vorstellens. Die Wirkung des Imaginierens entgeht den Autoattraktionen kollektiver Unvernunft, insofern Aussetzung in verteilter Praxis sie abschwächt. Einbildung *darf* sich Kommunikation hingeben, anstatt ihr immerzu vorauszueilen und erst vom imaginär verfertigten allgemeinen Standpunkt her in deren Aktualität zurückzukehren – denn ohne Übereinkunft in einem Bild dessen, wovon die Einzelnen Teile gewesen sein werden, verdünnt Praxis sie zu einer schwachen Kraft, deren Leistung sich damit bescheidet, die Beteiligten von ihren relativen Positionen zu unterrichten. Dieser anders, nämlich körperlich organisierte Gebrauch der Einbildungskraft bildet Geschmack als einen politischen Orientierungssinn aus.

Kein *sensus communis*, keine *communitas*. Dafür ein praktisches Wissen-von-wo-zu-wo. Wenn ein jeder Partizipierende entlang der Konversationen, die er und einige andere unterhalten, nach Geschmack Ähnlichkeiten mit Figuren konstruieren kann, die dem Zusammen indirekt eine Form zusprechen, beansprucht das die Sprache keineswegs in ihrer poetisch-schöpferischen Potenz. Kollektivität, die sich gemäß Benjamins Verständnis in irdischen Sternbildern reflektiert, kreiert niemals eine »imaginäre Institution«.[33] Die körperliche Wirklichkeit von Zerstreuung in ihr vereitelt Dichtung. Ihre Verwendung macht aus der Sprache eher einen Signalgeber als ein Kreativtool, eine Art politisches GPS. *Was* die Einzelnen sich jeweils einbilden im Hinblick auf die Konstellation, die sie erblicken, ist *relativ egal*. Und egal heißt egalitär: Selbstorganisierte zerstreut-kollektive Praxis verdankt sich einer gewissen Gleichgültigkeit gegenüber dem, wie es im Ganzen aussähe, wenn man das Anwesende mit dem Abwesenden zusammensetzte. Als Effekt solcher Gleichgültigkeit zieht das Imaginieren Gleichheit ein. Öffentlich sind so orientierte Situationen infolge des Befremdens, das die Reflexion im Sternbild auf Beteiligte verteilt und das diese zueinander in Äquidistanz hält, auch wo einige sich näher beieinander, andere weiter entfernt von einander

---

33 Vgl. Cornelius Castoriadis: *Gesellschaft als imaginäre Institution. Entwurf einer politischen Philosophie*, Frankfurt a. M. 1990.

bewegen, manche aufeinander zusteuern, andere auseinanderstreben. Das Imaginäre wird selbst zur Dimension jenes gleichmäßig verteilten Befremdens. Es bewirtet weder das Begehren nach fester, schicksalhafter Verbindung noch dessen Umschlag in xenophobe Abwehr, spendiert weder die Verschmelzung zur aktivistischen Gruppe an vorderster Front noch den gesetzten Universalismus des Publikums. Sind wir auf der Szene des Geschehens, oder sind wir die Zuschauenden? Das Imaginäre, das sich Stern für Stern in der Aktualität materieller, relativistischer Raumzeit verkettet, liefert schlechterdings keine Antwort auf die Frage nach dem Wir – und muss das auch nicht, solange das Genießen dessen, was die eingebildete Fremde den Einbildenden an Freiheit und Gleichheit einräumt, sie davon abhält, diese Frage zu stellen. Fraglos Viele mit einer vielfach abweichend bestimmten, aber *bestimmten*, aus Materie durch Ähnlichkeit gewirkten Form: So skizzenhaft diese Überlegungen mit Kant und Benjamin hier ausfallen, sehe ich darin die Richtung für Veränderungen im Imaginären.

Martin Vöhler

Enthusiasmus und Mimesis
›Longins‹ Konzeption des Erhabenen

Zentrale Aspekte des europäischen Philhellenismus wie Erhabenheit, individuelle Größe, Enthusiasmus und politische Freiheit stammen aus der Antike und gewinnen über Prozesse der Transformation Relevanz für die Moderne. Ein Beispiel hierfür bietet die Schrift *Über das Erhabene*. Deren Autor bezieht sich emphatisch auf die griechische Vorzeit und verleiht ihr maßgebliche Bedeutung. Im Zentrum der Schrift steht die Poliskultur des 7. bis 4. Jahrhunderts vor Christus. Da diese die Redefreiheit und die politische Selbstbestimmung in besonderer Weise gefördert hatte, bleibt sie auch nach ihrem ›Niedergang‹ im Hellenismus bzw. in der frühen Kaiserzeit für viele Rhetoren und Philosophen als Modell relevant.[1] ›Longin‹ verfolgt ihre Spuren in den Werken der griechischen Literatur, deren Autoren als Repräsentanten des Erhabenen vorgestellt werden. Mit dem theoretischen verbindet der Autor auch ein praktisches Interesse. Der produktive Rückbezug auf die ›großen‹ Autoren soll ein Fortschreiben in ihrem Geiste ermöglichen. ›Longin‹ verbindet Mimesis und Enthusiasmus zu einem zukunftsgewissen Philhellenismus, dessen Attraktivität auch auf die Moderne ausstrahlt. Der Entwurf der Schrift soll im Folgenden als eine frühe Form des Philhellenismus vorgestellt werden. Die Untersuchung führt von dem Autor und seinem Auftraggeber über die Konzeption des Erhabenen zu den Musterautoren, um schließlich die Verbindung von Mimesis und Enthusiasmus, das Freiheitspathos wie auch die metaphysische Rahmung als Hauptstücke vorzustellen. Abschließend folgt ein Blick auf die Programmatik der Schrift und ihre Bedeutung für die Moderne.

---

1 Vgl. die Ansicht des Philosophen im Kapitel 44.1–2. Der griechische Text folgt Longinus: *Libellus de sublimitate Dionysio Longino fere adscriptus*, Hg. von D. A. Russell, Oxford 1968, die deutsche Übersetzung Pseudo-Longinos: *Vom Erhabenen*, Hg. v. Reinhard Brandt, Darmstadt 1966.

I.

Der Autor der Schrift, ein uns namentlich unbekannter griechischer Rhetor aus dem ersten Jahrhundert nach Christus,[2] der in Anlehnung an die Tradition des 16. bis 19. Jahrhunderts im Folgenden ›Longin‹ genannt wird, zeigt sich mit der gesamten antiken Literatur gut vertraut; er überschaut die Werke der griechischen und der römischen Autoren und hat zudem auch die jüdische Tradition im Blick.[3] Die Schrift richtet sich an Postumius Terentianus,[4] einen jungen Vertreter der römischen Oberschicht, der unseren Autor gebeten hatte, »etwas über das Erhabene«(1.2) zu schreiben. Vorausgegangen war eine gemeinsame Lektüre der Abhandlung, die Kaikilios von Kale Akte (1. Jhd. v. Chr.) zum Erhabenen vorgelegt hatte, die aber deutlich kritisiert wird:[5]

»Kaikilios versucht nun zwar durch tausend Beispiele zu zeigen, wie das Erhabene aussieht, als wüßte der Leser das nicht, aber auf welche Art man seine Naturanlagen fördern und in ihrer Größe steigern könnte, hat er ich weiß nicht wieso als unnötig übergangen.« (1.1)

Die Kritik moniert an der von Kaikilios vorgelegten, aber nicht erhaltenen Schrift[6] vor allem den fehlenden pädagogischen Impetus. ›Longin‹ versteht die Auseinandersetzung mit dem Erhabenen als ein Mittel zur Persönlichkeitsbildung. Dieser Aspekt sei jedoch von Kaikilios übersehen worden; daher entschließt sich der Autor, das Thema noch einmal neu anzugehen. Seine Analyse des Erhabenen verfolgt drei Schwerpunkte: Sie untersucht die Voraussetzungen des Erhabenen, dessen

---

2 Zur Datierung und Autorschaft s. Donald A. Russell (Hg.): ›Longinus‹: On the sublime, Oxford 1964, xxii–xxx; zum Bildungskonzept der frühen Kaiserzeit vgl. Henri Irénée Marrou: Geschichte der Erziehung im klassischen Alterum, Hg. v. Richard Harder, Freiburg/München 1957, S. 355–372.
3 Auf dieser Kenntnis beruht der in der antiken Literatur singuläre Vergleich zwischen der griechischen Götterdarstellung (bei Homer) und der Darstellung des jüdischen Gottes in der Genesiserzählung (9.9).
4 Vgl. Walter Jr. Allen: »The Terentianus oft he peri hypsous«, in: AJPH 62, 1941, S. 51–64.
5 Vgl. 1.1; 4,2; 8.1; 31.1; 32.2; 32.8. Zur polemischen Tendenz gegen Kaikilios s. Hermann Mutschmann: Tendenz, Aufbau und Quellen der Schrift vom Erhabenen, Berlin 1913.
6 Vgl. die erhaltenen Fragmente hat Ofenloch in Calactinus Caecilius: [Fragmenta] Caecilii Calactini fragmenta, Hg. v. Ernestus Ofenloch, Leipzip 1907, zusammengestellt; zum Autor, vgl. George Kennedy: The art of Rhetoric in the Roman world 300 B.C.–A. D. 300, Princeton 1972, S. 364–369.

sprachliche Strukturen wie auch die Wirkung auf Hörer und Betrachter. Abschließend fragt der Autor, warum es in der eigenen Zeit, d. h. der beginnenden Kaiserzeit, so deutlich an ›großen Naturen‹ fehle. Die eigene Epoche erscheint, verglichen mit der Poliskultur, als eine Zeit des Verfalls.

Die zeitgenössische Forschung neigt unter dem Eindruck des Schlusskapitels dazu, ›Longins‹ Schrift als rückwärtsgewandt, klassizistisch oder epigonal zu betrachten.[7] Dieses Urteil soll im Folgenden überprüft werden. Ist die Perspektive der Schrift wirklich »resignativ«?[8] Liegen nicht andere Deutungsoptionen näher? Um diese Frage zu beantworten, soll die Argumentation der Schrift rekonstruiert werden, denn sie steht in einer deutlichen Spannung zur Schlussdiagnose.

Bevor er die eigene Position im Hauptteil (Kap. 9–43) darlegt, skizziert ›Longin‹ zunächst (Kapitel 1–8) die Grundzüge seines Gegenstandes. Das Erhabene bilde einen »Höhepunkt und Gipfel der Rede«. (1.3) Daher richte sich das Augenmerk der Dichter und Schriftsteller vorzugsweise auf die Ausgestaltung dieser Partien, die eine besondere Wirkung entfalten, der man sich nicht entziehen könne:

»Das Übergewaltige nämlich führt die Hörer nicht zur Überzeugung, sondern zur Ekstase; überall wirkt, was uns erstaunt und erschüttert, jederzeit stärker als das Überredende und Gefällige, denn ob wir uns überzeugen lassen, hängt meist von uns selbst ab, jenes aber übt eine unwiderstehliche Macht und Gewalt auf jeden Zuhörer aus und beherrscht ihn vollkommen.« (1.4)

Das Übergewaltige (ὑπερφυές) ergreife den Hörer mit solcher Kraft, dass er sich der Normalität entrissen fühle. Der Autor unterscheidet zwei Wirkungsgrade der Rede. Der schwächere wird dem Verfahren der Überredung und Überzeugung (πειθώ) zugeordnet. Hierbei sei es dem Hörer

---

7 Vgl. Brandts Einleitung zu: Pseudo-Longinos: *Vom Erhabenen* S. 22; Manfred Fuhrmann: *Einführung in die antike Dichtungstheorie*, Darmstadt 1973, S. 174–183; ebenso Manfred Fuhrmann: *Die Dichtungstheorie der Antike. Aristoteles, Horaz, »Longin«. Eine Einführung*, Darmstadt 1992, S. 196–202; zu zeitgenössischen Konzeptionen des Klassizismus vgl Thomas Hidber: *Das klassizistische Manifest des Dionys von Halikarnass. Die Praefatio zu De oratoribus veteribus. Einleitung, Übersetzung, Kommentar*, Stuttgart u.a. 1996, S. 14–16.
8 Hellmut Flashar: »Die klassizistische Theorie der Mimesis«, in: *Le classicime à Rome aux Iers siècles avant et après J.-C. Neuf exposés suivis de d de discussions; Vandoeuvres-Genève, 21–26 août 1978*, Hg. v. Thomas Gelzer, Genf 1979, S. 79–111, hier S. 98.

vorbehalten, dem Vortrag zuzustimmen. Viel stärkere Kräfte hingegen entfalte das »Übergewaltige«, es forciere die Wirkung der Rede und führe über das Erstaunen und die Erschütterung⁹ in einen Zustand des Außersichseins (ἔκστασις), in dem der Hörer seine Entscheidungsfreiheit verliere. Der Redner könne jedoch diese gesteigerte Wirkung nicht dauerhaft aufrechterhalten, sondern nur punktuell erzielen: Einzig in diesen starken Momenten gelinge es ihm, den Hörer zu überwältigen. Das Erhabene prägt somit in dieser Konzeption¹⁰ nicht den Stil einer Rede insgesamt, sondern nur einzelne Partien: Diese seien von überwältigender Kraft. Maßgeblich für ihre Wirkung sei der ›rechte Moment‹ (καιρός), der nur punktuell und transitorisch erreicht werde. Die Stilhöhe der übrigen Rede bleibt hiervon unabhängig, so dass grundsätzlich auch eine schlichte Rede erhabene Momente enthalten könne.

Die Kraftentfaltung der erhabenen Rede wird am Beispiel des Blitzes demonstriert:

»Das Erhabene aber, bricht es im rechten Moment hervor, zersprengt alle Dinge wie ein Blitz und zeigt sogleich die gedrängte Gewalt des Redners.« (1.4)

Das Bild des Blitzes bringt zentrale Aspekte des Erhabenen zum Ausdruck: seine Plötzlichkeit, seine Machtentfaltung wie auch sein Vernichtungspotenzial werden hervorgehoben. Es erinnert zudem an die Gewalt seines Erzeugers: Die Souveränität des Redners entspricht der des Göttervaters in einem verringerten, menschlichen Maßstab.

---

9 Zum Irritationspotenzial der ἔκπηξις vgl. Charles P. Segal: »῞Υψος and the Problem of Cultural Decline in the De Sublimitate«, in: Harvard Studies in Classical Philology 64, 1959, S. 121–146, hier S. 120–30.
10 Zu ›Longins‹ Konzeption des Erhabenen innerhalb der antiken Rhetorik: James I. Porter: »The Sublime« in: *A Companion to Ancient Aesthetics*, Hg. v. Pierre Destrée; Penelope Murray, New York u.a. 2015, S. 393–405; George Kennedy: *The art of Rhetoric in the Roman world 300 B.C. – A. D. 300*, Princeton 1972, S. 369–377, S. 451–452; Reinhard Brandt: »Pseudo-Longin. Der hohe Stil«, in: *Altertum 9*, 1963, S. 136–142; Franz Quadlbauer: »Die genera dicendi bis Plinius d. J.«, in: *Wiener Studien 71*, 1958, S. 55–111; Franz Wehrli: »Der erhabene und der schlichte Stil in der poetisch-rhetorischen Theorie der Antike«, in: *Phyllobolia*, Hg. v. Olof Gigon u.a., Basel 1946, S. 9–34; Josef-Hans Kühn: ῞Υψος. *Eine Untersuchung zur Entwicklungsgeschichte des Aufschwungsgedankens von Platon bis Poseidonios*, Stuttgart 1941; Ludwig Voit: *ΔΕΙΝΟΤΗΣ. Ein antiker Stilbegriff*, Leipzig 1934, S. 47–53.

Die Einleitung schließt mit Überlegungen zum Urteil über das Erhabene: Woher kann der Betrachtende die Sicherheit nehmen, dass es sich um etwas »wirkliches Erhabenes« (ἀληθὲς ὕψος, 7.3) und nicht um »Blendwerk« (χαῦνα, 7.1) handelt? Der Autor verweist auf zwei Vergewisserungsmöglichkeiten: auf die Wiederholung der Betrachtung und die Beistimmung anderer. Erst vor der wiederholten Betrachtung erweise der erhabene Gegenstand seinen Wert:

»Das nämlich ist in Wirklichkeit groß, was man häufig prüfend betrachten kann und dem man sich doch nur schwer, nein, unmöglich entzieht und dessen Eindruck unauslöschlich im Gedächtnis bleibt. Kurz, halte das für wahrhaft und vollkommen erhaben, was jederzeit einem jeden gefällt. Wenn nämlich Menschen von verschiedener Tätigkeit und Lebensweise, verschiedenem Interesse, Alter und Denken zugleich alle ein und dasselbe meinen, so läßt das zustimmende Urteil so ungleich gestimmter Zeugen das Vertrauen in den Wert des Bewunderten stark und unumstößlich werden.« (7.3–4)

Zu dem anhaltenden Gefallen kommt als Kriterium echter Erhabenheit die Beistimmung anderer Menschen. Der consensus omnium wird zu einem verlässlichen Indikator ästhetischer Größe. Damit sind die definitorischen Vorüberlegungen abgeschlossen, sie lassen sich folgendermaßen zusammenfassen: Das Erhabene bezeichnet den Höhepunkt einer Rede bzw. eines Textes; es übt auf den Betrachter eine überwältigende Wirkung aus und lässt Rückschlüsse auf das Ethos des Autors zu, schließlich wird es durch die wiederholte Betrachtung und das Wohlgefallen aller bekräftigt.

II.

Der Autor gliedert seine Ausführungen zum Erhabenen nach dem rhetorischen Schema der Stadien, die zur Verfertigung einer Rede führen. Dieses beginnt bei der gedanklichen Konzeption (inventio) und gelangt über die Gliederung (dispositio) zur Versprachlichung (elocutio). In diesem Schema werden fünf Quellen des Erhabenen verortet und folgendermaßen unterschieden: Aus dem Bereich der Gedankenfindung (inventio) stammen »die Kraft der gedanklichen Konzeption« und »das starke, begeisterte Pathos«; zum Bereich der Versprachlichung (elocutio) gehören die Figuren, die Diktion und die Syntax. (8.1) Das Erhabene wird von dem Verfasser nicht auf einen gemeinsamen Grundbegriff zurückgeführt, sondern vielmehr über seine Anwendungsbereiche bestimmt. Der Autor geht dabei exemplarisch vor; er illustriert sein Konzept an signifikanten Textpassagen ausgewählter Autoren. Über die Mehrfachzitation entsteht ein Kanon maßgeblicher Autoren.[11] An dessen Spitze steht Homer; ihm folgt eine Reihe ›großer‹ Autoren; sie führt über Platon bis zu Demosthenes.[12]

Als erste und wichtigste Quelle des Erhabenen wird »die Kraft der gedanklichen Konzeption« genannt. Bei dieser Kraft handelt es sich um eine Veranlagung, die natürlich gegeben und nicht zu ›erwerben‹ ist, gleichwohl aber lasse sie sich bestärken und kultivieren. Es sei möglich, »die Seelen zum Großen hin aufzuziehen und sie gleichsam stets mit hohen Gedanken zu schwängern.« (9.1) Die Aufgabe, der sich ›Longin‹ stellt, besteht darin, den Adressaten zur Produktion (›Schwangerschaft‹, ›Geburt‹, ›Aufzucht‹) eigener Texte befähigen. Das Erhabene wird als »Widerhall einer großen Seele« (ὕψος μεγαλοφροσύνης ἀπήχημα, 9.2) gefasst. Die Seelengröße kommt im Echo des Worts zum Ausdruck, das Wort wiederum lässt auf erhabenes Denken schließen. Die Fähigkeit zum ›hohen‹ Denken wird somit zur entscheidenden Voraussetzung des künftigen Redners:

»Der wirkliche Redner darf nicht niedrig und gemein gesinnt sein. Denn wer sein ganzes Leben hindurch Kleinliches denkt und betreibt wie ein Sklave, kann tatsächlich nichts hervorbringen, was bewunderungswert ist und würdig, die ganze Weltzeit zu bestehen.« (9.3)

Dass das Erhabene aus einer geistigen Haltung hervorgeht, verdeutlicht der Verfasser am »Schweigen des Aias« (9.2), das in der Totenbeschwörung der Odyssee (11.543–63) dargestellt ist. Mit seinem Schweigen weist Aias das Angebot des Odysseus, sich zu versöhnen, zurück. Denn er war, nachdem Odysseus den Streit um die Waffen des Achill für sich entschieden hatte, in einen unbändigen Zorn geraten. Aias hatte allerdings statt seiner Widersacher die Tiere auf einer Weide im Wahnsinn

---

11 Zur Kanonbildung in der Antike vgl. Glenn W. Most: »Canon Fathers: Literacy, Mortality, Power«, in: *Arion: A Journal of Humanities and the Classics 1*, 1990, S. 35–60.
12 Im Zentrum des Kanons stehen Homer, Platon, Demosthenes und Thukydides (14.1). Ausführlicher behandelt werden Homer (9; 27), Hesiod (13), Sappho (10), Aischylos (15), Sophokles (15; 23), Herodot (22; 26; 38), Thukydides (14; 38), Platon (12; 13; 28; 32), Demosthenes (12; 16; 17; 20; 24; 39). Einfach genannt werden Pindar und Archilochos (33.5).

getötet und sich sodann aus Scham das Leben genommen.[13] Auch nach seinem Tod, in der Unterwelt, beharrt er auf seinem Überlegenheitsanspruch. Er weist den versöhnlichen Gestus des Odysseus zurück und würdigt den erfolgreichen Gegner, der statt seiner die Waffen des Achill erhalten hatte, keines Wortes. Der Bruch zwischen den beiden Helden bleibt auch in der Totenwelt unüberwindbar. Als Vertreter des alten Ethos, das sich im Zweikampf durch die Tat beweist, schweigt Aias gegenüber dem Repräsentanten des neuen Ethos, das sich durch Eloquenz und Flexibilität behauptet.

Mit der Figur des Aias werden zugleich die Grenzen der Sprache verdeutlicht: Das Schweigen erscheint dem Verfasser »in seiner Größe erhabener als alles, was Rede wird.« (9.2) Die Ausführungen zum Schweigen des Helden eröffnen das grundlegende Kapitel zur erhabenen Gedankenführung, das wesentlich an den Homerischen Epen orientiert ist. Aus diesen entstammen die meisten der anschließenden Beispiele zur angemessenen Darstellung der Götter und Helden. Ein abschließender Exkurs unterscheidet Ilias und Odyssee, indem der Rückschluss vom Werk auf den Charakter des Autors an Homer selbst vorgeführt wird: Die Ilias als ein dramatisches und kampferfülltes Werk lasse den Autor in voller Größe erkennen, während die Odyssee dem fabulierfreudigen Alter zugerechnet wird:

»Daher könnte man den Homer der Odyssee mit der niedergehenden Sonne vergleichen, die ihre Größe bewahrt, wenn ihre Kraft erlischt. Denn in der Odyssee besitzt er nicht mehr die gleiche Spannkraft wie in jenen Gesängen der Ilias.« (9.13)

Hatte das für die Konzeption grundlegende 9. Kapitel das Verhältnis von ›großer Natur‹ und ›erhabener Darstellung‹ behandelt und seine Beispiele vorwiegend aus den homerischen Epen bezogen, so geht das Folgekapitel (10) auf die Auswahl und Zusammenstellung des Erhabenen ein. Als Muster dienen Sapphos Affektdarstellungen und Homers Seestürme, die Angst und Schrecken in der Mannschaft hervorrufen. Nach der Würdigung Homers als des »Zeus« (9.15) unter den Dichtern, der er in der Götter- und Menschendarstellung hervorragt, werden (im 12. Kapitel) Demosthenes und Platon einander gegenübergestellt. Beide

---

13 Zu dem tragischen Konflikt s. Hellmut Flashar: *Sophokles: Dichter im demokratischen Athen*, München 2000, S. 42–44; das Schweigen war in der Antike lange vor ›Longin‹ berühmt und viel diskutiert, vgl. Winfried Bühler: *Beiträge zur Erklärung der Schrift vom Erhabenen*, Göttingen 1964, S. 15–16.

repräsentieren unterschiedliche Formen des Erhabenen. Demosthenes erreicht das Erhabene durch die Verdichtung und Konzentration der Darstellungsmittel, Platon hingegen durch die Erweiterung. Die Erweiterung (αὔξησις) wird bei Longin als Stilmittel eingeführt, das an »Fülle« und einen »gewissen Überfluss« in der Materialausbreitung gebunden ist:

> »Erweiterung heißt, um es kurz zu umreißen: alle für den Gegenstand wichtigen Teile und Aspekte ansammeln und der Argumentation durch Verharren Nachdruck verleihen.« (12.2)

Der Erweiterung, die ihre Argumente sukzessive entwickelt, stellt der Verfasser die »Erhebung« gegenüber, deren Bewegung plötzlich erfolgt. Der Autor arbeitet hierbei nicht reihend und additiv, sondern nutzt oft nur »einen einzigen Gedanken« (12.1). Exemplarisch für diese beiden unterschiedlichen Herangehensweisen, ›Größe‹ zu erzeugen, stehen Platon und Demosthenes. Von Platon gelte,

> »in seinem unermeßlichen Reichtum entfaltet er häufig wie das weitflutende Meer seine Größe. Dem entsprechend ist, glaube ich, die Sprache des Redners [d.h. des Demosthenes], weil er leidenschaftlicher ist, feurig und von Erregung durchglüht; Platon hingegen, majestätisch in seiner Würde verharrend, wirkt gewiß nicht kalt, aber er schreibt kaum so hinreißend.« (12.3-4)

Wird Platon die Weite zugeordnet, so Demosthenes die Höhe. Im Folgenden wird Cicero in die Überlegungen einbezogen und in der Darstellungsweise Platon gleichgestellt.[14] Auch Cicero gebrauche stets eine Fülle von Argumenten zur Überzeugung. Metaphorisch werden »Flut und Überschwemmung« dem Stil Platons bzw. Ciceros zugeordnet, während Demosthenes das Bild des Blitzes erhält:

> »Unser Redner [d.h. Demosthenes], kann alles durch seine Gewalt, durch die Schnelligkeit und gedrängte Kraft zugleich entflammen und fortreißen – man möchte ihn dem Blitz oder Gewitter vergleichen; Cicero, meine ich, greift um sich wie eine weit züngelnde, alles erfassende Feuersbrunst, in ihm brennt eine reiche, nie verlöschende Glut, die hierher, dann dorthin greift und sich immer wieder nährt.« (12.4)

---

14 Zu Ciceros Stellung zu Platon, vgl. Walter Burkert: »Cicero als Platoniker und Skeptiker«, in: *Gymnasium 72*, 1965, S. 175-200.

Die von Demosthenes und Platon gewählten Darstellungsformen unterscheiden sich nicht nur in den eingesetzten Mitteln (der Verdichtung bzw. Erweiterung), sondern auch in der angestrebten Wirkung: Die Reden des Demosthenes zielen auf Überwältigung, die platonischen Dialoge hingegen auf die schrittweise Prüfung der vorgetragenen Argumentation durch die Leser. Platon nutze das Erhabene als philosophischer Erzieher, Demosthenes hingegen als Anwalt der Freiheit. Ziel und Methode Platons werden an einem Textauszug demonstriert:

> »Die Menschen«, sagt er, »die nicht Vernunft und Tugend kennen und sich dauernd Gelagen und ähnlichen Genüssen hingeben, werden, wie es scheint, abwärts getrieben und irren so durch ihr Leben. Niemals haben sie hinaufgeschaut zum Wahren, nie wurden sie emporgehoben; eine beständige und reine Freude haben sie nie genossen, sondern sie blicken ewig wie das Vieh zu Boden, vornüber auf die Erde und ihre Tische gebeugt mästen sie sich beim Fraß und huren herum, und um ihre Gier zu befriedigen, treten und stoßen sie sich mit eisernen Hörnern und Hufen und töten sich in ihrer Unersättlichkeit.« (13.1)

Die von Platon affirmierte ›Größe‹ liegt in der Durchbrechung der Triebdetermination. Sie ermöglicht die Erhebung über die sinnlichen Bedürfnisse und das ›Hinaufschauen zum Wahren‹.

III.

Wurde »die Kraft der gedanklichen Konzeption« bislang unmittelbar aus der ›großen‹ seelischen Disposition (μεγαλοφροσύνη, 9.2) abgeleitet, so bringen die Ausführungen des 13. und 14. Kapitels einen anderen »Weg zum Erhabenen« (ὁδὸς ἐπὶ τὰ ὑψηλά, 13.2) in den Blick. Dieser führt über die Nachahmung und den Wetteifer (μίμησίς τε καὶ ζήλωσις, 13.2): Wenn der nachahmende Dichter über eine entsprechende Begabung (φύσις) verfügt, könne er seinen Vorbildern eine starke begeisternde Kraft entnehmen und diese für die eigene Produktion nutzbar machen. Die sich am Vorbild erhabener Muster entzündende Begeisterung überträgt sich dann auf den nachahmenden Autor und sein Publikum. Modellhaft wird dieser Vorgang am Gottesdienst der Pythia in Delphi erläutert:

> »Viele Autoren nämlich werden ergriffen von einem fremden Anhauch, der sie inspiriert – genauso, wie man es von der pythischen Priesterin sagt: wenn sie dem Dreifuß naht, über dem Erdspalt, aus dem, wie es heißt, der gött-

liche Atem emporsteigt, dann wird sie von dort mit der dämonischen Macht geschwängert und kündet sogleich die eingegebenen Weissagungen.« (13.2)

Nach dem hier vorgestellten Modell treten ›große‹ Dichter an die Stelle Apollons, der den Enthusiasmus verleiht; während die nachahmenden Dichter ihn, wie die Pythia, empfangen. Durch den Vergleich kommt die ekstatische Dimension der Begeisterungserfahrung in den Blick: Die Priesterin des Apoll gerät immer, wenn sie dem Dreifuß naht, in ›Begeisterung‹ und gelangt, während ihr der göttliche Atem aus dem Erdspalt entgegensteigt, allmählich zur Ekstase. Die sich auf dem Dreifuß vollziehende ›Vereinigung mit dem Gott‹ (Enthusiasmus) wird als Überwältigung erfahren und führt zur ›Schwangerschaft‹ und zur ›Geburt‹ des göttlichen Wissens. Das Vergleichsbild verdeutlicht, auf welche Weise die literarische Mimesis ihr Fundament im Enthusiasmus erfährt.

Mit seiner Konzeption der literarischen Mimesis behauptet der anonyme Autor innerhalb der Geschichte der griechischen Dichtungstheorie eine eigenständige Position. Er rekurriert auf platonische und aristotelische Traditionsbestände, die er jedoch umfunktioniert und neu verbindet: Mimesis[15] und Enthusiasmus[16] stehen zwar auch bei Platon im Zentrum seiner Dichtungskritik, doch trennt Platon die beiden Aspekte scharf voneinander und gibt ihnen andere Funktionen. Wird die Mimesis im 10. Buch des Staates eingeführt, um an dem mimetischen Verfahren der Maler und Dichter deren dreifache Entfernung von der Wahrheit zu demonstrieren,[17] so greift ›Longin‹ auf die Mimesis zurück, um den jungen Autoren einen Zugang zum Erhabenen und Wahren[18] (vgl. 13.1) zu bahnen. Wenn Platon den Enthusiasmus der Dichter, den er als

---

15 Vgl. hierzu Arbogast Schmitt: »Zur Verwendung des Begriffs »Mimesis« bei Platon«, in: *Die Mimesis und ihre Künste*, Hg. v. Gertrud Koch; Martin Vöhler; Christiane Voss, München u.a. 2010, S. 231–254; Bernd Seidensticker: »Aristoteles und die griechische Tragödie«, in: *Die Mimesis und ihre Künste*, Hg. v. Gertrud Koch; Martin Vöhler; Christiane Voss, München u.a. 2010, S. 15–41; Stephen Halliwell: *The Aesthetics of Mimesis. Ancient Texts and Modern Problems*, Princeton u.a. 2002; Willem J. Verdenius: *Mimesis: Plato's doctrine of artistic imitation and its meaning to us*, Leiden 1949.
16 Zum persuasiven Enthusiasmus und seiner Vorgeschichte bis zu ›Longin‹ vgl. Thomas Schirren: »Persuasiver Enthusiasmus in Rhetorik 3,7 und bei Ps.-Longin«, in: *Aristotelische Rhetoriktradition. Akten der 5. Tagung der Karl-und-Gertrud-Abel-Stiftung vom 5.–6. Oktober 2001 in Tübingen*, Hg. v. Joachim Knape, Stuttgart 2005, S. 105–126.
17 Pl. *R.* 595c–597d.
18 Vgl. Andrea Vierle: *Die Wahrheit des Poetisch-Erhabenen. Studien zum dichterischen Denken; von der Antike bis zur Postmoderne*, Würzburg 2004.

Quelle der Dichtung zwar anerkennt, aber mit der Sphäre des Dionysos verbindet und auf diese Weise als zweifelhafte ›Raserei‹ abwertet,[19] so stellt ›Longin‹ die Verbindung des dichterischen Enthusiasmus mit der Sphäre des Apoll wieder her (vgl. 13.2; 16.2). Auf diese Weise werden die bei Platon zentralen, aber voneinander getrennten Konzepte der Mimesis und des Enthusiasmus aufgegriffen, zugleich aber neu bewertet und so miteinander verbunden, dass die literarische Mimesis aus dem Enthusiasmus hervorgeht. Mit seiner enthusiastischen Begründung unterscheidet sich ›Longins‹ Mimesisbegriff aber auch von dem des Aristoteles. Dessen Poetik kommt ganz ohne den Bezug zum Enthusiasmus aus. ›Longin‹ hingegen teilt zwar die Nüchternheit des Aristoteles, wenn er die Figuren, die Diktion und die Syntax als reine Techniken vorstellt (Kap. 16–43), doch besteht der Kern seines innovativen Konzepts in der enthusiastischen Fundierung der Mimesis.

Wurde Homer am Eingang des Hauptteils (Kap. 9) als Archeget des Erhabenen eingeführt, so zeigt sich im Folgenden, in welchem Maße sich die ›großen‹ Dichter auf ihn beziehen. Nicht nur Herodot möchte die größtmögliche ›Homerizität‹ gewinnen (μόνος Ἡρόδοτος Ὁμηρικώτατος ἐγένετο; 13.3), alle erhabenen Dichter treten in Nähe und Konkurrenz zu Homer. Dies gelte insbesondere für Platon, der aus dem Quell der homerischen Epen unzählige Bäche ins eigene Werk geleitet habe. (13.3) Doch erschöpft sich sein Verhältnis zu Homer nicht in der Verehrung. Zur Mimesis kommt der Wettkampf hinzu. Platon tritt Homer als ein »junger Streiter« (13.4) gegenüber, der um den Vorrang in der erhabenen Dichtung kämpft.

Das Konkurrenzprinzip wird von ›Longin‹ als »guter Streit« (ἀγαθὴ ἔρις, 13.4) ausdrücklich begrüßt, denn es steigere die literarische Qualität. Der Rekurs auf die Vorbilder beginnt bereits in der Phase der Werkkonzeption (inventio). Der Künstler solle sich bei der Verfertigung eines Gedankens fragen: Wie hätten Homer, Platon, Demosthenes oder Thukydides dies wohl formuliert? Ist der Gedanke einmal gefasst und niedergeschrieben, so lasse sich wiederum fragen, wie er von den erhabenen Autoren beurteilt worden wäre (14.1–2). Die Musterautoren begleiten auf diese Weise die literarische Produktion; sie werden zu »Richtern und Zeugen« (14.3–4) und bilden somit ein wünschenswertes Korrektiv für die entstehende Arbeit. Der imaginäre Dialog mit ihnen steuert die literarische Produktion.

---

19 Pl. *Ion* 533e–534a.

Die Auseinandersetzung mit den erhabenen Vorbildern bleibt auch für die folgenden Schritte des Arbeitsprozesses relevant. Die Mimesis richtet sich in den späteren Phasen nicht mehr auf die ›natürlichen Quellen‹ der Gedankengröße und des Pathos, sondern vielmehr auf die ›technisch‹ erlernbaren Bereiche der Figuren, Diktion und Syntax. Für diese Bereiche wird einschlägiges Material herangezogen. Dessen Präsentation und Interpretation dient, wie die Analysen vom 16. bis zum 43. Kapitel zeigen, propädeutischen Zwecken.

IV.

Der von Platon affirmierten ethischen ›Größe‹ stellt der Verfasser die politische Größe gegenüber, die er im Werk des Demosthenes dargestellt sieht: Er erläutert sie im Zusammenhang der Figurenlehre des 16. Kapitels und wählt die Beschwörung der Kämpfer von Marathon als Beispiel:

»Demosthenes bringt einen Beweis für die Richtigkeit seiner politischen Maßnahmen; wie sieht die natürliche Durchführung aus?»Es war kein Fehler, ihr Bürger, daß ihr den Kampf um die Freiheit der Griechen aufnahmt, und in der eigenen Geschichte habt ihr Vorbilder dieser Tat, denn auch die Kämpfer von Marathon, von Salamis und von Plataiai machten keinen Fehler.« Aber wie jählings vom Anhauch des Gottes ergriffen und gleichsam in den Bann des Apollon gezogen, schwor er bei den Besten Griechenlands: »Nein, ihr habt nicht irren können, das schwöre ich bei den Männern, die in der Front von Marathon der Gefahr trotzten!« Dabei hat er offensichtlich nur durch die Figur des Schwures – die ich als Apostrophe bezeichne – die Vorfahren zu Göttern erhoben, denn er nötigt uns zu glauben, daß man bei den Kämpfern, die so starben, wie zu Göttern schwören muß; seinen Richtern flößt er die Gesinnung jener ein, die sich dort der Gefahr aussetzten; er verwandelt die natürliche Beweisform und verleiht ihr eine überwältigende Höhe und Leidenschaft durch den fremdartigen und übernatürlichen und deswegen glaubwürdigen Schwur. Und zugleich senkt er seine Worte wie ein entgiftendes Heilmittel in die Seelen seiner Hörer, um ihre Stimmung mit Lobreden zu heben und zu erreichen, daß sie nicht weniger stolz auf die Schlacht gegen Philipp als auf den Triumph von Marathon und Salamis sind.« (16.1–2)

Der hier analysierte Eid ist der Kranzrede[20] des Demosthenes entnommen, die bereits in der Antike als sein politisches Meisterwerk galt. Demosthenes rechtfertigt mit der Rede (330 v. Chr.) sein politisches Engagement und insbesondere seine antimakedonische Haltung. Auch nach der Niederlage von Chaironeia (338), mit der Athen seine Unabhängigkeit von Makedonien verliert, behält Demosthenes seine Position bei. Er beansprucht – wie der homerische Aias – auch nach der Niederlage seine moralische Überlegenheit. Dies verdeutlicht der Eid, dessen rhetorischer Kunstgriff darin besteht, die im Kampf gegen Philipp gefallenen Athener zu heroisieren und sie mit den Siegern von Marathon auf eine Ebene zu stellen. Aufgrund seines entschiedenen Eintretens für die politische Selbstbehauptung Athens und gegen die Herrschaft Philipps wird Demosthenes in der Schrift *Über das Erhabene* zum letzten Verfechter der griechischen Poliskultur, die mit der Herrschaft Philipps ihr Ende findet. In dem Übergang von der Polisgesellschaft zum Hellenismus erkennt der Verfasser der Schrift eine tiefgreifende Zäsur: Das Verschwinden des griechischen Stadt-Staats bedingt den Verfall der Öffentlichkeit und der Redefreiheit (44.3). In seinem Schlusskapitel beklagt der Autor streng genommen den ›Verlust des Politischen‹.[21] Gegen diese Tendenz aber hatte sich Demosthenes mit aller Kraft gewandt. Die Kranzrede, die von diesem Kampf Auskunft gibt, wird daher zu einem zentralen, mehrfach zitierten Bezugspunkt der Schrift.[22] Ihrem Verfasser erscheint Demosthenes als ein letzter Repräsentant des alten Griechenland mit seiner ›Größe‹, Selbstbehauptung und Geistesfreiheit, das von Homer begründet wurde. Die Zeit des Erhabenen, die der anonyme Verfasser in seiner Schrift verherrlicht, reicht somit, historisch gesehen, von Homer bis zu Demosthenes.[23] Die griechischen Autoren dieser Zeit werden zu maßgeblichen Instanzen der erhabenen Denkart, für die der Verfasser mit seiner Schrift eintritt.

---

20 D. 18.208; griechischer Text nach der Ausgabe von M. R. Dilts (Hg.): Demosthenes: *Demosthenis Orationes*, Oxford 2002; dt. Übersetzung: Demosthenes: *Rede für Ktesiphon über den Kranz*, Hg. und übers. v. Walter Zürcher, Darmstadt 1983.
21 Zur Konzeption des ›Politischen‹ vgl. Hannah Arendt: *Vita activa oder Vom tätigen Leben*, München/Zürich 1958 (^{2}1981), S. 27–76.
22 Bezugnahmen auf *de Corona* 18; 169; 188; 208; 296 in *de Sublimitate* 24.1; 10.7; 34.4; 16.2–3 und 17.2; 32.2. Angaben nach Rhys W. Roberts: *Longinus: On the sublime: the Greek text edited after the Paris manuscript*, Cambridge 1907, S. 223.
23 Zu den von ›Longin‹ genannten Autoren vgl. Appendix C von Roberts: *On the sublime: the Greek text edited after the Paris manuscript*, S. 211–246, insbesondere S. 216.

In seiner Analyse des Eids präsentiert der Verfasser zwei Versionen des Arguments, mit dem Demosthenes seine antimazedonische Haltung rechtfertigt. Die erste Fassung ist fiktiv und nur zum Zweck der Verdeutlichung gebildet, sie hält sich in ihrem Duktus an den »natürlichen Sprachgebrauch« (ἡ κατὰ φύσιν χρῆσις, 16.2). Demosthenes bekräftigt mit seiner Hinwendung an die Athener die Berechtigung des Kampfes gegen Philipp mit dem Hinweis auf die Perserkriege, in denen die Griechen ebenfalls ein hohes Risiko auf sich genommen hatten. Vor diesem Hintergrund wird die Raffinesse des Eids deutlich, den Demosthenes einsetzt. Statt sich an die Athener zu wenden, beschwört er die Kämpfer von Marathon; sie werden durch den Anruf nicht nur als präsent gedacht und verlebendigt, sondern mit der Eidesformel sogar »vergöttlicht«, wie der Verfasser bemerkt. Durch die Hinwendung zu den alten Kämpfern evoziert Demosthenes den Geist von Marathon und überträgt ihn auf die gegenwärtige Situation. Die Verlierer von Chaironeia werden heroisiert, ihre Taten, auch wenn sie nicht zum Erfolg führten, sollen eine angemessene Bewertung seitens der Athener erfahren. Diese lassen sich denn auch von dem Enthusiasmus der demosthenischen Rede hinreißen. Den Vorgang, der sich hier vollzieht, verdeutlicht der Verfasser mit einem Rekurs auf Platons Magnetgleichnis:[24] Nicht nur das Publikum ist von der Begeisterung hingerissen, auch Demosthenes selbst erscheint in dem Moment, in dem er die Eidesformel spricht, »wie jählings vom Anhauch des Gottes ergriffen und gleichsam in den Bann Apollons gezogen«. Derart ergriffen, verwandelt er »die natürliche Beweisform« in »einen fremdartigen und übernatürlichen und deswegen glaubwürdigen Schwur«, der von »überwältigender Höhe und Leidenschaft« erfüllt ist. Dies wiederum überträgt sich auf die »Seelen seiner Zuhörer«; sie sind wie von einem apollinischen Zaubermittel ergriffen und »nicht weniger stolz auf die Schlacht gegen Philipp als auf den Triumph von Marathon und Salamis«. Das in der Kranzrede beobachtete Überspringen des Enthusiasmus vom Gott zum Redner, vom Redner zu seinem Publikum oder den Lesern in späterer Zeit wird somit zum Modell des politischen Enthusiasmus.

V.

Von der Gruppe der erhabenen Autoren, die vornehmlich aus der ›klassischen‹ Zeit zwischen Homer bis zu Demosthenes stammen und zu

---

24 Pl. *Ion* 533d–e.

denen in der Schrift auch Hesiod, Sappho, Archilochos und Pindar, Aischylos, Sophokles und Euripides wie auch Herodot und Thukydides gehören, wird eine Gruppe nicht-erhabener Autoren unterschieden. Zu dieser zählen neben Ion von Chios, Bakchylides, Lysias und Hypereides vor allem die Autoren der späteren, hellenistischen Zeit (Theokrit, Apollonios Rhodios, Eratosthenes). Diese zeichnen sich dadurch aus, dass sie die Gefahren, mit denen das Erhabene verbunden ist, vermeiden und sich vielmehr stets um Korrektheit und Fehlerfreiheit bemühen. Angesichts ihres Anspruchs auf Überschaubarkeit und Transparenz aber bleiben diese Werke auch nur mäßig interessant. Wohingegen die erhabenen Autoren, die ihr Publikum in Begeisterung versetzen, sich auch selbst stark exponieren und daher in Momenten der »Unaufmerksamkeit« (34.4) abfallen und Fehler begehen. So verbinden sich auf der einen Seite gedankliche Tiefe und künstlerische Fehler, während Korrektheit und intellektuelle Anspruchslosigkeit auf der anderen zusammentreffen. Das Streben nach Größe wird zu einer selbstbewussten Grenzüberschreitung:

»Was hatten eigentlich jene gottgleichen Menschen im Auge, die nur nach dem Größten in der Literatur streben, eine pedantische Genauigkeit jedoch verschmähten? Vor allem dieses: die Natur hat uns, das Menschenwesen, nicht bestimmt zu einem gemeinen Tier, sondern in die Lebenswelt und den weiten Kosmos wie in die Szenerie eines großen Festes geführt; wir sollen *** des Ganzen betrachten und die ehrgeizigsten Wettkämpfer sein. Sie hat deshalb unseren Seelen sogleich ein unzähmbares Verlangen eingepflanzt nach allem jeweils Großen und nach dem, was göttlicher ist als wir selbst. Darum genügt selbst der ganze Kosmos nicht für die Betrachtungen und Gedanken, die der menschliche Geist wagt, sondern häufig überschreitet unser Denken die Grenzen dessen, was uns umgibt. Wenn man rings unsere Umwelt betrachtet und sieht, in welchem Ausmaß das Ungewöhnliche, das Große, das Schöne in allem überwiegt, so wird man rasch erkennen, wozu wir geboren sind.« (35.2–4)

Das Verlangen (ἔρως) der ›großen‹ Autoren zielt auf Entgrenzung. Es führt vom Gewöhnlichen zum Ungewöhnlichen, von der Lebenswelt der Menschen zum Schauplatz der Götter; statt des Hässlichen werde das Schöne, statt des Niedrigen und Gemeinen das Große sichtbar gemacht. Philosophischer als ihre Mitmenschen veranlagt, verschmähen die ›erhabenen Naturen‹ das Mangelhafte, das sie umgibt, und verlangen »nach allem jeweils Großen und nach dem, was göttlicher ist als wir selbst«. Indem sie sich die permanente Grenzüberschreitung zur Aufgabe machen, entdecken sie, »in welchem Ausmaß das Ungewöhnliche, das Große, das Schöne in allem überwiegt.« Die Bewunderung des Kosmos wird zum Ziel der Bewegung; in der staunenden Betrachtung erfüllt sich nach der philosophischen Konzeption der Schrift die Bestimmung des Menschen. Die Leistung der ›großen‹ Autoren besteht darin, dieser Bestimmung gerecht zu werden und mit ihren Werken zu entdecken, »wozu wir geboren sind«. Hiervon geben die Texte Auskunft, ihre Verfasser werden heroisiert (4.4; 14.2; 36.2) und als »göttliche« oder »gottgleiche« Menschen (4.6; 35.2) apostrophiert.

VI.

Das Schlusskapitel der Schrift *Über das Erhabene* verdeutlicht die historische Relevanz der vorgestellten Überlegungen: Der anonyme Autor beschließt seine Ausführungen mit dem Blick auf die eigene Zeit; er konstatiert dabei einen signifikanten Mangel an Größe und Erhabenheit.[25] Zwar gebe es gegenwärtig zahlreiche Schriftsteller, die überzeugend und öffentlichkeitswirksam seien, doch fehlten »erhabene und überragende Begabungen«. Diese seien »nicht mehr oder nur noch selten« zu finden. (44.1) Das Defizit an Größe und Erhabenheit wird somit zum Signum der eigenen Zeit. Ideal und Wirklichkeit seien weit auseinandergetreten: Die erhabene Schreibart lasse sich in der Gegenwart kaum mehr finden, wie umgekehrt auch die Gegenwart sich immer stärker vom Erhabenen entferne.

Das Bild der Gegenwart wird im letzten Kapitel der Schrift ausführlich entwickelt. Wodurch zeichnet sich die gegenwärtige Situation aus? Der Autor stellt zwei Defizite heraus, die die eigene Zeit charakterisieren: Er beklagt den politischen und moralischen Verfall. Als wesentliches politisches Defizit wird von einem in den Text eingeführten Philosophen der Verlust der Freiheit genannt. An die Stelle der einst freien sei jetzt eine sklavische Denkart getreten:

»Wir Jetzigen aber«, so sagte er, »sind doch in der Kindheit in die Schule der gerechten Despotie gegangen, ihre Bräuche und Gepflogenheiten waren beinahe die Windeln, in die man die noch zarten Regungen unseres

---

25 Grundlegend zur Deutung des Kapitels 44: Charles P. Segal: »Ὕψος and the Problem of Cultural Decline in the De Sublimitate«, in: *Harvard Studies in Classical Philology 64*, 1959, S. 121–146.

Bewußtseins hüllte, wir konnten den schönsten und reichsten Quell der Redekunst, ich meine«, sagte er, »die Freiheit, nicht mehr kosten; darum sind wir am Ende große Künstler nur in der Kunst der Schmeichelei.« (44.3)

Der Verlust der Freiheit wird hier auf den Niedergang der politischen Rede zurückgeführt. Die freie Rede verliere unter den Bedingungen der Monarchie ihren Platz in der Öffentlichkeit, an ihre Stelle trete die »Kunst der Schmeichelei«. Dieser keineswegs originellen, sondern bekannten und, wie hervorgehoben wird, unter den Zeitgenossen weit verbreiteten Erklärung der Gegenwartsmisere stellt der Autor eine zweite, moralische Diagnose zur Seite. Der Verfall der erhabenen Denkart sei vermutlich weniger durch den Verlust der Demokratie bedingt, immerhin lebe man in einem »Weltfrieden«. Schädlich sei vielmehr der vorherrschende Materialismus, der durch den Reichtum und seine Begleiterscheinungen befördert werde. Verschwendung und Habsucht, Üppigkeit, Hochmut und Hybris, Gesetzlosigkeit und Unzucht seien weit verbreitet, so dass sich ein dunkles Bild der Zukunft ergibt. Angesichts der aufgezählten Laster lasse sich »der allmähliche Untergang der Menschheit« kaum mehr aufhalten, denn »die Seelengröße schwindet und verdorrt und wird nicht mehr erstrebt, weil die Menschen hochschätzen, was an ihnen sterblich, und zu mehren säumen, was unsterblich ist.« (44.8–9) Mit dieser Aussicht entwickelt die Schrift eine düstere Zukunftsperspektive. ›Longin‹ aber resigniert nicht, wie von der Forschung[26] vielfach konstatiert wurde; er deutet mit dem Schlussbild vielmehr darauf, was geschieht, wenn das Erhabene ausbleibt. Der Tenor der Schrift ist nicht von der Klage, sondern vom Widerspruchsgeist erfüllt. Dies wurde von der Forschung verkannt, die der Schrift eine resignative Tendenz zuschrieb.[27] Das Schlusskapitel beschwört nicht die Aussichtslosigkeit, sondern legitimiert vielmehr die Notwendigkeit des Aufbruchs. ›Longin‹ reagiert auf die von ihm diagnostizierte, historisch-politische Krise. Er erkundet Wege zum Erhabenen und entfaltet hierbei mythische Bilder von heroischem Trotz und entschlossener Selbstbehauptung. Auch wenn die Situation aussichtslos scheint, ist der Widerstand geboten. Hierfür steht am Eingang der Beispielreihe das Schweigen des Aias wie auch der Schwur des Demosthenes an ihrem Ende.

›Longin‹ plädiert vor dem Hintergrund seiner Zeit für eine ›Erziehung zum Erhabenen‹. Kräfte des Widerstands sollen mobilisiert und zur Restitution der vergangenen Größe eingesetzt werden. Hierzu erfolgt auch

---

26 Vgl. Anm. 7.
27 Vgl. Anm. 7, 8.

der Rekurs auf die klassische Literatur; diese soll als *remedium* eingesetzt werden. Die Wendung zur Vergangenheit bringt das Erhabene in den Blick und weist so auch über die Gegenwartskrise hinaus. ›Longin‹ entwirft einen Kanon erhabener Autoren, um an ihrem Beispiel Wege zum Erhabenen auszuweisen. Sein literarischer Philhellenismus enthält ein zukunftsfähiges Konzept, das sich auch für den modernen europäischen Philhellenismus als anschlussfähig erweist.

Dies soll ein Blick auf die Rezeption ›Longins‹ abschließend verdeutlichen. Winckelmanns »Gedancken über die Nachahmung der griechischen Werke in der Malerei und Bildhauerkunst« (1755) nehmen ›Longins‹ Konzeption der Mimesis auf[28] und übertragen es von der Literatur auf den Bereich der »Malerei und Bildhauerkunst«. Die berühmte These der Schrift lautet in ihrem vollständigen Umfang:

»Der eintzige Weg für uns, groß, ja, wenn es möglich ist, unnachahmlich zu werden, ist die Nachahmung der Alten und was jemand vom Homer gesagt, daß derjenige ihn bewundern lernet, der ihn wohl verstehen gelernet, gilt auch von den Kunst-Wercken der Alten, sonderlich der Griechen. Man muß mit ihnen, wie mit seinem Freund, bekannt geworden seyn, um den Laocoon eben so unnachahmlich als den Homer zu finden.«[29]

Hatte ›Longin‹ die Mimesis der ›großen‹ Autoren als »einen« der Wege »zum Erhabenen« (13.2) bezeichnet und ihn ausdrücklich[30] neben andere Zugangsmöglichkeiten gestellt, so radikalisiert Winckelmann diesen Ansatz. Bei ihm erscheint die Nachahmung »der Alten, sonderlich der Griechen«, als der »eintzige Weg«, die verlorene Größe wiederzuerlangen. Winckelmann teilt mit ›Longin‹ die Bevorzugung der griechischen Autoren, auch bei ihm findet sich die unbedingte Wert-

---

28 Zu Winckelmanns Auseinandersetzung mit ›Longin‹ siehe Baldine Saint Girons: »De l'interprétation du Sublime chez Winckelmann«, in: *Winckelmann et le retour à l'antique. Actes du Colloque, 9 au 12 juin 1994*, Hg. v. J. Pigeaud; J. P. Barbe, Nantes 1995, S. 73–83; Jackie Pigeaud: »Winckelmann et la liberté. L'importance de Longin« in: *Die Freiheit und die Künste. Modelle und Realitäten von der Antike bis zum 18. Jahrhundert*, Hg. v. Volker Riedel, Stendal 2001, S. 133–145. Zum Kontext der europäischen Longin-Rezeption siehe Martin Fritz: *Vom Erhabenen. Der Traktat Peri Hypsous und seine ästhetisch-religiöse Renaissance im 18. Jahrhundert*, Tübingen 2011, S. 160–551.
29 Johann Joachim Winckelmann: *Kleine Schriften, Vorreden, Entwürfe*, Hg. v. Walther Rehm, Berlin 1968, S. 29–30.
30 Vgl. das 8. Kapitel mit den fünf »Quellen« des Erhabenen.

schätzung Homers, der als Archeget den übrigen ›großen‹ Schriftstellern vorangeht. Neben Homer aber lässt Winckelmann die Figur des Laokoon treten; diese eröffnet den Weg zur griechischen Kunst, den Winckelmann mit seiner Programmschrift vorzeichnen möchte. Er erzeugt mit seiner »archäologischen Hermeneutik«[31] eine Begeisterung für die Antike, die sich auf sein Jahrhundert überträgt.

Die Schrift *Über das Erhabene* versorgt Winckelmann und sein Jahrhundert nicht nur mit einem Kanon ›großer‹ Autoren, sondern auch mit einer probaten Verfahrensweise: Enthusiasmus und Mimesis erlauben einen imaginären Dialog mit der Antike, der die eigene Kunstproduktion befördert.

---

31 Vgl. Nikolaus Himmelmann: *Winckelmanns Hermeneutik*, Wiesbaden 1971; Alex Potts: *Flesh and the ideal. Winckelmann and the origins of art history*, New Haven 1994.

Benjamin Wihstutz

Urteilende Zuschauer

Über Geschmack und Öffentlichkeit um 1800

In Johann Friedrich Schützes *Satirisch-Ästhetisches Hand- und Taschenwörterbuch für Theaterfreunde* aus dem Jahr 1800 findet sich unter dem Stichwort Publikum der folgende Eintrag:

»*Publikum*, le public, ist eine große Masse von (Hohl- Und Woll-)köpfen, unter welchen Leiber sitzen und stehen, in Logen, Parterren, Gallerien, versehen mit Stimmen zum Bravorrufen und Pfeifen, Füßen zum Stampfen, Augen und Ohren zum Sehn und Hören. Diesen Menschenklumpen schreibt man etwas zu, das man Geschmack, goût, nennt; diesen muß der Schauspieler kennen und darnach spielen, der Directeur sondiren und danach dirigiren, sich schmiegen und fügen. Jeder und jede aber müssen sich im Publikum ein Publikum formiren, ein Häufchen Kenner, das nur ihnen und ihren Spielen klatscht und andern pfeift. In dies kleine Publikum suche man auch die vorlauten Sprecher, Dramaturgen mit hineinzuziehn, die ihre Meinung als Meinung des Publikums für das Publikum im [sic] Druck geben.«[1]

Schützes satirische Anmerkungen geben eine Ahnung davon, auf welche Weise das Theater um 1800 in Deutschland als Ort einer öffentlichen Aushandlung des Geschmacks fungiert: Erstens artikuliert sich der Geschmack als kollektive Urteilspraxis der Zuschauer, die im gemeinsamen Pochen, Applaudieren, Zischen, Stampfen und Pfeifen eine nicht zu unterschätzende Macht über die Schauspieler und den Spielplan bekommen. Zweitens evoziert diese Praxis zugleich Konflikte zwischen unterschiedlichen Reaktionen der Anwesenden, zwischen einem Geschmack des ›Haufens‹ einerseits und des »Häufchen[s] Kenner« andererseits. Und drittens nutzen vor allem letztere die Möglichkeit, im Namen des Publikums ihre Geschmacksurteile auch über den Theatersaal hinaus zu verbreiten, indem sie diese mit dem Verfassen von Kritiken, Aufsätzen

---

1 Friedrich Johann Schütze: »Publikum«, in: *Satirisch-ästhetisches Hand- und Taschenwörterbuch für Theaterfreunde*, Hamburg 1800, S. 130.

und Glossen in Theaterperiodika und Tageszeitungen in Druck geben. Der Geschmack ist in diesem Sinne um 1800 an eine *theatrical public sphere* gebunden,[2] die weit über den Theatersaal hinausreicht und von unterschiedlichen Zugangsvoraussetzungen gekennzeichnet sowie agonistisch organisiert ist.

Der Streit um den Geschmack hat allerdings nicht nur an unterschiedlichen öffentlichen ›Orten‹ wie dem Theater, dem Marktplatz oder der Zeitung statt; er betrifft auch unterschiedliche Verständnisse von Ästhetik und damit die gesamte Rezeptionshaltung des Zuschauers. So lautet eine der am häufigsten geäußerten Forderungen der Geschmackspublizisten, aus einem lärmenden ein zurückhaltendes Publikum zu machen, welches die Bühnenhandlung möglichst selten störe und unterbreche. Im Gothaer Theaterkalender von 1781 findet sich unter der Überschrift »Der Lärm in vielen Komödien« ein für diese Zeit paradigmatischer Vorschlag, die Zuschauer zu disziplinieren:

»Für achtsame Zuhörer und Zuschauer ist es eine unaussprechliche Qual, wenn die übrigen so vieles Geräusch mit ihren Mäulern, Füßen oder Stöcken machen, daß man oft gar nichts von dem was der Schauspieler saget, verstehen kann: und eben so ärgerlich ist es, wenn die, so vorn sitzen, aufstehen, gehen, aber mit dem Kopf von einer Seite zur andern wackeln, um ihre Gevatterngespräche zu treiben, und dadurch den Hinteren die Aussicht auf das Theater benehmen, daß man oft ganz unbefriediget nach Hause gehen muß und sein Geld umsonst ausgegeben hat. [...] Wie ist dem aber abzuhelfen? Sehr leicht: und ich wundere mich darüber, daß man bey so vielen Gesellschaften nicht darauf gedacht hat. Man könnte es durch die Komödienzettel oder sonst bekannt machen, daß ein jeder, der durch Lärm und Ungezogenheit die übrigen Zuschauer störete, aus dem Komödienhause gewiesen und dadurch öffentlich prostituiret werden sollte, er sey nun vornehm oder gering, ohne Ansehen der Person. Wenn nur einigemale solche Exempel statuiret würden, so würden die Leute sich genug in Acht nehmen.«[3]

---

2 Vgl. Christopher Balme: *The theatrical public sphere*, Cambridge 2014. Im Gegensatz zu Balme, der einen habermasianisch geprägten Öffentlichkeitsbegriff favorisiert, plädiere ich mit dem Begriff der Agonistik eher für eine von Chantal Mouffe beeinflusste Perspektive, die das Politische weniger an den freien Diskurs als an den Dissens widerstreitender Positionen knüpft. Genau dies ist gemeint, wenn im Folgenden von einer Agonistik des Geschmacks im Theater die Rede ist. Vgl. auch Chantal Mouffe: *Agonistik. Die Welt politisch denken*. Berlin 2014, S. 133–159.

3 Heinrich Ottokar Reichard: »Der Lärm in vielen Komödien«, in: *Taschenbuch für die Schaubühne auf das Jahr 1781*, Gotha, S. 57–58.

Nicht nur die Artikulation des Geschmacks, auch die geforderte Disziplinierung der Zuschauer hat somit eine öffentliche Dimension im Theater des ausgehenden 18. Jahrhunderts.[4] So wird an vielen deutschen Theaterhäusern die Institution einer Theaterpolizey eingerichtet, die neben der Überwachung der Zensur und der Theatergesetze auch für Disziplinarmaßnahmen und für die Dämpfung der Affekte im Zuschauersaal zum Einsatz kommt. Im Weimarer Hoftheater werden ab den 1790er Jahren während der Vorstellungen ein Unteroffizier und zwei Husaren im Parterre platziert, denen explizit das Recht eingeräumt wird, Schauspieler oder Zuschauer aufgrund unbotmäßigen Verhaltens über Nacht in Arrest zu nehmen.[5] Dass diese polizeilichen Maßnahmen auch der Bildung des Geschmacks dienen sollen, zeigt sich anhand der von Goethe und anderen Theaterreformern häufig geäußerten Forderung, das Publikum möge eine kontemplative und zugleich ästhetisch distanzierte Haltung gegenüber der Bühnendarstellung einnehmen, die vom unmittelbaren Sinnesvergnügen und den subjektiven Geschmacksgewohnheiten abstrahiere. In seinem Aufsatz »Weimarisches Hoftheater« (1802) schreibt Goethe entsprechend über die ästhetische Bildung des Publikums:

»Diese besteht hauptsächlich darin, daß der Zuschauer einsehen lerne, nicht eben jedes Stück sei wie ein Rock anzusehen, der dem Zuschauer völlig nach seinen gegenwärtigen Bedürfnissen auf den Leib gepaßt werden müsse. Man sollte nicht gerade immer sich und sein nächstes Geistes-, Herzens- und Sinnesbedürfnisse auf dem Theater zu befriedigen gedenken; man könnte sich vielmehr öfters wie einen Reisenden betrachten, der in fremden Orten und Gegenden, die er zu seiner Belehrung und Ergötzung besucht, nicht alle Bequemlichkeit findet, die er zu Hause seiner Individualität anzupassen Gelegenheit hatte.«[6]

Die angestrebte ästhetische Distanz des Zuschauers hat mehrere Ebenen: Erstens geht es um ein Distanzieren von der Bühne und mithin der

---

4 Vgl. Peter Heßelmann: *Gereinigtes Theater? Dramaturgie und Schaubühne im Spiegel deutschsprachiger Theaterperiodika des 18. Jahrhunderts (1750–1800)*, Frankfurt a. M. 2002, S. 391–414.
5 Davon zeugt ein Schreiben Goethes an das fürstliche Hofmarschallamt vom 9. Juni 1797, in dem er die genannten polizeilichen Maßnahmen als Prävention gegen die aufrührerischen Jenaer Studenten einfordert. Vgl. Generalintendanz des Deutschen Nationaltheaters 1/2.
6 Johann Wolfgang Goethe: »Weimarisches Hoftheater« (1802), in: *Goethes Sämtliche Werke, Briefe, Tagebücher und Gespräche*, hg. von Friedmar Apel, Frankfurt a. M. 1998, Bd.18, S. 842–850, hier S. 848.

Unmittelbarkeit der Theateraufführung; die schauspielerische Darstellung soll wie ein fremder Ort von einem Reisenden betrachtet werden. Zweitens geht mit dieser Art *Entfremdung* eine Individualisierung des Zuschauers einher. Dieser urteilt nun nicht mehr lautstark im Kollektiv, sondern als Mann mit (gutem) Geschmack.[7] Und drittens geht mit diesem individuellen Geschmacksurteil auch eine Distanzierung von unmittelbar sinnlichen und subjektiven Vorlieben einher, d.h. der Zuschauer soll genau jene ästhetische Haltung entwickeln, die Immanuel Kant in der *Kritik der Urteilskraft* »interesseloses Wohlgefallen« nennt.

Die zitierten Passagen aus drei unterschiedlichen Theaterpublikationen geben damit ein erstes Bild ab, wie es um das Verhältnis von Geschmack und Öffentlichkeit im deutschsprachigen Theater um 1800 bestellt ist: Der Konflikt zwischen dem Geschmack der Masse und dem »Häufchen Kenner« entlädt sich weniger als Disput zwischen diesem und jenem Geschmack. Er betrifft vielmehr die Kollision von zwei grundlegend entgegengesetzten Konzeptionen des Urteilens: einem kollektiven und affektgeladenen Meinen und Richten über Stück und Schauspiel steht die Forderung nach einem ästhetischen Urteil des disziplinierten und distanzierten Zuschauers gegenüber. Aus Sicht der Theaterreformer geht der Bildung des Geschmacks die ästhetische Disziplinierung voraus, aus Sicht des pochenden und pfeifenden Parterres können hingegen die Kunstkenner und Ästheten sowie die für Ruhe und Ordnung sorgende Theaterpolizei lediglich als Spielverderber gelten. Der vorliegende Beitrag versucht, jenes Spannungsverhältnis zwischen unterschiedlichen Urteilskonzeptionen im Theater um 1800 historisch und systematisch einzuordnen. Dabei soll es weniger darum gehen, sich auf die eine oder andere Seite zu schlagen, als vielmehr der beschriebenen Agonistik des Geschmacks ein politisches Moment zuzusprechen, das hinsichtlich einer Theatralität des Urteilens auch heute noch von aktueller Relevanz sein kann.

---

7 Tatsächlich wird in den Aufsätzen des 18. Jahrhundert im Kontext des Geschmacksdiskurses nahezu ausschließlich über den Geschmack von Männern gesprochen, so wie auch die im Parterre anwesenden richtenden Zuschauer in der Regel ausschließlich Männer waren. Auch aus diesem historischen Grund verwende ich in diesem Text bewusst das generische Maskulinum, welches nicht zuletzt auf den blinden Fleck der Frauen im Theater um 1800 hinzuweisen vermag. Über Geschlecht im europäischen Theater des 18. Jahrhunderts siehe auch Beate Hochholdinger-Reiterer: *Kostümierung der Geschlechter. Schauspielkunst als Erfindung der Aufklärung*, Göttingen 2014 sowie Friedemann Kreuder: *Spielräume der Identität in Theaterformen des 18. Jahrhunderts*, Tübingen 2012.

Das Parterre als Richter

Der Begriff *Parterre* taucht im Französischen zu Beginn des 17. Jahrhunderts etwa zeitgleich im Theater und in der Gartenkunst auf, wo er sich jeweils zuerst auf einen architektonischen Ort bezieht. Während in den ersten Pariser Theatersälen das *Parterre* den zentralen Versammlungsort meist stehender Zuschauer vor der Bühne bezeichnet, ist es in Versailles der zentrale Bereich des Gartens vor dem Schloss, der mit ornamentalen Buchsbaumbeeten bepflanzt ist.[8] Diese Parallele ist kein Zufall. Denn tatsächlich sind das Theater und der Garten im barocken Frankreich eng miteinander verwandt. So hat unter anderem Doris Kolesch gezeigt, dass der Garten von Versailles als theatrales Setting dient, in dem die Spaziergänge von Louis XIV. und seinem Gefolge ausgeklügelten Inszenierungen souveräner Macht gleichen, bei denen der König ebenso wie in den Gartenkulissen seines Schlosstheaters die Hauptrolle spielt.[9]

Mit der Etablierung überdachter Theatergebäude in Paris bekommt das Wort *Parterre* jedoch noch eine zweite, metonymische Bedeutung, die sich vom architektonischen Ort löst und sich auf die versammelten Zuschauer selbst bezieht. Die ursprünglich aus Italien importierte Trennung zwischen Logen, Parterre und Galerie entspricht dabei auch in Frankreich und später in Deutschland von Beginn an einer sozialen Distinktion: während auf der Galerie vor allem Studenten und ärmere Stände zuschauen und die Logen vom Adel und gebildeten ›Frauenzimmern‹ gebucht sind, etabliert sich das Parterre ab dem 17. Jahrhundert als Versammlungsort des (männlichen) Bürgertums, für dessen Selbstverständnis im 18. Jahrhundert der Geschmack zunehmend an Bedeutung gewinnt. Als der Herausgeber des Theaterkalenders, Heinrich August Ottokar Reichard 1775 seinen »Versuch über das Parterre« verfasst, attestiert er dem Parterre bereits ein traditionelles Vorrecht der ästhetischen Beurteilung von Stück und Schauspiel:

»Hier ist bloß die Rede von derjenigen Versammlung von Zuschauern, die das Vorrecht hat, über die Aktion des Schauspielers augenblicklich zu urtheilen, ob sie schön oder schlecht sind. Diese Versammlung geschieht nicht in jedem Schauspielhaus an dem Orte, den man das Parterre nennt. In manchen Städten befindet sich das Parterre im moralischen Sinne, da, wo

---

8 Vgl. Ravel, Jeffrey: *The Contested Parterre. Public Theatre and French Political Culture 1680–1791*, Ithaca 1999, S. 68f.
9 Vgl. Doris Kolesch: *Theater der Emotionen. Ästhetik und Politik zur Zeit Ludwig XIV.*, Frankfurt a. M. 2006, S. 105–117.

sich die Personen befinden, die in der öffentlichen Beurtheilung den Ton angeben. Doch sind die einzelnen Fälle bloß Ausnahmen; der Regel nach, haftet dieses Recht an dem architektonischen Parterre.«[10]

Jan Lazardzig hat darauf hingewiesen, dass das Tonangeben hier durchaus wörtlich verstanden werden kann – die Tonangeber pochen oder applaudieren als erste und versuchen durch die Artikulation ihres Urteils den Geschmack der anderen Zuschauenden zu beeinflussen.[11] Laut Schützes satirischem Taschenwörterbuch ist das Parterre dabei auch der Ort, »von wo aus der Direction oder den Spielern nothfalls laute Wahrheit gesagt, ein Stück laut begehrt, das Engagement oder die Abschaffung eines Schauspielgliedes erpocht [...] wird«.[12]

Das Verhalten der ›Männer von Geschmack‹ im Parterre ist somit ein widersprüchliches: einerseits wird in zahlreichen publizierten Artikeln immer wieder davon gesprochen, das Parterre müsse diszipliniert und zur Ruhe gebracht werden, andererseits sind es nicht selten dieselben Autoren, die im Parterre als Tonangeber auftreten, um sich lärmend für den richtigen Geschmack oder gegen die Theaterdirektion einzusetzen.[13]

---

10 Heinrich August Ottokar Reichard: »Versuch über das Parterre«, in: ders.: *Theater Kalender*, Gotha 1775, wiederveröffentlicht in: Hermann Korte; Hans-Joachim Jakob; Bastian Dewenter (Hg.): »*Das böse Tier Theaterpublikum*« Zuschauerinnen und Zuschauer in Theater- und Literaturjournalen des 18. und frühen 19. Jahrhunderts, Heidelberg 2014, S.73–82, hier S. 74.
11 Vgl. Jan Lazardzig: »Ruhe oder Stille: Anmerkungen zu einer *Polizey für das Geräusch*«, in: Meike Wagner (Hg.): *Agenten der Öffentlichkeit. Theater und Medien im frühen 19. Jahrhundert.*, Bielefeld 2014, S. 97–116, hier 114f.
12 Schütze: *Satirisch-ästhetisches Hand- und Taschenwörterbuch*, S. 122.
13 Besonders deutlich wird dies etwa im Fall von Heinrich von Kleist, der als Tonangeber 1810 mit einigen Freunden einen Abbruch des Singspiels *Die Schweizerfamilie* im Berliner Nationaltheaters durch heftiges Pochen und Klatschen verursacht, um zwei Tage später anonym in den von ihm herausgegebenen *Berliner Abendblättern* von eben jenem Theaterskandal in einer Kritik zu berichten. Vgl. Sybille Peters: »Populäre Grazie. Die Theaterfehde der Berliner Abendblätter«, in: Klaus Gerlach (Hg.): *Der gesellschaftliche Wandel um 1800 und das Berliner Nationaltheater*, Berlin 2009, S. 359–374, hier S. 365f. sowie Jan Lazardzig: »Polizeiliche Tages-Mitteilungen: Die Stadt als Ereignisraum in Kleists *Abendblättern*«, in: *Deutsche Vierteljahrsschrift für Literaturwissenschaft und Geistesgeschichte*, Nr. 4, 2013, S. 566–587, hier S. 585f. Satirisch reflektiert wird das Tonangeben des Parterres vor allem auch in Ludwig Tiecks Komödie *Der gestiefelte Kater*, in dem der Kritiker Bötticher schließlich von einem pochenden Parterre von Banausen aus dem Saal vertrieben wird. Vgl. Ludwig Tieck: *Der gestiefelte Kater*. (erste Fassung 1797). III. Akt, 1. Szene, Stuttgart 2001, S. 46.

Urteilende Zuschauer

Dass die Macht des Parterres ob seines kollektiven Richtens berüchtigt war, zeigt sich bereits an französischen Wörterbucheinträgen und Stücken der *Comédie Italienne* des späten 17. Jahrhunderts. So erwähnt Jeffrey Ravel in seinem Buch *The Contested Parterre* die Komödie *Les Chinois*, in der das Parterre als furchterregendes Ungeheuer erscheint.[14] Dabei handelt sich um eine vom Mezzetino dargestellte, allegorische Figur, die viele Köpfe und viele Pfeifen besitzt. Dieses Parterre platzt nun unangekündigt in die Szene und wirft den bisherigen Protagonisten Roquillard sofort zu Boden, um ihn als zentrale Figur auf der Bühne abzulösen:

> UN PORTIER. à Roquillard. Monsieur, il y a là-bas, un gros homme qui fait le diable à quatre pour entrer; il dit qu'il s'appelle le Parterre.
> LE COMÉDIEN FRANÇAIS. Malepeste ! Il faut lui ouvrir la porte à deux battants ; c'est notre père nourricier. Qu'il entre, en payant, s'entend.
> *Le Parterre, habillé de diverses façons, ayant plusieurs têtes, un grand sifflet a son côté et d'autres à sa ceinture.*
> A bas, coquin.
> ROQUILLARD. Le Parterre a le ton impératif.
> LE PARTERRE. à Roquillard. Qui vous fait si téméraire, mon ami, d'usurper ma juridiction? Ne savez-vous pas que je suis seul juge, et en dernier ressort, des comédiens et des comédies?[15]

Ravel vergleicht den Autoritätsanspruch des Parterres mit der Rolle des jungen Ludwig XIV. bei seinen Aufführungen in Versailles, wo er sich als »all-knowing all-seeing, divine-right monarch«[16] in Szene setzte und sich ebenfalls nicht scheute, spontan die Hauptrolle in einem am Hof aufgeführten Stück zu übernehmen. Darüber hinaus kann dieser komödiantische Stoff als ein früher Hinweis für die Rolle des tatsächlichen Parterres dienen, insofern dieses im 18. Jahrhunderts die Funktion des Kunstrichters übernimmt. Das Parterre gilt damit zum einen, wie der *Comedien Français* anmerkt, als »nährender Vater« des Schauspiels, da die im Par-

---

14 Vgl. Jeffrey Ravel: *The Contested Parterre. Public Theater and French Political Culture 1680–1791*. Ithaka 1999, S. 104f.
15 Jean-François Regnard: *Les Chinois*, digital wiederveröffentlicht und hg. von Ernest Gwénola; Paul Fièvre, Paris 2015, auf: http://www.theatre-classique.fr/pages/pdf/DUFRESNYREGNARD_CHINOIS.pdf , S. 42.
16 Ravel: *The Contested Parterre*, S. 106. Versailles ist zugleich gewissermaßen der Herkunftsort des Parterres, denn das Parterre bezeichnet traditionell jenen Teil des französischen Gartens, der direkt vor dem Hauptgebäude des Schlosses platziert ist und auch für Aufführungen von Louis XIV im Garten genutzt wurden. Ebd., S. 69.

terre platzierte Bourgeoisie im zunehmenden Maße die Schauspielhäuser finanziert. Zum anderen wird das Parterre zum erbarmungslosen Richter – »Je suis pas un juge à l'ordinaire«[17], der allein über die Schauspieler und Stücke urteilen darf. So endet *Les Chinois* mit dem vergeblichen Versuch des *Comédien Français*, das Urteil des Parterres, welches sich für die italienischen und gegen die französischen Komödianten ausgesprochen hat, doch noch anzufechten, indem er verzweifelt an das Urteil der Logen appelliert. »O tempora! O mores! J'appelle de ce jugement-là aux loges.« Doch das Parterre antwortet nur trocken »Mes jugements sont sans appel« – die Urteile des Parterres lassen keine Berufung zu.

Dass das erbarmlose Urteil des Parterres jegliche Vernunft vermissen lässt, ist auch Thema von Reichards »Versuch über das Parterre«, der den Richter-Vergleich zum zentralen Thema seines Textes macht. Die fehlende Distanz des Parterres, die bei *Les Chinois* im plötzlichen Eingreifen des Ungeheuers buchstäblich zur Darstellung kommt, wird hier vor allem hinsichtlich der sinnlich-affektiven Beeinflussung der Urteilsbildung kritisiert. So ist es weniger der fehlende Geschmack als vielmehr die fehlenden Voraussetzungen einer ästhetischen Geschmacksbildung, die von Reichard in den Blick genommen werden. Vorbild für die Urteilsbildung des Parterres ist der besonnene Richter, der mit einem ›inneren Sinn‹ zu urteilen vermag. Dass ein solches (Geschmacks)Urteil im Theater kaum möglich ist, liege schon allein am unerträglichen Lärm in den Schauspielhäusern:

»wie kann man [...] von dem Schauspieler urtheilen, wenn durch das Geräusch der Geist des Stücks verscheucht, [...] wenn das Auge nur sieht, was das Ohr nicht gehöret und der innere Sinn nicht empfunden hat? In der That, wir würden sehr mißtrauisch auf das Urtheil eines Richters seyn, der mitten unter der Menge des zudringenden lermenden Volcks, die Anklage, Schutzreden und Beweise der streitenden Partheyen angehöret hätte.«[18]

Statt um eine Gerichtsbarkeit der Bühne, von der Schiller nur wenige Jahre später in Mannheim sprechen wird,[19] geht es in Reichards Aufsatz explizit um eine Gerichtsbarkeit des Parterres. Diese wird nun aber nicht wie bei *Les Chinois* als monströse Autorität gedacht, sondern ist unmittelbar mit einem Bildungsprogramm verknüpft, welches nur die

---

17 Regnard: *Les Chinois*, 2015, S. 43.
18 Reichard: »Versuch über das Parterre«, S. 78.
19 Vgl. Friedrich Schiller: »Was kann eine gute stehende Schaubühne eigentlich wirken?«, in: ders.: *Sämtliche Werke*, Bd. 5, München 1962, S. 818–832, hier S. 822

angemessenen Gefühle, den ›inneren Sinn‹ beim Zuschauer ausbilden soll. So sehr Reichard also dem Parterre ein gewisses Vorrecht zu urteilen, einräumt und sogar einen »Codex der Rechte des Parterres« fordert, zu denen er etwa das Herausrufen und Applaudieren, aber auch die Mitbestimmung für Besetzung und Spielplan zählt,[20] so wenig behagt ihm wiederum ein lärmendes und sich emotional ansteckendes Parterre, welches kaum den Abstand und die Ruhe hat, das Schauspiel auf sich wirken zu lassen, um zu einem angemessenen und gerechten Urteil zu kommen:

»Ein Richter muß ein fester entschlossener Mann seyn, offenen Kopf muß er haben und durchdringenden Geist. Es kommen ihm so viel schöne Gestalten vor, die mit süssem Lächeln und Thränen ihre Augen waffnen. Er kann sie immerhin empfinden, aber er muß dieser Empfindung mit Eisen und Stahl den Weg nach dem Gehirn versperren. Gestalt Thränen, Lächeln, sind ja keine Kennzeichen der Unschuld und des Rechts. Er kann dem Mädchen sagen: deine Stimme, deine Thränen, Dein Lächeln, Dein Wuchs, alles ist süß, alles rührt mich;—aber Du hast doch gesündiget!«[21]

Der Konflikt um die angemessene Haltung des Zuschauers prägt somit bereits einige Jahrzehnte vor Goethes Intendanz in Weimar oder Kants dritter Kritik die ästhetischen Debatten um das Theater. Als Richter verkörpert das Parterre dabei gewissermaßen zwei vollkommen unterschiedliche, sich gegenseitig ausschließende Figuren, die den bereits oben skizzierten Gegensatz zweier Urteilskonzeptionen widerspiegeln: ein pfeifend-stampfendes Ungeheuer wie bei *Les Chinois* einerseits, das seinen Willen rücksichts- und erbarmungslos gegen alle rationalen Einwände durchsetzt und ein besonnen und vernünftig urteilender Richter andererseits, der sich weder von seinen Sinnen noch von seinen Emotionen beirren lässt, um zu einem gerechten Urteil zu kommen. Zwischen diesen beiden Extremen bewegt sich der Streit um den Geschmack, der sowohl im Parterre selbst als auch in den zeitgenössischen Texten über das Parterre zur Aufführung kommt.

---

20 Reichard: »Versuch über das Parterre«, S. 82.
21 Ebd., S. 79.

Ästhetische Gleichheit vs. ästhetische Polizey

Ludger Schwarte weist in seinem philosophischen Essay *Vom Urteilen* daraufhin, dass die Entstehung der Kunstkritik in Frankreich mit einem Anspruch von Gleichheit und Öffentlichkeit des ästhetischen Urteils einhergeht.[22] So tritt der Kunstkritiker Etienne La Font Saint-Yenne Mitte des 18. Jahrhunderts im Namen des Publikums auf und vergleicht das Beurteilen der Kunstwerke im Louvre mit dem Urteilen des Parterres über ein Theaterstück: »Un Tableau exposé est un Livre mis au jour de l'impression. C'est une pièce representée sur le théâtre: chacun a le droit d'en porter son jugement.«[23] Dieser Anspruch einer Gleichheit ästhetischer Urteile entspricht der Konzeption des ästhetischen Regimes bei Jacques Rancière, der dieses als eine neue, im 18. Jahrhundert entstehende, sinnliche Ordnung der Kunst beschreibt, nach der Hierarchien sowohl auf Seiten der Werke und Sujets als auch auf Seiten der Rezeption außer Kraft gesetzt und durch die Indifferenz ästhetischer Gleichheit ersetzt werden:

»Nur in diesem Regime existiert die Kunst als solche, und nicht mehr einfach die Künste oder die schönen Künste, nur in diesem Regime hat die Kunst eine Geschichte (die sich von den Leben berühmter Künstler unterscheidet) und eigene Institutionen: Die Statue eines griechischen Gottes, eine Darstellung der Kreuzigungsszene, ein Königsporträt oder eine flämische Wirtshausszene unterstehen im Museum alle der gleichen, indifferenten Betrachtung der ursprünglichen Zielsetzung der Werke und der Ausarbeitung ihrer Sujets; die Musik gibt sich im Konzertsaal einfach als Musik, ohne Zusammenhang mehr zwischen einer künstlerischen Normativität und einer hierarchischen Aufteilung des Sinnlichen.«[24]

Während diese neue ästhetische Betrachtung von Kunst und die daran geknüpfte Konzeption ästhetischen Urteilens somit allmählich die Vorstellung einer Gleich-gültigkeit des Ästhetischen etablieren,[25] zielen zur gleichen Zeit zahlreiche Debattenbeiträge von Theater- und Kunstkritikern darauf, jene egalitären Ansätze von Ästhetik mit moralischen

---

22 Ludger Schwarte: *Vom Urteilen*, Berlin 2012, S. 117.
23 Zit. n. ebd.
24 Rancière: *Ist Kunst widerständig?*, Hg. und übers. von Frank Ruda und Jan Völker, Berlin 2008, S. 41.
25 Siehe auch Jacques Rancière: »Was bringt die Klassik auf die Bühne?«, in: Felix Ensslin: *Spieltrieb*, Berlin 2006, S. 23–38, hier S. 25f.

und disziplinarischen Maßnahmen zu durchkreuzen. Genau dies ist das Paradox des ästhetischen Regimes, das Rancières Überlegungen weitgehend außer Acht lassen: Der Anspruch ästhetischer Freiheit und ästhetischer Gleichheit geht um 1800 häufig mit Forderungen nach einer ästhetischen Disziplinierung einher, welche zwar jeder Person prinzipiell ein Recht ästhetischen Urteilens einräumt, die Bildung des Geschmacks jedoch zugleich an das Einüben in die *richtige* Haltung und den *richtigen* Geschmack knüpft, wobei im Theater insbesondere das Parterre als Schule eines solchen Geschmacks fungieren soll.

Niemand hat diesen ästhetischen Bildungsanspruch so explizit formuliert wie Friedrich Schiller, der zugleich als wichtigster Gewährsmann für Rancières ästhetische Theorie gelten kann. Doch gerade bei Schiller finden sich Anzeichen des genannten Widerspruchs, der bereits der doppelten Zielsetzung ästhetischer Erziehung – der Ausbildung des Spieltriebs einerseits, dem Streben nach der Utopie eines ästhetischen Staates andererseits – eingeschrieben ist. Dass mit der Ausbildung des Spieltriebs auch und vor allem die Urteilskraft gemeint ist, zeigt sich etwa in Schillers Anmerkung, der Spieltrieb würde »in seinen ersten Versuchen noch kaum zu erkennen seyn«, wenn er als »rohe[r] Geschmack das Neue und Überraschende, das Bunte, Abentheuerliche und Bizarre, das Heftige und Wilde«, alles, »was ihn aufregt, was ihm Stoff giebt« suche.[26] Dieser freien Suche stehen andererseits regelhafte Ausführungen zum ästhetischen Urteil wie etwa in den *Kallias*-Briefen gegenüber, die mit ihren zahlreichen Beispielen aus der Tier- und Pflanzenwelt bishin zur Mode, der Garten- und Töpferkunst fast schon wie ein Lehrbuch angemessenen ästhetischen Urteilens anmuten.[27]

Die Schulung des Geschmacks kann auch bei Schiller auf Regeln und Disziplin nicht vollends verzichten, weshalb die ästhetischen Erziehung auch nicht auf eine ästhetische Anarchie, sondern auf die Einrichtung eines ästhetischen Staates zielt. Aus dem revolutionären Autor der *Räuber* ist im Zuge seiner Verbitterung über die Folgen der französischen

---

26 Friedrich Schiller: *Über die Ästhetische Erziehung des Menschen*, Stuttgart 2000, 27. Brief, S. 118.
27 So erklärt Schiller etwa, dass eine Ente trotz ihrer geringeren Masse weniger schön sei als ein Pferd, da dieses sich mit Leichtigkeit der Schwerkraft widersetze. Bei Bäumen wiederum habe die Schönheit etwas mit der Natur ihres Wuchses zu tun. So sei eine Eiche schön, wenn sie gekrümmt sei, eine Pappel jedoch müsse gerade in die Höhe wachsen, es sei denn die Pappel wurde vom Winde gebogen, »so finden wir dies wieder schön, weil sie durch ihre schwankende Bewegung ihre Freiheit äußert.« Friedrich Schiller: *Kallias oder Über die Schönheit*, in: Schiller: *Sämtliche Werke*, Bd. 5, S. 394–434, S. 420.

Revolution ein liberaler Befürworter staatlich-souveräner Führung geworden. »Es waren also nicht freye Menschen, die der Staat unterdrückt hatte, nein, es waren bloß wilde Thiere, die er an heilsame Ketten legte« schreibt Schiller dem Augustenburger am 13. Juli 1793.[28] Schillers Entsetzen über das entfesselte, tobende Volk spiegelt sich auch in seinen späteren Dramen wider. So wird in »Maria Stuart« (1799) der Königin Elizabeth berichtet, dass nur das Haupt der Stuart den »wütenden Pöbel« noch beruhigen könne. Und auch in der »Jungfrau von Orleans« ist es das Volk, das sich gegen Johanna wendet.[29] In beiden Fällen erscheint dieses als verrohter, wütender Haufen, den allein die zur Schau gestellte Gewalt beruhigen kann. Ein vernünftiges Urteil ist von ihm kaum zu erwarten, ganz wie ein Sprichwort Goethes es zum Ausdruck bringt: »Zuschlagen muß die Masse, / Dann ist sie respektabel / Urteilen gelingt ihr miserabel.«[30] So erscheint die Utopie des ästhetischen Staates am Ende des 27. Briefs dann auch weniger als ästhetische Revolution des Volkes denn als eine Art Top-Down-Bildungsprogramm: »Dem Bedürfnis nach«, so Schiller, existiere der ästhetische Staat bereits in jeder »fein gestimmten Seele«, obschon man diese – so der entscheidende Nachsatz – wohl nur »in einigen auserlesenen Zirkeln« finden kann.[31] Joseph Vogl hat in diesem Sinne angemerkt, dass Schillers »Staatsbegehren« als regulatorisches Prinzip zugleich »das Pseudonym einer politischen Funktion ist, die an anderer Stelle schlicht Polizey heißt.«[32] Christoph Menke schlägt in dieselbe Kerbe, wenn er die berühmte Szene des *Don Karlos* beschreibt, in welcher der Marquis von Posa sich mit der »ans Parodistisch grenzende[n] Forderung« »Geben Sie Gedankenfreiheit!« vor König Philipp zu Boden wirft. Schillers ästhetische Erziehung richte sich offenbar nicht

---

28 Ebd., S. 138.
29 So berichtet Fastolf dem englischen Anführer Lionel in ganz ähnlichen Worten wie der Graf von Kent in der Maria Stuart: »Das Volk ist länger nicht zu bändigen./ Sie fodern wütend, daß die Jungfrau sterbe./ Ihr widersteht vergebens. Tötet sie,/ Und werft ihr Haupt von dieses Turmes Zinnen,/Ihr fließend Blut allein versöhnt das Heer/ Sie setzen Leitern an, sie laufen Sturm!/ Befriediget das Volk. Wollt Ihr erwarten,/ Bis sie den ganzen Turm in blinder Wut/ Umkehren und wir alle mit verderben?«, Friedrich Schiller: »Johanna von Orleans«, in: *Sämtliche Werke*, a. a. O., Bd. 2, S. 688–812, V. Akt, 9. Auftritt, S. 803.
30 Johann Wolfgang von Goethe: »Sprichwörtliches«, in: *Berliner Ausgabe. Poetische Werke* Bd. 1, Berlin 1960, S. 431–463, hier S. 450.
31 Friedrich Schiller: *Über die Ästhetische Erziehung des Menschen*, Stuttgart 2000, S. 123.
32 Joseph Vogl: »Ästhetik und Polizey«, in: Felix Ensslin (Hg.): *Spieltrieb*, S. 101–111, hier S. 106.

gegen den politischen Souverän, sondern schreibe »die souveräne Herrschaft lediglich fort[...], gegen die sie sich wendet.«[33]

So ist es nur konsequent, dass Goethe und Schiller auch am Weimarer Hoftheater anstatt *gegen* die höfische Gesellschaft anzutreten, auffallend eng mit dem Herzog Carl August von Weimar kooperieren. Dies betrifft umso mehr die Intendanz von Goethe, wie Birgit Himmelseher gezeigt hat. So diene die bevorzugte Wahl von Historiendramen wie *Götz von Berlichingen* oder *Wallenstein* für den Spielplan auch als Stärkung für das deutsche Identitätsgefühl sowie als »Blitzableiter in Zeiten politisch-sozialer Spannungen«[34], um die Zuschauer »zu mündigen Menschen innerhalb eines Staates«[35] zu erziehen.

Dass die ästhetische Erziehung auch in der Weimarer Theaterpraxis weniger egalitär als vielmehr elitär angelegt ist, zeigt sich schon allein an der Sitzordnung im Hoftheater, wo Goethe nach dem Umbau (1798) während der Vorstellungen auf einem erhöhten Lehnstuhl einer Parterreloge Platz nimmt, wobei er offenbar nicht selten versucht, durch Kommentare oder Gesten Einfluss auf die Reaktionen und den Geschmack des Publikums zu nehmen. Denn mit ihrer experimentellen Bühnenästhetik, welche u.a. die Wiedereinführung der Verstragödie sowie den Einsatz von Masken und des Chores betrifft, stoßen Goethe und Schiller bisweilen auf Unverständnis der Zuschauer. So handelt eine der zweifellos berühmtesten Anekdoten davon, dass der Intendant Goethe während der Aufführung der Schlegel-Tragödie *Alarkos* das Publikum mit dem Ausruf »Man lache nicht!« zur Ruhe und Ordnung im Schauspielhaus ermahnt. Dieser Appell Goethes ist insofern bemerkenswert, als er nicht nur zeigt, wie ästhetischer Anspruch und Disziplinierung des Publikums in Weimar einander bedingen, sondern auch eine Ahnung vermittelt, auf welche Weise das Parterre als ein Ort der Aushandlung von Normen und Konventionen ästhetischen Urteilens sowie des Verhältnisses von Urteil und Affekt fungiert. Das, was Goethe mit dem Lachverbot einfordert, zielt im Grunde auf eine polizeiliche Variante ästhetischen Urteilens im kantischen Sinne, mithin ein interesseloses Wohlgefallen, das sich von den unmittelbaren Affekten und der Ansteckung im Publikum durch Affektkontrolle distanziert.

---

33 Christoph Menke: »Vom Schicksal ästhetischer Erziehung«, in: Felix Ensslin (Hg.): *Spieltrieb* Was bringt die Klassik auf die Bühne?, Berlin 2006, S. 58–70, hier S. 66.
34 Birgit Himmelseher: *Das Weimarer Hoftheater unter Goethes Leitung: Kunstanspruch und Kulturpolitik im Konflikt*, Berlin/New York 2010, S. 75.
35 Ebd. S. 68.

In einem Schreiben der Generalintendanz aus dem Jahr 1801 widmet sich Goethe mit den folgenden Worten an die Abonnenten:

»Verschiedene unangenehme Ereignisse des vorigen Jahres veranlassen die Direction gegenwärtig zu erklären: daß niemand, weder durchs Abonnement, noch durch Zahlung an der Thüre, das Recht erhält, sich nach Willkühr im Schauspielhauße zu betragen; vielmehr muß sich derjenige der es betritt überzeugen daß er in gute Gesellschaft aufgenommen wird [...]. Man verbittet sich daher, ausdrücklich, alles Unanständige, z.B. das Auslachen des Acteurs, unmäßiges Klatschen, das durch Pochen bezeigte Missfallen, das Zischen indes andere applaudieren, das lärmende Gespräch in den Zwischenacten und überhaupt alles was die gute Sitte einem jeden untersagt der mit höhern, oder mit seines gleichen, sich irgend wo zusammen befindet.«[36]

Der mahnende Appell an die Zuschauer zeugt von dem Konflikt, der sich zwischen unterschiedlichen Funktionen des Theaters aufspannt und holzschnittartig als Kollision zwischen ästhetischem Versprechen und sozialem Raum der Aufführung konturiert werden kann. Um den Anspruch ästhetischer Freiheit und Gleichheit gerecht zu werden, wird eine ästhetische Polizey installiert, die sowohl für eine Dämpfung der Affekte als auch für die Bildung des richtigen Geschmacks zu sorgen hat. Die Polizey sorgt dafür, dass das widerständige Handeln in ein sublimiertes ästhetisches Urteilen, die Aktion in Kontemplation verwandelt wird. Der Gemeinschaft des lachenden und richtenden Parterres steht das ästhetische Urteil des sittlichen Kenners gegenüber, der auch entgegen seiner Geschmacksgewohnheiten und Interessen danach strebt, wie »ein Reisender an fremden Orten und Gegenden«, das freie Spiel der Erkenntniskräfte zu entfalten.[37]

---

36 Johann Wolfgang Goethe: Einladung zum Abonnement der Generalintendanz, 18. September 1801. GI des Deutschen Nationaltheaters. Thüringesches Hauptstaatsarchiv Weimar, A 10268, Bl. 12.
37 Johann Wolfgang Goethe: »Weimarisches Hoftheater« (1802), in: *Goethes Sämtliche Werke, Briefe, Tagebücher und Gespräche*, hg. von Friedmar Apel, Frankfurt a. M. 1998, Bd.18, S. 842–850, hier S. 848.

Urteilende Zuschauer

Die Theatralität des Urteilens

In ihren Kant-Vorlesungen an der New School (1970) hat Hannah Arendt auf die politische Bedeutung des Gemeinsinns hingewiesen und vorgeschlagen, die *Kritik der Urteilskraft* im Hinblick auf eine politische Philosophie Kants neu zu interpretieren. Dabei durchzieht ihre Rede in auffallender Weise eine Theatermetaphorik, die Urteilen und Zuschauen miteinander verschränkt. Im Zentrum der Überlegungen steht damit nicht zufällig dieselbe Figur vom Zuschauer als Richter, die bereits Reichard im 18. Jahrhundert faszinierte. Arendt bemüht die Zuschauermetapher zunächst für eine grundlegende Unterscheidung zwischen Urteilen und Handeln: Wer urteilen will, müsse eine Distanz zum Geschehen einnehmen und es aus der Sicht eines unbeteiligten Zuschauers betrachten. Jene distanzierte, interesselose Haltung sei es, die das ästhetische mit dem politisch-historischen Urteil verbinde. Als Beispiel des idealen Zuschauers dient Arendt dabei Kant selbst: Nur als Zuschauer habe der Philosoph die Revolution im weit entfernten Paris als großes Ereignis der Menschheitsgeschichte begreifen können, obwohl er die revolutionären Handlungen für moralisch verwerflich hielt.[38] Nur als unparteilicher Zuschauer könne der Mensch jenen interesselosen Blick auf die Geschichte richten, anstatt nur auf einzelne Handlungen und Erlebnisse. »Den Vorteil, den der Zuschauer hat,« so Arendt, »ist, daß er das Spiel als ein Ganzes sieht, während jeder Akteur nur seine Rolle kennt oder, wenn er aus der Perspektive des Handelns urteilen soll, nur den Teil des Ganzen, der ihn betrifft. Der Akteur ist per definitionem parteilich.«[39] Demzufolge sei der Rückzug aus der direkten Beteiligung »eine conditio sine qua non allen Urteils«.[40] Dieser Rückzug ist allerdings nicht als ein Rückzug in ein privatisiertes Urteil zu verstehen. Denn anders als das Genie sei der Zuschauer immer in der Mehrzahl. »Der Zuschauer ist nicht mit dem Akt, aber immer mit den Mit-Zuschauern verbunden«.[41] Das Geschmacksurteil des einzelnen ist daher nach Arendt immer schon an die Mitteilbarkeit und die möglichen Urteile anderer Zuschauer gebunden, der Gemeinsinn verknüpft mithin Geschmack und Öffentlichkeit.

Stellt man Arendts Metapher des urteilenden Zuschauers dem Theaterzuschauer zu Kants Lebenszeit gegenüber, so lässt sich ein gewisser Anachronismus kaum übersehen: Denn offenbar urteilt Kant ja gerade

---

38 Hannah Arendt: *Das Urteilen*, München 2012, S. 85.
39 Ebd., S. 107.
40 Ebd., S. 87.
41 Ebd., S.99.

nicht wie ein Theaterzuschauer seiner Zeit, sondern vielmehr wie jener besonnene Richter, der von Reichard und anderen Theaterreformern zwar gefordert wird, der sich aber selbst mit polizeilichen Mitteln kaum als Zuschauernorm durchsetzen lässt. Aus theaterhistorischer Sicht liegt es daher nahe, Arendts Perspektive umzudrehen: Nicht der Zuschauer dient als Modell für die Unparteilichkeit und Distanz, die Arendt Kants Urteil über die Revolution attestiert. Vielmehr ist es umgekehrt die ästhetische Theorie des 18. Jahrhunderts, welche das Modell eines distanziert urteilenden Zuschauers überhaupt erst ermöglicht. Das Parterre im Theater um 1800 jedenfalls kennt die von Arendt konstatierte Unterscheidung zwischen Urteilen und Handeln nicht, indes fallen Urteilen und Handeln hier in der Artikulation des Urteils in eins. Während das Bemerkenswerte an Kants politischer Philosophie laut Arendt darin besteht, ausgerechnet dem Urteil des passiven Zuschauers eine zentrale politische Funktion hinsichtlich der Herstellung von Öffentlichkeit und dem Fortschritt der Menschheit zuzuweisen, drehen sich die Konflikte im zeitgenössischen Theater um die angemessene Haltung, die der urteilende Zuschauer allererst zu erlernen hat.

Nach Arendt muss hingegen das ästhetische Geschmacksurteil als Grundlage eines urteilenden Denkens betrachtet werden, dem ein universeller, gemeinschaftsstiftender Anspruch innewohnt. Denn mit dem *Sensus Communis* bei Kant werde das Geschmacksurteil als »erweiterte Denkungsart« konzipiert, d.h. als Vermögen, das eigene Urteil in Bezug auf andere mögliche Urteile im Sinne einer ›allgemeinen Stimme‹ zu reflektieren. Somit zeige sich paradoxerweise gerade an der Subjektivität des Geschmacks eine Intersubjektivität und Kollektivität des Urteilens, die sich auf die Geselligkeit der Menschen gründe: »Wenn man urteilt«, so Arendt, »urteilt man als Mitglied einer Gemeinschaft«.[42]

Dass diese kollektive Dimension des Urteilens etwas ganz anderes meint als die kollektive Urteilspraxis des Parterres, liegt auf der Hand, ist hier doch keineswegs von einer Gemeinschaft *in situ*, sondern von einer imaginären oder, mit Gadamer gesprochen, einer »idealen Gemeinschaft« die Rede.[43] Der dem ästhetischen Urteil inhärente Gemeinsinn richtet sich folglich an ein imaginäres und universelles Publikum oder, wie Kant schreibt, an die »gesamte Menschenvernunft«.[44] Aus dieser Konzeption des Gemeinsinns heraus schlägt Arendt vor, das ästhe-

---

42 Ebd., S. 112.
43 Hans-Georg Gadamer: *Wahrheit und Methode. Grundzüge einer philosophischen Hermeneutik*, Tübingen 1960, S. 43.
44 Vgl. Immanuel Kant: *Kritik der Urteilskraft*, §40.

sche Urteil als Grundlage jedes wahren Urteilens zu begreifen, das heißt eines Urteilens, das gleichermaßen unparteiisch und interesselos ist und gemäß der erweiterten Denkungsart sowohl subjektiv als auch reflexiv operiert.

Im hier erörterten Kontext zeigt Arendts Theorie somit, dass prinzipiell zwischen zwei Arten theatraler Gemeinschaften des Geschmacks unterschieden werden kann: zum einen legen die erörterten historischen Beispiele dar, auf welche Weise ein konkret anwesendes Publikum eine gemeinschaftsstiftende Kraft aus den Dynamiken der Ansteckung und der Macht kollektiver Geschmacksartikulation gewinnt. Zum anderem kann mit Arendt das Urteilen im ästhetischen Regime auf das Denken einer idealen Gemeinschaft bezogen werden, wobei hier das Geschmacksurteil von partikularen Interessen und subjektiven Gewohnheiten absieht und sich stattdessen an ein imaginäres Publikum richtet. Beide Gemeinschaften verknüpfen Geschmack und Öffentlichkeit, beide können als theatrale Gemeinschaften bezeichnet werden. Beide Gemeinschaften sind zudem, historisch betrachtet, von einer ethisch-politischen Ambivalenz gekennzeichnet, wie nicht zuletzt die Ausführungen zur ästhetischen Polizey zeigen konnten.

Betrachtet man das gemeinschaftsstiftende Moment des Geschmacksurteils hingegen aus einer systematischen Sicht, so fällt auf, dass gerade das begründungslos richtende Publikum keineswegs einer bestimmten Epoche zugeordnet werden kann. So warnt bereits Platon vor einer populistischen Urteilspraxis, wenn er seinen demokratiefeindlichen Staatsentwurf mit dem Verhalten der Sophisten im Theater begründet:

>»Wenn sie beisammen sitzen in großer Zahl in der Volks- oder Gerichtsversammlung, im Theater, im Feldlager oder sonst bei einer Ansammlung einer großen Masse und unter viel Lärm Worte und Taten loben oder tadeln, beides übertreibend, unter Schreien und Klatschen; und dazu widerhallen die Felsen des Versammlungsortes und verdoppeln den Lärm des Tadels und Lobes. [...] Muß man da nicht zur selben Meinung über Schön und Häßlich kommen wie die Masse, dasselbe Ziel sich setzen und werden wie sie?«[45]

Zweifellos liegt den Maßnahmen zur Zuschauerdisziplinierung um 1800 eine ähnliche Angst wie jene Platons vor der Theatrokratie zugrunde, vor der Macht einer schreienden und klatschenden Menge, welche ihr Urteil ohne Rücksicht auf andere als pfeifendes Ungeheuer artikuliert.

---

45 Platon: *Der Staat*, 492b/c.

Und auch heute sind uns Debatten über die skrupellose Macht eines begründungslos richtenden Publikums äußerst vertraut – weniger in Bezug auf das Theater als auf das *doing opinion* in digitalisierten sozialen Netzwerken, wobei offensichtlich gerade die kollektive Beschimpfung im Internet zu ähnlichen Dynamiken der Ansteckung wie im Parterre des 18. Jahrhunderts führt.[46]

Leitet man somit das gemeinschaftsstiftende Moment ästhetischen Urteilens nicht allein von Arendts Begriff des Gemeinsinns ab, sondern bezieht es zugleich auf die kollektive Urteilspraxis eines interessegeleitenden Publikums, so zeigt sich, auf welche Weise diese sich prinzipiell widersprechenden Gemeinschaftskonzeptionen im Sinne einer Theatralität des Urteilens gewinnbringend perspektiviert werden können. Denn das ist es, was wir aus der platonischen Demokratie- und Theaterfeindlichkeit lernen müssen: Es gibt keine gute oder schlechte Gemeinschaft des Geschmacks, es gibt auch kein gutes oder schlechtes Publikum. Vielmehr beruht die Ansteckung des richtenden Parterres auf derselben Geselligkeit, die auch dem interesselosen ästhetischen Urteil zugrunde liegt. Die beiden konfligierenden Urteils- respektive Gemeinschaftskonzeptionen sind keine Alternativen, sondern zwei Seiten derselben Medaille.

Von einer Theatralität des Urteilens zu sprechen, heißt daher nicht, sich für eine der beiden Konzeptionen zu entscheiden. Vielmehr sollte es darum gehen, den im ästhetischen Urteilen angelegten Konflikt *als* Theatralität des Urteilens in den Blick zu nehmen. Auch die politische Dimension ästhetischen Urteilens wäre demnach weder allein auf Seiten des *Sensus Communis* noch auf Seiten eines widerständigen Richtens des »bösen Tier[s] Theaterpublikum«[47], sondern in der Agonistik des Geschmacks zu verorten, die den Streit zwischen einer kollektiven Artikulation partikularer Interessen und dem allgemeinen Anspruch eines interesselosen Wohlgefallens eine Bühne gibt.[48] Das Theater um 1800 kann diesbezüglich als historisches Paradigma einer solchen Agonistik dienen.

---

46 Siehe dazu auch Isabelle Graw: »Le goût, c'est moi. Überlegungen zum Geschmack«, in: *Texte zur Kunst*, Nr. 75, Berlin 2009, S. 54–67.
47 Vgl. Korte; Jakob; Dewenter: »*Das böse Tier Theaterpublikum*«.
48 Vgl. hierzu meine Ausführungen in: »Der Streit um die Bühne: Theatralität im politischen Denken Jacques Rancière«, in: Martin Doll; Oliver Kohns (Hg.): *Die imaginäre Dimension der Politik*, München 2014, S. 229–256, insbesondere S. 254–256.

Meike Wagner

Medialer Agon und Kunsturteil

Die Theaterpolemik des Moritz Saphir[1]

Wolfgang Menzel urteilte im Jahr 1836 über den Journalisten und Theaterkritiker Moritz Gottlieb Saphir:

»Seine Phantasie ist sehr reich, seine gute Laune unerschöpflich. An Wortwitz hat ihn wohl Keiner übertroffen. Wenn er nur niemals Wien verlassen hätte, wenn er nur nicht in die Theater-Polemik von Berlin und München verwickelt worden wäre. Dieß hat ihn in Lagen gebracht, in denen er seine schwächere Seite blosgeben und Inconsequenzen begehen mußte, die zum Hasse Derer, die sein Witz beleidigt hatte, noch eine Geringschätzung hinzufügte, die nicht immer unverdient war.«[2]

Was sich zunächst wie eine etwas herablassende Beurteilung eines irgendwie auffälligen aber doch wegen einer offensichtlichen »Gesinnungsschwäche« nicht allzu hochgeschätzten Kollegen liest, entpuppt sich bei genauerem Hinschauen als interessante Beschreibung eines Zeitphänomens. Zu Saphirs Gunsten führt Menzel zunächst dessen Sprachgefühl und mitreißende Ausdrucksformen an, dann verurteilt er ihn allerdings, weil er sich polemisch mit den Theatern in Berlin und München auseinandergesetzt habe. Für einen Theaterkritiker scheint das aus heutiger Sicht doch geradezu ein Qualitätsausweis zu sein, während Menzel 1836 Hass und Geringschätzung als Konsequenzen der Theaterpolemik rechtfertigte. Saphir hat mit Witz und Satire polemisiert und damit schlechtes

---

1 Eine bearbeitete Kurzform dieses Beitrages wurde bereits veröffentlicht unter dem Titel »Theater – Kritik – Agon. Die ›erweiterte Denkungsart der medialen Öffentlichkeit‹«, in: Olivia Ebert; Eva Holling; Nikolaus Müller-Schöll; Philipp Schulte; Bernhard Siebert; Gerald Siegmund (Hg): *Theater als Kritik. Theorie, Geschichte und Praktiken der Ent-Unterwerfung*, Bielefeld 2018, S. 365–374.
2 Wolfgang Menzel: *Die deutsche Literatur*, Bd. 4, Stuttgart 1836, S. 73.

Benehmen an den Tag gelegt, das in der Folge abgestraft wird – so sieht es der Zeitgenosse.[3] Entscheidend für Saphirs Beurteilung ist die fehlende gesellschaftliche Einbettung, die ihn in eine »ungesicherte Existenz« gebracht habe.[4] Saphir war als zugereister, böhmischer Jude in Berlin in einer Außenseiterrolle. Einer rein auf biographische Fakten gestützten Einordnung von Saphir in Berlin muss allerdings seine journalistische Tätigkeit und Funktion in einer sich neuformierenden Öffentlichkeit entgegengehalten werden. Saphir hat sich für einen Theater-Journalismus neuen Typs engagiert. Für die Berliner Öffentlichkeit der 1820er Jahre stellte er damit offensichtlich ein Problem dar. Im Kern der Kontroverse um Saphirs Journalismus und seine Theaterkritiken steht seine Abweichung von den Diskurs-Modi der »Geselligkeit«, die in Weiterentwicklung von Kants Konzeption der Urteilskraft ein gesellschaftlich sanktioniertes Kommunikationsmodell realisierten. Saphirs agonale Medienkonzeption – er sah seine publizistischen Beiträge als Teil von öffentlich geführten Auseinandersetzungen – lässt sich auf den ersten Blick kaum mit der Kantischen Version einer »erweiterten Denkungsart« verbinden, die mit einem harmonisierenden Diskurs einhergeht.

»Erweiterte Denkungsart« vs. Agon der Öffentlichkeit

Um 1800 stellt die Verbürgerlichung der Öffentlichkeit eine gesellschaftliche Herausforderung dar. Neue Medienentwicklungen und die Bereitstellung nicht-hierarchisierter Kommunikationsformen ermöglichten eine größere Teilnahme der Bürger an öffentlichen Diskursen. Die ökonomische und technische Expansion des Pressewesens, die in Deutschland erst in den Napoleonischen Kriegen an Dynamik gewann und sich deutlich an Frankreich und England orientierte, erzeugte großen Druck auf die Regulierungssysteme der Öffentlichkeit. Journalisten, Literaten und quasi aus der zweiten Reihe auch Theatermacher traten mit dem Anspruch auf Teilhabe in die politische Öffentlichkeit. Im Kern der öffentlichkeitspolitischen Auseinandersetzungen stand hier der Konflikt

---

3 Aber das sei zu entschuldigen durch seine Lage. Welche Lage ist denn hier angesprochen? Die gesellschaftliche Außenseiterrolle Moritz Saphirs als zugewanderter böhmischer Jude, die prekäre Rolle in der Öffentlichkeit als ›gesinnungsloser‹ Journalist und Intellektueller? Oder gar beides zusammengenommen: die Position Saphirs als nicht-preußischer jüdischer Journalist?
4 Vgl. Menzel: *Die deutsche Literatur*, S. 74.

zwischen einem traditionellen Medienkonzept, das Zeitung und Theater in das hierarchische Kommunikationsgefüge eingebettet sah, und einer Idee von Kommunikation als selbstregulierendes System von öffentlichen Stimmen und Positionierungen verstand. Theater und Zeitung stellten in letzterer Konzeption Plattformen freier öffentlicher Äußerungen dar, welche nicht durch strenge Kontrolle in Grenzen gehalten werden sollten, sondern durch öffentliche Gegenäußerungen reguliert wurden.

Um die Konflikte in einer solchen Medien- und Öffentlichkeitskonfiguration zu durchdringen erscheint es notwendig zu Immanuel Kants Idee von Öffentlichkeit im Zusammenhang mit seiner Konzeption der ästhetischen Urteilskraft und des *sensus communis* zurück zu gehen. Kant prägt maßgeblich den Diskurs seiner Zeit um Kommunikation, Gesellschaft und politische Gemeinschaft, und legt damit auch eine Basis für die Einschätzung »neuer« Medienentwicklungen – und auch des »neuen« Theaterjournalismus.

Kant positioniert die Urteilskraft als Mittlerin zwischen dem erkennenden Verstand und der reflektorisch-spekulativen Vernunft. Die ästhetische Urteilskraft drückt sich im Geschmacksurteil aus. Seine Formel des »interesselosen Wohlgefallens« und die Bestimmung des Schönen als harmonische Form des Zweckfreien war auch leitend für die Konzeption der idealistischen Kunstautonomie der Zeit.[5] Das Geschmacksurteil zielt in diesem Sinne nicht auf einen Begriff, sondern bleibt bei der Möglichkeit der Erkenntnis und eröffnet damit ein freies Spiel der Erkenntniskräfte.[6] Im Abwägen der ästhetischen Urteils beginnt eine Vermittlung zwischen dem unmittelbaren »subjektiven« Gefühlseindruck und allgemein herrschenden »objektiven Werten«. Geschmacksurteile »müssen [...] ein subjektives Prinzip haben, welches nur durch Gefühl und nicht durch Begriffe, doch aber allgemeingültig bestimme, was gefalle oder mißfalle.«[7] Die Voraussetzung für das ästhetische Urteil als reflektorische Vermittlung zwischen subjektivem und objektivem Prinzip ist der gemeinschaftliche Sinn *(sensus communis)*:

»Unter dem sensus communis aber muß man die Idee eines gemeinschaftlichen Sinnes, d.i. eines Beurteilungsvermögens verstehen, welches in seiner Reflexion auf die Vorstellungsart jedes anderen in Gedanken *(a priori)*

---
5 Vgl. Immanuel Kant: *Kritik der Urteilskraft*, hg. von Karl Vorländer, Hamburg 1993, S. 77: »Schönheit ist Form der Zweckmäßigkeit eines Gegenstandes, sofern sie ohne Vorstellung eines Zweckes an ihm wahrgenommen wird.«
6 Vgl. ebd., S. 80.
7 Ebd., S. 79.

Rücksicht nimmt, um gleichsam an die gesamte Menschenvernunft sein Urteil zu halten und dadurch der Illusion zu entgehen, die aus subjektiven Privatbedingungen, welche leicht für objektiv gehalten werden könnten, auf das Urteil nachteiligen Einfluß haben würde.«[8]

Das auf dem *sensus communis* ruhende Urteil verfolgt die Maxime der erweiterten Denkungsart, d.h. man versetzt sich in der Reflexion »an die Stelle jedes anderen« und gleicht das eigene Urteil mit möglichen anderen Urteilen ab. Der Gemeinsinn integriert die Wahrnehmung anderer in das eigene Wahrgenommene. Einen Menschen von erweiterter Denkungsart zeichnet die Fähigkeit aus, sich über die subjektiven Privatbedingungen des eigenen Urteils hinwegzusetzen und von einem allgemeinen Standpunkt aus über das eigene Urteil zu reflektieren.[9]

Die Geselligkeit des Menschen ist die Grundbedingung für die Entwicklung des *sensus communis*, gleichzeitig spielt das ästhetisch Urteil zurück in die Gemeinschaft und schreibt den *sensus communis* gleichsam fort. Mit seinem »Versuch einer Theorie des geselligen Betragens« von 1799 steht Friedrich Schleiermacher in der Tradition Kants, wenn er den *sensus communis* quasi als historische Realität in den bürgerlichen Gesellschaften und Salons näher zu bestimmen sucht. In einer Doppelperspektive bestimmt Schleiermacher die Gesellschaft als »seiend und werdend, als Bedingung der geselligen Vollkommenheit und als durch sie bedingt.«[10] Die Gesellschaft rege das freie Gedankenspiel an und erhebe die Bürger solchermaßen aus ihrer zweckgerichteten Existenz in Beruf und häuslicher Sphäre.[11] Nicht nur die Wortwahl lässt Kant anklingen, auch die Idee einer als Grundbedingung bestehenden und gleichzeitig zu entwickelnden gemeinsamen Sphäre der Gesellschaft verbindet sich mit der Vorstellung des *sensus communis*. Beiden, Kant und Schleiermacher, ist gemeinsam, dass sie von einer Gesprächssituation ausgehen und dieser Diskurs eine harmonisierende, in ein Urteil überführende Dynamik hat. Die Harmonie der Geschmacksbildung ist bei Schleiermacher prävalierend. Die Sphäre der Gesellschaft darf durch Individualität nicht strapaziert werden; der Einzelne muss über »Elastizität« und »Gewandtheit« verfügen, um einerseits der Gesellschaft neue

---

8 Ebd., S. 144.
9 Vgl. ebd., S. 145f.
10 Friedrich Schleiermacher: »Versuch einer Theorie des geselligen Betragens«, in: *Schriften*, hg. von Andreas Arndt, Frankfurt a. M. 1990, S. 69f.
11 Ebd., S. 65f. Hier lässt sich durchaus an Kants ›interesseloses Wohlgefallen‹ anknüpfen.

Impulse geben zu können, andererseits sich in die Grenzen der Gesellschaft einzufügen.[12]

Schleiermacher prägt Kants *sensus communis* um in eine gesellschaftliche »Schicklichkeit«, die als Diktat des Geschmacks durchaus auch tyrannische Wirksamkeit erlangen kann. Das harmonische Ideal der Gesellschaft und die Idee einer durch gesellschaftliche Bildung geschaffene Gemeinschaft von Gleichen bietet in der historischen Situation von Ständegesellschaft und Ungleichheit ein positives Gegenbild.

Vor dem Hintergrund der Massengesellschaft des 20. Jahrhunderts entblößt Hannah Arendt die hegemoniale Macht des Gesellschaftlichen als bürokratische Tyrannei des »Niemand«.[13] In dieser Welt sei die Kraft verloren gegangen, Menschen in einem politischen Sinne zu versammeln – also zu trennen und zu verbinden in einer Gemeinschaft, nicht nur einfach zusammenzuführen als Kollektiv – und damit auch die Möglichkeit des politischen Handelns.[14] Hannah Arendt geht hier auf Kants *sensus communis* zurück, wenn sie den Gemeinsinn als bindende Kraft zwischen Individualität und Pluralität versteht. Nur in der so ermöglichten Wechselbewegung zwischen individuellem Handeln (»trennen«) und pluralem Handeln (»verbinden«) entsteht politisches Handeln. Das Urteilen liegt dieser Wechselbewegung zugrunde und wird bei Arendt somit zu einer zentralen Kategorie ihrer politischen Philosophie.[15]

Der Raum des politischen Handelns ist nach Arendt die Sphäre des Öffentlichen. Ihre Öffentlichkeits-Konzeption von der griechischen Polis ableitend geht sie davon aus, dass der Bereich des Öffentlichen in der Antike vom Bereich des Privaten streng getrennt war. Die Entwicklung des gesellschaftlichen Bereiches, bei dem das private Haushalten in die Öffentlichkeit drängte, führte, so Arendt, zu einer Zurückdrängung des Öffentlichen. Der Raum für den Agon der hervorragenden Leistung und das gute politische Handeln steht in Gefahr zu verschwinden und mit ihm das politische Handeln selbst:

---

12 Ebd., S. 79f.
13 Hannah Arendt bezieht dieses Urteil auch auf »die hypothetische Einstimmigkeit der gängigen Meinungen in den Salons der guten Gesellschaft« und lässt sich so auch als Kritik an der Schleiermacher'schen Harmonisierung des geselligen Handelns lesen. Vgl. Hannah Arendt: *Vita Activa oder Vom tätigen Leben*, München 2015, S. 51.
14 Vgl. Arendt: *Vita Activa*, S. 66.
15 Vgl. zu Hannah Arendts Kant-Lektüre der Urteilskraft Sophie Loidolt: »Sich ein Bild machen. Das ästhetische Urteilen als politisches Urteilen in der Kant-Lektüre von Hannah Arendt«, Vortragsmanuskript, Innsbruck 2008.

»Keine psychologisch erfaßbaren Eigenschaften, die man erziehen oder heranzüchten könnte, weder Begabungen noch Talente können das ersetzen, was das Öffentliche konstituiert und es zu dem weltlichen Raum macht, in dem Menschen sich auszeichnen und das Vortreffliche die ihm gebührende Stätte finden kann.«[16]

Indem Hannah Arendt den öffentlichen Agon als wichtiges Movens des politischen Handelns und somit auch des für die Gemeinschaft guten Handelns voraussetzt, positioniert sie sich gegen eine gesellschaftliche Harmonisierung, die in ihren Augen durch die Geschichtsläufe des 20. Jahrhunderts vollständig als Tyrannei entlarvt ist. Das Urteilen und die »erweiterte Denkungsart« müssen daher den Agon der Urteile und des ausgezeichneten Handelns einbegreifen, um das politische Handeln in der Öffentlichkeit zu begründen.

Mit dieser historischen Einordnung der »erweiterten Denkungsart« wird es möglich, eine Konfiguration von ästhetischem Urteil/»erweiterter Denkungsart«, gesellschaftlicher Harmonisierung und öffentlichem Agon zu entwerfen, in welcher der journalistischen Tätigkeit Moritz Saphirs eine spezifische und kontroverse Position zugewiesen wird. Dies ist zu berücksichtigen für eine Einschätzung seines »neuen Theaterjournalismus«.

Die Berliner Theater-Polemik

In der ersten Hälfte des 19. Jahrhunderts entwickelte sich Berlin zu einem wichtigen Wirtschafts- und Kulturzentrum.[17] 1810 wurde die rasch prosperierende Universität gegründet und 1824 wurde mit dem durch einen bürgerlichen Aktienverein finanzierten und verwalteten Königstädtischen Theater die Theaterkultur über das Königliche Theater hinaus großformatig erweitert. Von diesen großen Theatern war von da ab für mehr als drei Jahrzehnte die Theaterkultur Berlins bestimmt. Und die Konkurrenzsituation der Theater führte zu einer erstarkenden Position des Theaterjournalismus, der über den öffentlichen Kredit der Theater mitbestimmen konnte und somit Einfluss auf den wirtschaftlichen Erfolg ausübte. In diese Situation kam 1825 der böhmisch-öster-

---

16 Arendt: *Vita Activa*, S. 62.
17 Berlin wuchs von 170.000 (um 1800) zu über 400.000 Einwohnern (um die Jahrhundertmitte). Zur Stadtentwicklung vgl. Wolfgang Ribbe (Hg.): *Geschichte Berlins*, Bd. 1: »Von der Frühgeschichte bis zur Industrialisierung«, München 1987.

reichische Journalist Moritz Gottlieb Saphir, der in Berlin eine neuartige aktuelle und polarisierende Theaterkritik einführte.

Da Saphir in Berlin die Teilnahme an der literarischen »Mittwochsgesellschaft« verweigert worden war, gründete er 1827 seine eigene prosperierende literarische Sonntagsgesellschaft »Tunnel über der Spree«. Dennoch ließ er sich nicht in die harmonisierenden Diskurse der Geselligkeit einordnen, hatte die Sonntagsgesellschaft sich doch der Satire und Ironie verschrieben.[18] Saphirs Grundhaltung war agonal, er nutzte seine journalistische Tätigkeit, um sich in der Öffentlichkeit zu exponieren und auch einer öffentlichen Kritik auszusetzen. Seine Verwicklung in zahlreiche publizistische Auseinandersetzungen zeugt von einem großen Selbstbewusstsein als publizistischer Kriegsherr und auch von einer Lust an der Schärfung seiner Feder an journalistischen und literarischen Gegnern. Dies und die Breitenwirkung seiner Publikationen, die ihm gutes Geld einbrachte, erzeugten bis zum Ende der 1820er Jahre eine tendenziell aggressive publizistische Grundstimmung gegen Saphir.

Seine Zeitschriften *Berliner Schnellpost* (1826–1829)[19] und *Berliner Courier* (1827–1830)[20] druckten Rezensionen der Theaterstücke mit bisher ungeahnter Aktualität – bereits am Tag nach der Aufführung[21] – und erhielten dadurch den Status der meistgelesenen Blätter der Stadt. Hier und auch außerhalb Berlins erfreute sich Saphir einer in Tausenden gerechneten Abonnenten-Schar.[22] Saphirs Hinwendung zu einer

---

18 Das Motto der Gesellschaft lautete »Ungeheure Ironie«, was wiederum auf ein in Berlin populäres Akrostichon Saphirs anspielte, mit dem er eine lobhudelnde Kritik der Schauspielerin Nina Sontag, Henriette Sontags Schwester, in ihr Gegenteil verkehrte. Vgl. Berliner Courier vom 4. März 1828.
19 Berliner Schnellpost für Literatur, Theater und Gesellschaft, 1826–1829. Das Blatt erschien 1826 und 1829 drei Mal und 1827 bis 1828 vier Mal pro Woche. Vgl. Ursula Koch: *Der Teufel in Berlin. Von der Märzrevolution bis zu Bismarcks Entlassung; Illustriert politische Witzblätter einer Metropole 1848–1890*, Köln 1991, S. 674, Anm. 24.
20 *Der Berliner Courier. Ein Morgenblatt für Theater, Mode, Eleganz, Stadtleben, u. Localität*, 1827–1830. Das Blatt erschien täglich außer sonntags. Vgl. Koch, *Der Teufel in Berlin*, S. 33.
21 Saphir führte die so genannte Nachtkritik ein, d.h. bereits am nächsten Tag erschienen die Theaterkritiken der Aufführungen des Vorabends. Dies war ein organisatorisches Kunststück, wenn man bedenkt, dass alle Druckfahnen dem Zensor vorgelegt werden und anschließend die Änderungswünsche in die Druckvorlage eingearbeitet werden mussten. Vgl. hierzu Koch: *Der Teufel in Berlin*, S. 33; vgl. auch Peter Sprengel: »Moritz Gottlieb Saphir in Berlin. Journalismus und Biedermeierkultur«, in: Günter Blamberger; Manfred Engel; Monika Ritzer (Hg.): *Studien zur Literatur des Frührealismus*, Frankfurt a. M. u.a. 1991, S. 243–275, 257.
22 Ursula Koch gibt in ihrer einschlägigen Studie zu den Berliner Witzblättern an, die *Berliner Schnellpost* habe bereits im ersten Quartal ihres Erscheinens 1.500 Abonnen-

breiteren Öffentlichkeitsschicht, die seiner Medienkonzeption entsprach, war ein Politikum, so wurde es von seinen Zeitgenossen gesehen – und auch von den Staatsautoritäten, die ihn immer wieder mit Sanktionen von Arrest bis Ausweisung belegten. Auch von seinen Gegnern wurde sein ungekannter wirtschaftlicher Erfolg im Zeitungswesen und auch die Popularität seiner in Buchform veröffentlichten Aufsatzsammlungen, Aphorismen und satirischen Gedichte betont. Zeitgenössische Stimmen kritisierten diesen Erfolg als kommerzielles Zugeständnis an ein skandal- und sensationswütiges Massenpublikum, das sich aus »halbgebildeten« Ständen und Schichten zusammensetzt und von daher suspekt erscheint. In einer 1828 im Berliner Conversationsblatt erschienenen Streitschrift von dem Königstädtischen Theater nahestehenden Berliner Dramatikern wurde genau diese Popularität seiner Publizistik aufs Korn genommen:

»Berlin ist groß und enthält eine große Anzahl Halbgebildete, viel Müßige, plötzlich wohlhabend Gewordene, die, ohne Beschäftigung nach einer Art geistigen Unterhaltung verlangen. Ihnen war eine solche Kühnheit des Ausdrucks in gedruckten Blättern eben so unerhört als unterhaltend. Sie fanden sich selbst in dem neuen Blatte wieder. »So etwas geradherauszusprechen, wie Saphir, hatte Niemand bis dahin den Muth gehabt. Und dazu war Alles so verständlich.« Der Autor hatte sein Publikum gewonnen.«[23]

Saphir schrieb für ein breites Publikum, verständlich, aktuell, orientierend und durchaus »meinungsmachend«. Und genau dies wurde ihm bitter vorgeworfen:

»Es ist eine neue Kunst erfunden, das Hohe herabzuziehen, das, was bisher nur für die Kenner da war, im schlimmsten Sinne des Wortes populär zu machen, und ohne etwas zu verstehen über Alles abzusprechen. Die Kunstkritik wird in die Bierkeller versetzt und die Obsthändlerinnen sind in den Stand gesetzt, darüber abzusprechen, worüber die Kenner sonst zweifelhaft blieben. Es ist ein ungeheurer Staub aufgewühlt, von dem nicht vorauszusehen, wann er sich wieder setzen wird, indem das eine Beispiel

---

ten gehabt. Für den *Berliner Courier* gibt sie an, er habe binnen weniger Monate eine Abonnentenzahl von 2.500 erreicht. Vgl. Koch: *Der Teufel in Berlin*, S. 33.
23 Friedrich Baron de la Motte Fouqué; Friedrich Wilhelm Gubitz; W. Häring (W. Alexis): »M.G. Saphir in Berlin und der Journalismus«, in: *Berliner Conversations-Blatt für Poesie, Literatur und Kritik*, Heft 78, S. 21. April 1828, S. 308–310, 309.

des glücklichen Erfolgs die Mittelmäßigkeit allerwärts zum Schreiben angefeuert hat.«[24]

Nicht nur Saphirs Wirkung bei einem nicht-gebildeten Publikum als unredliche Abwertung der »Kunstkritik« wird angegriffen, sondern es wurden auch die Folgen seines publizistischen Vorbildes als ungeheure Provokation an die Berliner Bildungsschicht verdammt. Saphir war sich dessen bewusst und verteidigte in seiner Entgegnung auf die Streitschrift der »Dreizehn Berliner Dramatiker gegen Saphir« pointiert sein publizistisches Programm:

»Wenn ich es dahin gebracht habe, daß die »Obsthändlerinnen in den Stand gesetzt sind, darüber abzusprechen, worüber sonst die Kenner zweifelhaft blieben«, so hab' ich, beim Himmel! in drei Jahren mehr für die intellektuelle Bildung Berlins gethan, als die vorhergegangenen Jahrhunderte! Gewiß ist es auch besser, wenn die Kritik in den Bierkeller versetzt wird, als wenn der Bierkeller in die Kritik versetzt wird.«[25]

Saphir brachte den literarischen Diskurs auf die Ebene des einfachen Volkes, und er löste die Rolle des Journalisten als berufliches Format von der Gestalt des Gelehrten ab.[26] Seine Kritiken widersprachen vollkommen dem Modell des gelehrten Urteils, sie waren nicht das Ergebnis einer abgewogenen Reflexion über die eigenen Erfahrung und die mögliche Wahrnehmung der anderen. Saphir formulierte subjektiv,

---

24 Friedrich Baron de la Motte Fouqué; Friedrich Wilhelm Gubitz; W. Häring (W. Alexis): »M.G. Saphir in Berlin«, S. 310.
25 Moritz Gottlieb Saphir, *Der getödtete und dennoch lebende M. G. Saphir, oder Dreizehn Bühnendichter und ein Taschenspieler gegen einen einzelnen Redakteur*, Berlin 1828, S. 15f.
26 Chase weist darauf hin, dass trotz aller bildungsbürgerlichen Angriffe die Gegner Saphirs seine eigensten Mittel als schlagkräftige Instrumente erkannten und ebenfalls versuchten, damit zu operieren. Vgl. Jefferson S. Chase: *Inciting Laughter. The Development of ›Jewish Humor‹ in 19th Century German Culture*, Berlin, New York 2000, S. 39: »Just as obvious was the fact that, despite their professional contempt for Saphir's metier, his adversaries were clearly adopting his means (personal attack) and his medium (the daily press) for their own ends. Although the initial anti-Saphir polemics from Fouqué, Gubitz and Alexis [Künstlername Härings] maintained the pretence of sober, factual refutation, it wasn't long before the attacks took on more imaginative forms – poems, plays and fictional parodies – some of the very satiric devices the humorist himself had pioneered.«

zuspitzend, provokativ und bediente sich satirischer Mittel und Ironie.[27] Beispielhaft dafür ist etwa der ironische Seitenhieb auf das Geltungsbedürfnis des Schauspielers Hoguet, den er am 12. November 1827 einem grausamen Verriss des Stückes *Robinson Crusoe* im Königlichen Opernhaus folgen ließ:

»Die Gallerie rief die Herren Schneider und Mayer, das Parterre pochte gewaltig, indeß sie erschienen und mit letzterem Herr Hoguet; wir wissen nicht, was Herr Hoguet damit sagen möchte.«[28]

Legendär war auch seine satirische Verballhornung der exaltierten »Sontag«-Mania, welche Berlin 1825 ergriffen hatte angesichts der »Engelhaftigkeit« der Opernsängerin Henriette Sontag.[29]

Dies alles ließ ihn als kontroverse Persönlichkeit erscheinen, als störenden Stachel im Fleisch des gesellschaftlichen Diskurses. Seine Texte entfalteten eine unmittelbare Wirkung, waren höchst unterhaltend und polarisierten stark.

Aus der Streitschrift der Berliner Dramatiker entfachte ein regelrechter Broschürenkrieg. Saphir nahm die öffentliche Herausforderung an und konterte publizistisch. Er sah in der publizistischen Öffentlichkeit grundsätzlich das einzig legitimierte Forum für eine Auseinandersetzung und forderte seine Gegner auf, diese »Waffe« weiterhin zu benutzen:

»Wenn meine literarischen Gegner auf meine Brochüre etwas erwiedern wollen, so bitte ich sie, es wieder in einer Brochüre, oder in einem gelesenen Blatte zu thun. Die Antwort soll dann gewiß nicht ausbleiben.«[30]

---

27 Interessanterweise weist Schleiermacher der Ironie eine wichtige Rolle bei der ›elastischen‹ Ausdehnung der gesellschaftlichen Sphäre zu, da sie auf doppelbödige und unterhaltende Weise quasi einen Anker auswerfen kann zu neuen Inhalten und Stoffen, ohne sich ernsthaft aus der gemeinsamen Sphäre zu entfernen. Griffen andere Gesellschaftsmitglieder diese ›Anspielungen‹ auf, so sei ein neues Thema gewonnen. Vollständig abzulehnen sei allerdings Ironie und Persiflage, die sich auf Personen bezieht. Vgl. Schleiermacher: »Versuch einer Theorie des geselligen Betragens«, S. 88. Saphir macht natürlich keine derartige Unterscheidung. Seine Ironie trifft zielgenau – Dinge, Themen und Personen.
28 *Berliner Courier*, 12. November 1827.
29 Zur Auseinandersetzung zwischen Henriette Sontag und Moritz Saphir, die von der Sängerin bis vor den König gebracht wurde, vgl. Heinrich Stümcke: *Henriette Sontag. Ein Lebens- und Zeitbild*, Berlin 1913, S. 52–57. Stümcke nimmt in seiner Darstellung deutlich Partei für Sontag.
30 Moritz Gottlieb Saphir: »Erklärung«, in *Berliner Courier*, 2. Mai 1828, S. 1.

Medialer Agon und Kunsturteil

Wochenlang folgten die Gegenpublikationen aufeinander, die Auseinandersetzung wurde mit Spannung deutschlandweit verfolgt.[31] Die publizistischen Gegner Saphirs traten in den öffentlichen Agon ein, wie er es von ihnen forderte.

Zu seiner agonalen Grundhaltung gesellte sich bei Saphir auch eine Bejahung der neu entstehenden Medienformate. Kant und auch Schleiermacher fundieren ihre Konzeptionen auf der Grundsituation des Gesprächs, des direkten Diskurses. Kant macht seine Konzeption der Öffentlichkeit am diskursiven Austausch der Vernunft fest. Das »Publikum« lasse sich dadurch leicht bilden und aufklären.[32] Eine medialisierte Öffentlichkeit erscheint bei Kant in der Form der gelehrten Schrift. Der Gelehrte spreche »durch seine Schriften zum eigentlichen Publikum, nämlich der Welt«[33] und nur in diesem öffentlichen Gebrauch seiner Vernunft müsse er absolut frei sein. Kants Öffentlichkeit war an die Figur des »Gelehrten« gebunden, das öffentliche Agieren erhielt seine Freiheit durch die Einbindung in den Rahmen der Wissenschaft. Die öffentliche Stimme wird im Medium der wissenschaftlichen Rede und Schrift kanalisiert. Das Medium tritt hier hinter das Urteilen und die »erweiterte Denkungsart« zurück. Erst nach einem abwägenden Reflexionsprozess geht die gelehrte »Erkenntnis« in die mediale Öffentlichkeit ein, sozusagen als Ergebnis des Urteilens. Die Publikation steht am Ende der Urteilsfindung und damit in einem Zusammenhang mit Allgemeingültigkeit und Legitimität des Urteils.

In dieser Denktradition stehen auch die preußischen Staatsautoritäten. Der preußische Staatsminister zu Wittgenstein bezeichnete das »gelehrte« Öffentlichkeitskonzept im Zusammenhang mit der politischen und kritischen Urteilskraft als »ächte Publicität«. In seinen »Ansichten zu Zensur und Pressefreiheit« diskutierte er 1819 im Vorfeld der Karlsbader Beschlüsse ausführlich seine Ideen von Öffentlichkeit, Medienpraxis und staatlichen Regulierungspflichten. Eine sich frei entfaltende Öffentlich-

---

31 Die Auseinandersetzung zwischen Saphir und dem Königstädtischen Theater nahestehenden Dramatikern zog bis über Berlin hinaus weite Kreise. Jefferson S. Chase zitiert einen Korrespondenten der Dresdener Abendzeitung, dass ganz Deutschland dem Pamphlet-Krieg folgte. Vgl. Chase: *Inciting Laughter. The Development of ›Jewish Humor‹ in 19th Century German Culture*, S. 38.
32 Vgl. Kant: »Was ist Aufklärung?«, S. 483: »[D]enn da werden sich immer einige Selbstdenkende, sogar unter den eingesetzten Vormündern des großen Haufens finden, welche, nachdem sie das Joch der Unmündigkeit selbst abgeworfen haben, den Geist einer vernünftigen Schätzung des eigenen Werts und des Berufs jedes Menschen, selbst zu denken, um sich verbreiten werden.«
33 Ebd., S. 487.

keit, etwa in Form der medialen Zirkulation, lehnte Wittgenstein vollständig ab. Wittgenstein legte in seinen »Ansichten« ganz offen, dass er eine »ächte Publicität« als Kommunikationsform der gelehrten Schichten einer alle Klassen umfassenden »Öffentlichkeit« scharf entgegensetzte. Hier zeigt sich der Gegensatz der Konzeptionen von »gelehrtem Urteil« und »Polemik« in deutlicher Sprache:

> »Wir haben noch in der Zeit gelebt, in welcher ein öffentlich ausgesprochener Tadel seine Handlungen u Grundsätze von jedem öffentlichen Beamten gefürchtet ward, weil die öffentl. Stimme damals einen größeren Werth hatte, indem derzeit eine ächte Publicität herrschte, die nur in Männern von anerkannter Qualification einige wenige Organe hatte, u der Staat selbst strenge auf jeden Missbrauch der Presse wachte.
> Diese Achtung u Rücksicht für das öffentl. Urtheil hat unter den Staatsdienern abnehmen müssen u abgenommen, seitdem die Mehrzahl der öffentl. Blätter nur Kampfplatz u Organ der Leidenschaften geworden u die sogenannte öffentl. Stimme in unzählbaren Produkten der Presse gegen wenige Groschen an Insertions Gebühren, ja auch wohl umsonst und selbst gegen Honorar von einem Jeden ausgesprochen werden kann: Lob u Tadel haben jetzt ihren Werth u ihren Stachel verloren.«[34]

In der Folge deklinierte Wittgenstein anhand der Unterscheidung zwischen wissenschaftlichen Publikationen und Zeitungen, Zeitschriften und Pamphleten seine Abwertung der Zeitungsöffentlichkeit ausführlich durch. Während auf der Seite der wissenschaftlichen Veröffentlichungen »Grundsätze der Wissenschaft« regierten und aus der »Arbeit eines Mannes« ein Werk entstünde, welches das »vielfach geteilte u geprüfte Resultat des ruhigen, weisen, oft Jahre anhaltenden Nachdenkens« darstelle und »ein kleineres, ein gebildetes, ein überlegendes Publikum« fände, so verbreiteten die Zeitungen, Zeitschriften und Pamphlete »öffentliche und Privat-Handlungen, Kritiken derselben Nachrichten, Urtheile und Vorschläge« aus materiellem »Eigennutz« und nur zur »Unterhaltung des Publikums«. Der offensichtliche Zeitdruck unter dem die Blätter stünden, führe zu vorschnellen Urteilen, die der Arbeit »eines Jeden gegen geringe Insertions-Gebühren, oft gegen Honorar« entspringe und ein Publikum fände, dass durch die Neugier beherrscht sei. Die starke Abwertung des professionellen Journalisten, also des im Brotberuf Schreibenden, war ein geläufiger Topos, der eine Abwehrreaktion

---

34 OESTA, Allgemeines Verwaltungsarchiv, Polizeihofstelle, 5010/1819, o. Bl., Brandakten, Ansichten, 29. Mai 1819.

auf die strukturellen Wandlungen vom Literatentum als »Nebenberuf in den Mußestunden« zum »kommerziellen Schreibgewerbe« darstellt.[35] Darüber hinaus sei dieses Publikum „nicht auf Männer eines Faches beschränkt, sondern erstreckt sich auf alle Stände und Fächer." Es sei »leichtgläubig, oft leichtsinnig und selten fähig, die Unrichtigkeit der mitgetheilten Facta und Urtheile zu finden und zu berichtigen.« Es sei diese Wirkung der publizistischen Schriften in einem »Massenpublikum«, die »dem Staate und seinen Bürgern ganz unmittelbar nachtheilig, oft gefährlich werden«[36] könnte.

Saphir steht konträr zu der nach Wittgenstein bestimmten »ächten Publicität«. Er ist ein Medienprofi und steht als berufsmäßiger Journalist außerhalb der Stände und Fachdisziplinen. Seine Medien zielen auf ein Breiten-Publikum, er ist nicht bereit, sich in eine hierarchisierte Medienlandschaft einzufügen. Die freie Zirkulation der öffentlichen Meinung und die Vorstellung eines sich agonal profilierenden Diskurses sind die Grundvoraussetzung seines Theaterjournalismus. Die klassenübergreifende Zielrichtung der Publikationen war genau die Zumutung, die seine moderne Presse- und Öffentlichkeitskonzeption für eine konservative Medienpolitik parat hielt. Auch die »Berliner Dramatiker« erhoben gegen Saphir den Vorwurf des »Sansculottismus« und der Agitation zum revolutionärem Umsturz.[37] Diese Überspitzung der Kritik an der Breitenwirkung und freier Zugänglichkeit seiner Schriften traf sich im Kern mit der hierarchischen Medienkonzeption der Staatsautoritäten.

Saphirs Medienformate – die Theaterkritik, die kommentierende Berichterstattung, das satirische Gedicht, die Glosse – sprechen eine subjektive Sprache. Dennoch verfasst er seine Texte nicht in Gesprächs-

---

35 Auch in Bergs Referat findet sich dieser abwertende Gestus, wenn er den Presseexzess mit dem Charakter des journalistischen Brotberufs in Verbindung bringt, vgl. »Vortrag des Herrn von Berg«, S. 631f.: »Dieß [Zensurpflichtigkeit] findet insonderheit auf Zeitungsschreiber seine Anwendung, welche allerdings die Zügel der Censur verdienen, wenn sie die Wichtigkeit und Würde ihres Berufes so sehr verkennen, daß sie, bloß als nahrhaftes Gewerbe ihn treibend, stets nach dem haschen, was der Menge an sich zieht, und, der Leitung der Volksstimme sich rühmend, einer Verleitung sich schuldig machen könnten, wenn in unserm Vaterlande von einseitigen und gewagten Behauptungen, und von der Sucht, die englischen Oppositionsblätter nachzuahmen, im Ernste einige Gefahr zu besorgen wäre.«
36 Alle Zitate aus OESTA, Allgemeines Verwaltungsarchiv, Polizeihofstelle, 5010/1819, o. Bl., Brandakten, Ansichten, 29. Mai 1819.
37 Vgl. Friedrich Baron de la Motte Fouqué; Friedrich Wilhelm Gubitz; W. Häring (W. Alexis): »M.G. Saphir in Berlin«, S. 310, Anm. 2.: »Soweit ist es gediegen, daß man mit einiger Bangigkeit fragen muß, wohin noch dieser literarische Sansculottismus führen kann [...]«

form, wie so viele andere Autoren der Zeit. Zahlreiche Flugblätter und Einblatt-Drucke der Zeit wurden als Dialoge verfasst. Auch Christoph Martin Wieland verfasste um 1800 seine wirksamen politischen Kommentare in dialogisierten Texten, die als »Gespräche unter vier Augen« weit publiziert wurden.[38] Wieland nimmt die »erweiterte Denkungsart« quasi in seine Medienform auf, der mündliche Diskurs bleibt das Charakteristikum der Publikation. Daher muss Wieland eine komplexe Argumentation für die Transformation des Gesprächs in die Schriftform finden:

»Dass diese ›freimüthige[n] und unzurückhaltende[n]‹[39] Gespräche doch an das Publikum gelangten, verdanken wir einem heimlichen Lauscher an der Wand,»dem die Kunst geschwind zu schreiben oder ein ungewöhnliches Gedächtnis zu Dienste stand.«[40]

Der Lauscher fand insofern günstige Bedingungen, als alle diese Gespräche »unter einer dichten Sommerlaube gehalten wurden, welcher man sich aus dem benachbarten Gebüsche ohne bemerkt zu werden, nähern konnte.«[41]

Saphir hingegen löst sich deutlich von diesen Übergangsformaten zwischen Gesprächsform und Druckform und präsentiert sich als Einzelstimme, deren Äußerung erst im öffentlichen Raum auf eine »Vielstimmigkeit« treffen sollte, nicht schon in der Einzelpublikation. Die Aushandlung der Meinungsfindung war so in der Öffentlichkeit zu lokalisieren. Daher erscheint hier der mediale Raum als die eigentliche Sphäre des Diskurses und nicht die der Publikation vorgelagerte Diskursform der »erweiterten Denkungsart«.

Saphirs Publizistik provozierte die Vielstimmigkeit, aktivierte die gegnerischen Stimmen. Auch das Theater antwortete. Nachdem Saphir 1825 Henriette Sontag – Gaststar am Königstädtischen Theaters aber auch dessen kostspieligste und riskanteste Investition in einer prekären Finanzlage – satirisch aufs Korn genommen hatte, konterte das Theater: Bis Ende 1827 brachte das Königstädtische Theater vier Stücke auf die

---

38 Zunächst erschien 1798/1799 eine Serie von »Gesprächen unter vier Augen« zu den politischen Entwicklungen in Frankreich und Deutschland in Wielands Zeitschrift *Der neue Teutsche Merkur*. Ein Jahr später wurde die Sammlung der Gespräche in Buchform veröffentlicht, vgl. Christoph Martin Wieland: *Gespräche unter vier Augen*. Leipzig: s.n., 1799.
39 Christoph Martin Wieland: »Über öffentliche Meinung. (1798/99) IX. Stück der Gespräche unter vier Augen.« In: *Sämmtliche Werke*, 42. Band, Politische Werke III. Hg. J. G. Gruber, Leipzig 1826, S. 4.
40 Wieland, Vorwort, 1826, S. 4.
41 Wieland, Vorwort, 1826, S. 5.

Bühne,[42] die jeweils Anspielungen oder direkte Karikaturen des Journalisten verkörperten. Das Theater scheute auch nicht drastische Mittel: Saphir wurde etwa in dem Stück *Jocko* 1826 mit dem Hauptdarsteller, einem dressierten Menschenaffen, in Verbindung gebracht. Dieses Bild haftete Saphir noch lange an.[43]

Anhand des Stückes *Zeitungstrompeten* von Carl Lebrun, in dem der korrupte und eitle Journalist Dorn 1827 durch Kostüm und Maske mit Saphir identifiziert wurde, wird klar, wie sich das Theater in der Diskussion über die Macht der Öffentlichkeit positionierte: Carl Lebrun überzeichnet in seinem Lustspiel die Begierde des reichen aber kulturlos und provinziellen Bürgers Trommling nach öffentlicher Anerkennung und publizistischer Adelung. Trommling will seine Tochter nur mit einem Mann verheiraten, der sich in der Residenzstadt öffentlichen Ruhm und Ehre geschaffen hat, Geld spielt dagegen keine Rolle. Der bescheiden und authentisch auftretende Arzt Dr. Willing ist dieser Herausforderung nicht gewachsen und so übernehmen sein Freund, der Dramatiker Linden, und die einflussreiche Gönnerin Frau von Stern die Aufgabe, ihm ohne sein Wissen eine glänzende Reputation zu verschaffen. Mithilfe des selbst nach literarischem Ruhm eifernden Theaterkritikers und Journalisten Dorn, der sich immer wieder penetrant als »gute Haut« bezeichnet, gelingt es spielend innerhalb eines Tages: Dr. Willing wird durch einen lancierten Zeitungsartikel ohne sein Wissen zum medizinischen Superstar der Residenz, erhält die Hand der Trommling-Tochter und kann sogar seine publizistische Unschuld bewahren. Willings komplette mediale Naivität wird vom Dramatiker ironisch kommentiert:

---

42 1826: *Jocko und Die Überbildeten* von Ludwig Robert; 1827: *Lebende Wachsfiguren in Krähwinkel* von Ludwig Robert und *Die Zeitungstrompeten*, aus d. Franz. von Karl A. Lebrun.

43 Daher rührte auch die in Berlin verbreitete Sentenz über Saphir und Henriette Sontag: »Der Affe hat den Engel geseh'n, nun kann man die ganze Geschichte versteh'n.« Vgl. Stümcke: *Henriette Sontag*, S. 55. Diese Beleidigung Saphirs lässt sich einreihen in die Geschichte der antisemitischen Rezeption Saphirs (vgl. etwa Irmgard Müller: »Saphir in München. Eine Untersuchung über das Eindringen und den Einfluß jüdischer Journalisten in das Münchener Pressewesen 1825–1835«, Düsseldorf 1940) bis in das 20. Jahrhundert, die ihre Wirksamkeit durch die Tatsache beweist, dass Saphirs Rolle in der Literaturgeschichte des 19. Jahrhunderts bis heute unterbelichtet ist. Noch 1954 schrieb eine Dissertation, betreut von dem bis 1945 nationalsozialistisch fundierten Hans Knudsen, die abwertende Tendenz der Lebensleistung Saphirs fort: Annelore Lippe: *Verfallserscheinungen der Theaterkritik. Dargestellt an Moritz Gottlieb Saphir*, Berlin 1954.

»Willing (stolz zu Linden und Dorn). Was sagte ich Ihnen heute Morgen? Mit Selbstgefühl wiederhole ich es; das wahre Verdienst wird doch endlich anerkannt. Linden (für sich). O ja! es hat mich Mühe genug gekostet.«[44]

Die öffentliche Reputation einer Person, einer Institution wird hier als scheinhaft entlarvt und die publizistische Meinungsmache satirisch aufs Korn genommen. Der Theaterjournalist als personelle Verkörperung einer neuen Art von substanzloser öffentlicher Schaumschlägerei und von absoluter Dekadenz öffentlicher Kritik steht hier am Pranger und ist der Verlierer des Stückes: Dorn wird als Opportunist entlarvt und muss seine eigenen Hoffnungen auf die Braut – schließlich entspräche er eigentlich dem Idealtypus der vom Schwiegervater gewünschten »öffentlichen Person« – aufgeben. Sein Berufsstand und seine Person wurden aufs Äußerste herabgewürdigt, und mit ihm durch die kennzeichnende Kostümierung auch der Journalist Moritz Saphir.

Das Königstädtische Theater trat mit seinen »Theaterantworten« in den gebotenen Agon ein. Es kritisierte zwar den neuen Theaterjournalismus in der Figur des Dorn/Saphir, gleichzeitig bediente es sich aber auch seiner publizistischen und polemischen Modi. Die karikierenden Aufführungen waren öffentliche Ausfälle in der publizistischen Schlacht gegen Saphir und ergänzten flankierend die Streitschriften der »13 Berliner Dramatiker« im Broschürenkrieg.

Obgleich Saphir von den Inhalten hart getroffen wurde, so entsprach diese öffentliche Auseinandersetzung durchaus seinen Vorstellungen. Parallel lief die Auseinandersetzung zwischen Saphir und dem Königstädtischen Theater nämlich auch im Verborgenen. Die Direktion beschwerte sich wiederholt beim König, so dass auch Saphir sich gezwungen sah, diesen Weg einzuschlagen. In seinem Schreiben vom 4. Juni 1827 an das Hausministerium setzte er die offene Auseinandersetzung einer verdeckten intriganhaften Erschleichung von Unterstützung gegenüber und forderte vom Theater, sich der öffentlichen Kritik zu stellen:

»Das Königstädter Theater ist eine öffentliche Kunstanstalt, die der Publicität nicht minder anheim gegeben ist und der Kritik nicht weniger unterworfen ist, als die Hofbühnen Berlins, Wiens, Paris und Londons. Die Bretterwelt, die Verwaltung oder die Direction eines Theaters, die Beurtheilung sämmtlicher Leistungen, gehören vor das Forum der Kritik, die unter den

---

44 Carl Lebrun: *Zeitungstrompeten*. Lustspiel in zwei Aufzügen. Nach dem Französischen, in: Ders., *Lustspiele und Erzählungen*, Mainz 1827, S. 162f.

Augen der Gesetze, unter der Aufsicht der Censur sich darüber auszusprechen ein Recht hat.«[45]

Mit ihrer heimlichen und heimtückischen Vorgehensweise arbeite die Direktion gegen die Grundsätze der Gesetze, der Liberalität und der literarischen Ideenfreiheit.[46] Deutlich bringt Saphir hier den öffentlichen Meinungsstreit in Bezug zu politischem Handeln. Saphir hatte die öffentlichen Angriffe seitens der »Dreizehn Dramatiker« oder auch durch die karikierenden Aufführungen des Königstädtischen Theaters immer öffentlich gekontert. Er trat dadurch immer als souveräner Akteur in der öffentlichen Arena auf; dort war der Kampfplatz, und hier sollte sich auch das Königstädtische Theater stellen. In dieser Arena war es gerechtfertigt, sich öffentliche Verbündete zu schaffen, und wenn es die öffentliche Stimme ganz Deutschlands sein musste:

»Das Königstädter Theater, das nach seinem Grundplan, nach der Idee in der es entstand, zu einer Zierde zu einem Hochgenuß der Residenz hätte werden können, hat sich seines Standpunktes überhoben, und findet bereits in der Rivalität mit den Königlichen Hofbühnen seinen allmähligen Verfall. Das ist es, was ich ausgesprochen habe, und das ist die Stimme Berlins, die Stimme Deutschlands.«[47]

Saphirs »Stimme der Kritik«[48] suchte den öffentlichen Agon, und die Herausforderung der Gegenstimme. Die preußische Arkantradition der Berliner Gesellschaft – die Schattenseite der »Geselligkeit« – blieb ihm weitgehend verschlossen.

Die »erweiterte Denkungsart der medialen Sphäre«

Saphir praktizierte in Berlin erstmals das, was ich als eine Art »neuer Theaterjournalismus« bezeichnen möchte. Basierend auf einer polarisierenden Konzeption von Kritik, wird diese Art der Publizistik zu einer Provokation des aufklärerischen Konzepts der Urteilskraft wie es Kant formulierte, und wie es sich aber vor allen Dingen im politischen und literarischen Diskurs zu einer Vorstellung von »gelehrtem Kunst-

---
45 GStA, I HA, Rep. 100, Nr. 1124/2, Bl. 12–15, Saphir an Wittgenstein, 4. Juni 1827.
46 Ebd.
47 Ebd.
48 Ebd.

urteil« verdichtete. Die neue publizistische Theaterkritik, wie Saphir sie praktiziert, stützt sich einerseits noch auf die Idee des »gelehrten Kunsturteils« und genießt dadurch die vom Preußischen Allgemeinen Landrecht dafür garantierte Freiheit der Veröffentlichung.[49] Andererseits bedient sie sich polemischer Formen, um eine Emanzipation vom »gelehrten Urteil« voranzutreiben. Die publizistische Polemik stellt den Widerpart dar, der sich gegen die institutionellen, sozialen und medialen Grundbedingungen des »gelehrten Kunsturteils« stellt. Dabei geht es hier um mehr als das Gegensatzpaar »persönliche Meinung« vs. »allgemeingültiges Urteil«, sondern – wie ich meine – um die Aushandlung einer öffentlichen Sphäre der Kritik. Mit Jürgen Fohrmann[50] lässt sich hier von medialer Zirkulation sprechen, welche für Kommunikationsformen steht, die ein demokratisches Verständnis von Verständigung und kommunikativem Austausch mit sich bringen. Öffentlichkeit stelle sich nach Fohrmann her durch den Kreislauf der Informationen und Meinungen, und in diesem Austausch lasse sich eine politische Meinung herauskristallisieren, die politische Veränderung bewirken soll und kann.

Am Beispiel von Saphir lässt sich zeigen, wie die »erweiterte Denkungsart«, welche die Grundvoraussetzung der Urteilskraft nach Kant bildet, in die öffentliche Sphäre des Medium ausgelagert wird und zu einem agonalen Diskursverhalten führt. Dabei versteht Saphir seine Kritiken und Urteile keineswegs als allgemeingültig, sondern als Beitrag zu einer Aushandlung des kritischen Urteils. Meinung folgt auf Meinung und es ergibt sich erst im Wettstreit dieser Äußerungen ein allgemein gültiges Urteil. Somit kann man mit einigem Recht diese agonale Diskurs-Konzeption als »erweiterte Denkungsart der medialen Sphäre« bezeichnen. Hier lässt sich an Hannah Arendts »Wettstreit der herausragenden Ideen« im politischen Raum der Öffentlichkeit anschließen. Und in diesem Sinne handelt Saphir mit seiner agonalen Publizistik wesentlich politisch.

---

49 Vgl. PrAL, Teil II, Tit. 20, §562.
50 Jürgen Fohrmann: »Die Erfindung des Intellektuellen.« in: Jürgen Fohrmann; Helmut J. Schneider: *1848 und das Versprechen der Moderne*. Würzburg, 2003, S. 113–127.

Jan Lazardzig

Der Geschmack der Polizei

Der Literatur- und Theaterhistoriker Carl Glossy (1848–1937) und die Entstehung des Wiener Theaterzensurarchivs

Den ersten Vortrag der neu gegründeten Berliner Gesellschaft für deutsche Literatur widmet Wilhelm Dilthey, theoretischer Vordenker der Geisteswissenschaften, 1889 einem neuen Ort der Literaturforschung: dem Archiv. Unter der Überschrift »Archive der Literatur« stellt er fest, dass die »Erhaltung, Sammlung und zweckmäßige Anordnung der Handschriften« für das wissenschaftliche Studium der Literatur »unentbehrlich« sei. »Wir verstehen ein Werk«, so Dilthey, »wo Entwürfe und Briefe zwischen den vereinzelt und kühl dastehenden Druckwerken einen inneren lebensvollen Zusammenhang herstellen.«[1] Diltheys berühmte Ausführungen zum Archiv als dem zentralen Ort der Literaturforschung berühren einen Zwischenbereich von öffentlich (das gedruckte Werk) und privat (die biographischen, handschriftlichen Hinterlassenschaften

---

1 Wilhelm Dilthey: »Archive für Literatur«, in: Ulrich Herrmann (Hg.): *Wilhelm Dilthey. Gesammelte Schriften. Bd. XV. Zur Geistesgeschichte des 19. Jahrhunderts. Portraits und biographische Skizzen, Quellenstudien und Literaturberichte zur Theologie und Philosophie im 19. Jahrhundert*, Göttingen 1970, S. 1–16, hier: S. 5. Diltheys archivtheoretische Ausführungen stehen auf dem Boden der neu-germanistischen Schule Wilhelm Scherers, dessen Schüler Erich Schmidt seit 1886 das Goethe- und Schiller-Archiv in Weimar leitete und der auch der erste Vorsitzende der *Berliner Gesellschaft für deutsche Literatur* war. Für eine Übersicht aktueller Forschungen aus wissenschaftsgeschichtlicher Perspektive zum Thema Archiv/Archivieren in den Geisteswissenschaften siehe die Ausgabe der Zeitschrift *History of Humanities* 2.1 (2017). Archivforschung war um 1890 für die deutsche Philologie bzw. Germanistik (zu der zu dieser Zeit auch die universitäre Theaterforschung gezählt werden kann) noch immer Neuland. Hatte sich eine biographisch motivierte, nachlassbasierte Literaturforschung so recht erst in den letzten Dekaden des 19. Jahrhunderts durchgesetzt, ging die Initiierung und Einrichtung neuer autorbasierter Archive von nun an Hand in Hand mit der methodologischen Begründung biographischer Deutungshorizonte, wie sie insbesondere unter dem Einfluss der Neu-Germanistik Wilhelm Scherers verfolgt wurde. Siehe Jürgen Sternsdorff: *Wissenschaftskonstitution und Reichsgründung. Die Entwicklung der Germanistik bei Wilhelm Scherer. Eine Biographie nach unveröffentlichten Quellen*, Frankfurt a. M.; Bern 1979.

des Autors).[2] Für den Dilthey'schen Literaturhistoriker stellt das Archiv gewissermaßen eine Vermittlungsinstanz dar, wo der Gelehrte mit dem Nachlass des Autors ›arbeitet‹, wo die Literaturforschung ihr epistemisches Objekt herauspräpariert.

Um 1900 finden neben den autor- und nachlassbasierten Archiven auch noch andere sammelnde Institutionen ihre literaturgeschichtliche Validierung, nämlich die Repositorien von öffentlichen Verwaltungen. Diese sind, wohl nicht zuletzt aufgrund ihres grundsätzlich diskreten Charakters, bislang kaum zum Gegenstand sammlungs- bzw. archivgeschichtlicher Untersuchungen geworden.[3] Carl Glossy (1848–1937), über viele Jahre Leiter der Stadt- und Landesbibliothek Wien (der späteren Wienbibliothek) sowie der Sammlungen der Stadt Wien, gilt in Österreich als »der erste, der die Archivforschung in den Dienst der modernen Literaturforschung einbezog«.[4] Unter dem Eindruck von Diltheys Überlegungen zu »Archiven der Literatur«, wird Glossy zu einem Verfechter der Idee eines österreichischen Literaturarchivs (nach dem Vorbild des Goethe- und Schiller-Archivs in Weimar schwebte ihm ein Grillparzer-Archiv vor).[5] Weithin Bekanntheit erlangte Glossy zu seiner Zeit allerdings durch die literatur- und theaterhistorische Erschließung von Akten der öffentlichen Verwaltung.

Im Folgenden möchte ich eine Archivpraxis beleuchten, für die, jenseits der Dilthey'schen Ideale, ein widerspruchsvolles und komplexes Verhältnis von Öffentlichkeit und Geschmack symptomatisch ist. So war Carl Glossy aufgrund seiner theater- und literaturhistorischen Expertise auch als »literarischer Beirat« der für die Theaterzensur zuständigen Polizeibehörde tätig (1903–1926). Auf der Grundlage neo-aufklärerischer Zensurnormen war es seine Aufgabe, eine literatur- und theaterhistori-

---

2 Siehe zur Geschichte der Berliner Gesellschaft für deutsche Literatur Hans-Harald Müller; Mirko Nottscheid: *Wissenschaft ohne Universität, Forschung ohne Staat. Die Berliner Gesellschaft für Deutsche Literatur (1888–1938)*, Berlin; Boston 2011.
3 Die berühmte archivwissenschaftliche Studie von Arlette Farge (*Le goût de l'archive*, Paris 1989) widmet sich den Pariser Polizei- und Gerichtsakten, bestimmt diese aber zum Hintergrund soziologischer und imaginationsgeschichtlicher Betrachtungen des Archivs und seiner Nutzer.
4 Dies die These von Helga Herberg-Solbrig, die die bislang einzige umfangreiche Einzelstudie zu Glossy vorgelegt hat. Helga Herberg-Solbrig: *Carl Glossy (7.3.1848– 9.9.1937) mit besonderer Berücksichtigung der theatergeschichtlichen Arbeiten*, Diss. Universität Wien, 1971, S. 8.
5 Julia Danielczyk:»Editionsunternehmungen oder hilfswissenschaftliche Institutionen? Ein Beitrag zur Erforschung der Geschichte der österreichischen Literaturarchive (1878–1918)«, in: *Internationales Archiv für Sozialgeschichte der deutschen Literatur* 33.2 (1994), S. 102–144.

sche Expertise in das polizeiliche Präventionsregime einzubringen, den polizeilichen Imperativ der Wahrung öffentlicher Ruhe und Ordnung theoretisch und historisch zu legitimieren.[6] Mehr als ein Jahrhundert nach der Hochzeit ästhetischer Theorie über den Geschmack, diente der Geschmacksbegriff (erneut) der Legitimation institutionalisierter Theaterzensur, d.h. der moralischen Erziehung und Überwachung der Öffentlichkeit. Als Zensurbeirat war Glossy der Zugang zu den Polizei- und Verwaltungsakten der Habsburgmonarchie erleichtert. Mehr noch: Er war maßgeblich am Zustandekommen jener Zensurdokumente beteiligt, die ihm später als literatur- und theaterhistorische Quelle dienten und die einer weiteren Öffentlichkeit erst mit der Übernahme der polizeilichen Zensurakten durch das niederösterreichische Landesarchiv 1928 zugänglich wurden.

Das Verhältnis von Geschmack und Öffentlichkeit ist hier auf mehrfache Weise zu befragen: Auf welche Weise ist der Geschmacksbegriff Grundlage und Legitimation für eine institutionalisierte Theaterzensur? Inwiefern zielt Glossys Zensurpraxis auf eine pädagogisch-moralische Beeinflussung des Publikumsgeschmacks? Und unter welchen konkreten Bedingungen der Geschmacksbildung erfahren Zensurakten eine epistemische Validierung als Quellen der Theater- und Literaturgeschichtsschreibung?

Historiografie und Zensur

1897 erscheint ein bis heute viel zitierter Aufsatz Carl Glossys »Zur Geschichte der Wiener Theaterzensur«.[7] Es handelt sich um die erste umfangreiche historische Darstellung zur Theaterzensur in der Habsburgermonarchie. Der über hundert Seiten starke Text fokussiert auf die aufklärerische Reform der Theaterzensur in Wien durch Joseph von Sonnenfels 1770 und seinen Nachfolger Karl Franz Hägelin (1735–1809), der bis 1804 als alleiniger Bücher- und Theaterzensor für die Habsburgermonarchie fungierte. Die Bedeutung von Glossys Aufsatz für die

---

6 Zu den polizeilichen Imperativen der Theaterzensur siehe Jan Lazardzig: »Performing ›Ruhe‹: Police, Prevention, and the Archive (c. 1800)«, in: Rosemarie Bank; Michal Kobialka (Hg.): *Theatre/Performance Historiography. Time, Space, Matter*, Basingstoke 2015, S. 123–151.

7 Carl Glossy: »Zur Geschichte der Wiener Theaterzensur«, in: *Jahrbuch der Grillparzer-Gesellschaft* 7 (1897), S. 238–340.

Zensurforschung liegt begründet in dem (teilweisen) Abdruck eines Archivfundes, nämlich des Zensurmanuals, das Hägelin 1795 als eine Handreichung für die zukünftige ungarische Theaterzensur abfasste. Das handschriftliche Original gilt seit dem Brand des Wiener Justizpalasts 1927 als verloren.[8]

Carl Glossy war zu diesem Zeitpunkt eine stadtbekannte Persönlichkeit, die bereits international Anerkennung erfahren hatte. Nach einem Jura-Studium für den höheren Verwaltungsdienst qualifiziert, arbeitete Glossy ab 1881 im Gemeinderatspräsidium, bekleidete nebenher (ab 1882) auch eine Kustodenstelle in der Wiener Stadtbibliothek und tat sich hier erstmals als Ausstellungskurator anlässlich des 200-jährigen Jubiläums der Zweiten Türkenbelagerung (1883) hervor. Nach dem Umzug der Bibliothek und der Städtischen Sammlungen in das neu erbaute Rathaus am Ring trug Glossy wesentlich zur deren Neuorganisation und Neukatalogisierung bei.[9] Unter seiner Direktion erfahren Bibliothek und Museum eine wesentliche Ausgestaltung. Als Leiter der Wiener Stadtbibliothek organisiert Glossy eine Reihe von Ausstellungen, die ihm internationale Bekanntheit einbringen. Dazu zählen 1891 eine Grillparzer-Ausstellung und 1892 die Einrichtung der theaterhistorischen Abteilung der Internationalen Ausstellung für Musik- und Theaterwesen.[10] Diese Ausstellung, die, wie Julia Danielczyk überzeugend dargelegt hat, das Image Wiens als Theater- und Musikstadt festigen und Wien für den Kulturtourismus weiter öffnen sollte, legte den Grund für ein umfangreiches Netzwerk. Zahlreiche Bibliotheken und Archive steuerten Modelle und Exponate bei, und Glossy trat in Kontakt mit einer Vielzahl von Theaterforschern des deutschsprachigen Raumes (darunter Max Herrmann in Berlin und Carl Niessen in Köln).[11] Eine in seinem Teilnach-

---

8 Hägelins Zensurmanual (in der auszugsweisen Überlieferung Glossys) gilt bis heute als eine der bedeutendsten Quellen für das Verständnis der Literatur- und Theaterzensur des 18. und 19. Jahrhunderts. Vgl. Peter Höyng: »Die Geburt der Theaterzensur aus dem Geiste bürgerlicher Moral. Unwillkommene Thesen zur Theaterzensur im 18. Jahrhundert?«, in: Wilhelm Haefs u. York-Gothart Mix (Hg.): *Zensur im Jahrhundert der Aufklärung. Geschichte – Theorie – Praxis*, Göttingen 2007, S. 99–119, hier S. 113.
9 Vgl. zum biographischen Überblick Herberg-Solbrig: *Carl Glossy*, S. 1–10. Siehe auch die verschiedenen hand- und maschinenschriftlichen Lebensläufe Glossys in der Handschriftenabteilung der Wienbibliothek (ZPH 602, 3.1.-3.4.).
10 Vgl. hierzu Julia Danielczyk: »Die Internationale Ausstellung für Musik- und Theaterwesen in Wien 1892 und ihre imagebildende Funktion«, in: *Maske und Kothurn* 55.2 (2009), S. 11–22.
11 Der Eindruck, den die Ausstellung auf Zeitgenossen machte, war groß. Heinz Kindermann sieht Glossy – wohl nicht frei von Lokalpatriotismus – unter den Grün-

lass befindliche Kurzcharakteristik attestiert ihm »Organisationstalent. Finderglück. Bibliophilie.«[12] Als Publizist und Chronist war Carl Glossy in zahlreichen Zeitungen und Zeitschriften mit Arbeiten zur Wiener Zeitgeschichte sowie zur Theater- und Literaturgeschichte präsent. Neben einem Dutzend Monographien und Editionen zur Wiener Literatur- und Theatergeschichte verfasste er an die zweihundert Aufsätze und Miszellen.[13] Die meisten Aufsätze erschienen im Jahrbuch der von Glossy mitbegründeten Grillparzer-Gesellschaft, als dessen Herausgeber er bis zu seinem Tod fungierte (1890–1937).

Carl Glossys Aufsatz zur Geschichte der Wiener Theaterzensur, der ebenfalls im Grillparzer-Jahrbuch erscheint, muss im Kontext einer zu diesem Zeitpunkt mit großer Vehemenz öffentlich ausgetragenen Debatte über die Reformierung bzw. Abschaffung der polizeilichen Vor- bzw. Präventivzensur des Theaters gesehen werden.[14] Die Zensur der konzessionierten Wiener Theaterbühnen fußte bis zu diesem Zeitpunkt auf der Grundlage eines Erlasses des Ministers des Inneren, Alexander von Bach, aus dem Jahr 1850, dem Jahr der Restauration der Theaterzensur in der Habsburgermonarchie. Die Bach'sche Theaterordnung hatte die vor 1848 geltenden, repressiven Zensurverordnungen, die u.a. auf eine Erziehung des Publikums zu ›gutem Geschmack‹ zielten, in leicht variierter Form übernommen. Als es im Zuge der raschen Industrialisierung und Urbanisierung Wiens in den Folgejahren zu einer Proliferation von populären Unterhaltungsformen und neuen Ästhetiken für neue städtische Zuschauerschichten (Arbeiter und Angestellte) kam, erschienen die rigiden, auf Erziehung und Geschmackbildung zielenden Maßnahmen der Restaurationszeit zunehmend unzeitgemäß. Die Zensurgegner, die sich seit 1896 um die Wiener Freie Bühne sammelten und die durch Sozialdemokratie und Liberale unterstützt wurden, hatten die Einrichtung eines Theatergesetzes zum Ziel, dass dem Theatergewerbe

---

derwätern der Theaterwissenschaft. Siehe Heinz Kindermann:»›Theaterwissenschaft‹, in: Martin Hürlimann (Hg.): *Das Atlantisbuch des Theaters.* Zürich; Freiburg 1966, S. 414–436.
12 Handschriftenabteilung der Wienbibliothek (ZPH 602, 3.1.-3.4.).
13 Siehe Herberg-Solbrig: *Carl Glossy*, S. 81–90.
14 Siehe hierzu ausführlich Djawid Carl Borower: *Theater und Politik. Die Wiener Theaterzensur im politischen und sozialen Kontext der Jahre 1893 bis 1914*, Diss. Universität Wien 1988, S. 26–50. Siehe auch Barbara Tumfart:»Vom »Feldmarschall« zum »Eroberer«. Über den Einfluß der österreichischen Theaterzensur auf den Spieltext in der zweiten Hälfte des 19. Jahrhunderts«, in: *Internationales Archiv für Sozialgeschichte der deutschen Literatur* 30.1 (2005), S. 98–117.

umfassenden rechtlichen Schutz gewähren sollte.[15] Anfang 1897 bildete sich eine »Theatercensur-Commission«, die sich aus Sozialdemokraten, Liberalen, Politikern, Journalisten, Künstlern und Theaterdirektoren zusammensetzte. Unter ihnen waren neben Carl Glossy, dem Direktor der städtischen Bibliothek, auch Alfred Freiherr von Berger, Journalist und späterer Direktor des Hofburgtheaters, Max Burckhard, der gegenwärtige Direktor des Hofburgtheaters sowie die Sozialisten Fritz Talmann, Obmann der »Arbeiterbühne«, und Hans Bernauer, artistischer Leiter derselben. Während die Direktoren sich einhellig gegen eine Abschaffung der Zensur aussprachen, da sie die Zensur als Schutz vor einer strafrechtlichen Verfolgung sahen, und daher für die Aufrechterhaltung einer wenngleich reformierten Zensur eintraten, waren die Journalisten und Schriftsteller gespalten in Befürworter und Gegner. Schriftsteller, die für eine Abschaffung der Zensur votierten (wie Arthur Schnitzler, Felix Dörmann, Rudolph Tyrolt), sahen die Zensur im Widerstreit mit dem Recht auf freie Meinungsäußerung. Befürworter der Zensur (wie Leo Ebermann, Theodor Herzl, Franz Schönthau) befürchteten im Falle ihrer Abschaffung den Protest weiter Teile der Bevölkerung sowie einen generellen Niedergang der Literatur. Insgesamt ist in den Debatten ein sehr pragmatischer, am Machbaren und Durchsetzbaren orientierter Umgang mit der Zensur festzustellen. Man verständigte sich schließlich auf eine Minimalforderung, nämlich die Schaffung eines mit Kunstverständigen besetzten Beirates, der der Zensurbehörde an die Seite gestellt werden sollte, um eine Abhilfe für die Willkür polizeilicher Zensurmaßnahmen zu bieten. Im Frühjahr 1897 präsentierte Max Burckhard schließlich einen ersten Entwurf für ein umfassendes Theatergesetz, das das Theaterwesen sowohl öffentlich-rechtlich (mit Bezug auf Konzessionsvergabe und Theaterzensur) als auch zivilrechtlich (mit Bezug auf das Rechtsverhältnis zwischen Theaterunternehmern und Bühnenangestellten) regeln sollte.[16] Dieser Entwurf wurde in der »Theatercensur-Commission« sowie der linken und liberalen Zeitungsöffentlichkeit kontrovers diskutiert, fand aber – wohl aufgrund parlamentarischer Wirren[17] – erst im Frühjahr 1901 Eingang in das Parlament.

Mit seinem Aufsatz zur Geschichte der Theaterzensur positionierte sich Carl Glossy als Vertreter einer liberalen, in der Tradition der Aufklärung

---

15 Unter Bezugnahme auf Otto Opet: *Deutsches Theaterrecht unter Berücksichtigung der fremden Rechte systematisch dargestellt*, Berlin 1897.
16 Borower: *Theater und Politik*, S. 34.
17 Ebd., S. 37.

stehenden Zensur. Gleich auf den ersten Seiten bezieht er – für Zeitgenossen zweifellos erkennbar – Stellung innerhalb der aktuellen Debatte über eine Reformierung bzw. Abschaffung der Zensur, ohne freilich den Anlass seiner Überlegungen zu nennen. Mit Blick auf die Zensurpraxis nach 1850 stellt er zunächst fest: »Fast jeder Oesterreicher, der den Weg ins Revisionsamt machen mußte, hat seinem Ingrimm über diese geistige Knebelung Ausdruck gegeben.« Sodann schlägt er sich auf die Seite jener, die für eine Beibehaltung einer reformierten Zensur plädieren:

»Eine Geschichte der Censur würde uns nicht verhehlen dürfen, daß Kaiser Josef und die Aufgeklärten seiner Zeit die Censur für eine nützliche Anstalt im Interesse des Geisteslebens erachteten, und daß dieses Schutzmittel erst in späterer Zeit einen verderblichen Einfluß auf das ideale Culturleben nahm, in einer Zeit, in der Oesterreich berufen gewesen wäre, den Mittelpunkt des deutschen Geisteslebens zu bilden.«[18]

Gleichwohl Glossy im Titel seines Aufsatzes eine Geschichte der Theaterzensur annonciert, fokussiert er bei genauerer Betrachtung eigentlich fast ausschließlich auf einen Zeitraum von knapp vierzig Jahren, und zwar auf die Hoch- und Spätphase des josephinisch-theresianischen Reformzeitalters bis in die ersten Regierungsjahre von Franz I. Theater und Theaterzensur werden bei Glossy entsprechend im Rahmen der Volksbildung diskutiert:

»Die Theatercensur [beginnt] erst in dem pädagogischen Zeitalter, in welchem hervorragende Männer für die Bildung des Volkes mit allen Waffen des Geistes kämpfen. Es ist auch nicht ein bloßer Zufall, daß in Wien die Reform der deutschen Bühne und ihrer Censur mit jener der Vorbedingung eines geistig gesunden Volkes – der Schule – fast zu einer und derselben Zeit erfolgte und daß gerade dieselben Männer, welche für die Schulbildung ihre besten Kräfte einsetzten, auch für die Hebung des Geschmackes und der Sitte auf der deutschen Bühne thätig waren. Denn je heftiger und entschiedener sich der Kampf gegen die Rohheit auf dem Theater richtete, desto mehr machte sich auch das Bestreben fühlbar, das Volk aus der langen Barbarei geistiger Trägheit zu erlösen und zur Theilnahme an den großen Culturaufgaben fähig zu machen. Durch die Schule sollte es von grober Unwissenheit befreit, durch das Theater in seinen Sitten verfeinert werden.«[19]

---

18 Glossy: »Zur Geschichte der Wiener Theaterzensur«, S. 239 (Hervorhebung JL).
19 Ebd.

Liest man diese Passage vor dem Hintergrund der Wiener Theaterdebatten des ausgehenden 19. Jahrhunderts, dann wird die kulturpolitische Rivalität (und gefühlte Inferiorität) zum Deutschen Reich spürbar, die bereits eine Triebfeder der Internationalen Musik- und Theaterausstellung 1892 gewesen war.

Glossys Aufsatz führt von dem theaterreformerischen Wirken des Schul-, Wissenschafts- und Verwaltungsreformers Joseph von Sonnenfels zu dessen Nachfolger als Theaterzensor, Franz Karl Hägelin, der 1770 dessen Amt als Zensor antrat und dieses bis 1804 innehatte.[20] Glossy zeichnet ein ausgesprochen einfühlsames Bild Hägelins. So schildert er ihn als einen unermüdlichen Staatsdiener, der vor der Fülle seiner Aufgaben – zeitweise obliegt ihm die Buch-, Presse- und Theaterzensur in der Habsburgermonarchie – niemals kapituliert.[21] Als ein besonderes Fundstück aus dem Archiv des Ministeriums des Inneren präsentiert er eine 1795 von Hägelin verfaßte Instruktion für Zensoren von Theaterstücken in Ungarn, welches er mit scheinbar wenigen, nur teilweise gekennzeichneten Auslassungen abdrucken lässt.[22]

Es lohnt sich, ein wenig genauer auf diesen Quellenfund einzugehen, denn er offenbart die editorische Praxis Glossys, der auch als Literatur- und Theaterhistoriker in erster Linie als Staatsbeamter agierte. Bis vor wenigen Jahren galt das Original des Hägelinschen Zensurmanuals als unwiederbringlich verloren, Glossys (partielle) Abschrift als einzige Quelle. 2012 machte die Musikwissenschaftlerin Lisa de Alwis den Fund mehrerer Abschriften des Manuals publik, die wahrscheinlich auf stu-

---

20 Zu Sonnenfels und Hägelin siehe Simon Karstens: *Lehrer – Schriftsteller – Staatsreformer. Die Karriere des Joseph von Sonnenfels (1733–1817)*, Wien 2011. Hägelin, geboren in Freiburg im Breisgau, war 1748 nach Halle übergesiedelt, wo er unter anderem bei dem Philosophen, Policey- und Staatswissenschaftler Christian Wolff studierte. Nach Abschluss seiner Ausbildung wurde Hägelin 1764 Sekretär bei der Niederösterreichischen Regierung in Wien, ein Jahr später Aktuar. 1770 erhielt er die Theaterzensur übertragen, bald danach wurde er Regierungsrat.
21 Siehe zur Theaterzensur in diesem Zeitraum grundlegend Norbert Bachleitner: *Die literarische Zensur in Österreich von 1751 bis 1848*, Wien; Köln; Weimar 2017, S. 239–258.
22 Hägelin erhielt in der Folge den Status eines der wichtigsten Zensurtheoretikers der Aufklärung. Obwohl entsprechende Belege fehlen, geht die Forschung auf der Grundlage Glossys bis heute davon aus, dass Hägelins Zensurinstruktion für die gesamte Zeit des Vormärz bindenden Charakter besaß. Siehe Barbara Tumfart: *Wallishaussers Wiener Theater-Repertoir und die österreichische Zensur*, Diss. Universität Wien 2003, S. 252–263.

dentische Mitarbeiter Glossys zurückgehen.²³ So verfügte Glossy zeitweise über ein Team von mehreren studentischen Schreibern, die unter seiner Ägide aus den Archiven des Ministeriums des Inneren Quellen zur Stadt-, Literatur- und Theatergeschichte Wiens zusammentrugen. Lisa De Alwis kann anhand eines Textvergleichs nachweisen, dass Glossy zentrale Passagen der Zensurinstruktion bei dem Abdruck des Textes weggelassen hat. Und zwar vor allem jene Passagen, die ganz offensichtlich zu explizit Fragen der Sexualität berührten. Sie kommt zu dem Schluss, dass Glossy generell viel konservativer urteilt als sein Studienobjekt hundert Jahre zuvor.²⁴ Vergleicht man eine der bekanntesten Zensurinstruktionen Hägelins in der Version Glossys mit jener in Abschrift überlieferten Originalversion, dann wird deutlich, dass die Anweisungen des Manuals mit Bezug auf Sexualität an Eindeutigkeit verlieren:

»Die Censur hat auch darauf zu sehen, daß nie zwei verliebte Personen miteinander allein vom Theater abtreten u̶m̶ ̶s̶i̶c̶h̶ ̶i̶n̶ ̶e̶i̶n̶ ̶K̶a̶b̶i̶n̶e̶t̶ ̶o̶d̶e̶r̶ ̶H̶a̶u̶s̶ ̶h̶i̶n̶e̶i̶n̶z̶u̶b̶e̶g̶e̶b̶e̶n̶,̶ ̶w̶o̶d̶u̶r̶c̶h̶ ̶d̶e̶r̶ ̶Z̶u̶s̶c̶h̶a̶u̶e̶r̶ ̶b̶e̶w̶o̶g̶e̶n̶ ̶w̶i̶r̶d̶,̶ ̶A̶r̶g̶e̶s̶ ̶z̶u̶ ̶v̶e̶r̶m̶u̶t̶h̶e̶n̶.«²⁵

Dasjenige, was Hägelin als (von der Bühne) Unsagbares benennt, wird nun, im Manual des Zensors, selbst ausgelassen:

»Die Ausdrücke: Hörner tragen, aufsetzen etc. sind nicht zu dulden, es heißt dafür: den Mann betrügen, die Treue verletzen, anstatt Schwager kann Hausfreund, Hausfreundschaft geduldet werden. W̶o̶l̶l̶u̶s̶t̶,̶ ̶W̶o̶l̶l̶ü̶s̶t̶l̶i̶n̶g̶,̶ ̶W̶e̶i̶c̶h̶l̶i̶n̶g̶ ̶s̶i̶n̶d̶ ̶A̶u̶s̶d̶r̶ü̶c̶k̶e̶,̶ ̶w̶e̶l̶c̶h̶e̶ ̶d̶u̶r̶c̶h̶ ̶Ü̶p̶p̶i̶g̶k̶e̶i̶t̶ ̶e̶r̶s̶e̶z̶t̶ ̶w̶e̶r̶d̶e̶n̶ ̶k̶ö̶n̶n̶e̶n̶,̶ ̶a̶u̶c̶h̶ ̶v̶o̶n̶ ̶e̶i̶n̶e̶r̶ ̶g̶e̶w̶i̶s̶s̶e̶n̶ ̶h̶e̶i̶m̶l̶i̶c̶h̶e̶n̶ ̶K̶r̶a̶n̶k̶h̶e̶i̶t̶,̶ ̶v̶o̶n̶ ̶e̶n̶t̶n̶e̶r̶v̶t̶e̶n̶ ̶g̶e̶s̶c̶h̶w̶ä̶c̶h̶t̶e̶n̶ ̶M̶e̶n̶s̶c̶h̶e̶n̶ ̶u̶ ̶d̶e̶r̶g̶l̶e̶i̶c̶h̶e̶n̶ ̶k̶a̶n̶n̶ ̶n̶i̶e̶ ̶d̶i̶e̶ ̶R̶e̶d̶e̶ ̶s̶e̶i̶n̶,̶ ̶a̶u̶ß̶e̶r̶ ̶d̶i̶e̶ ̶S̶a̶c̶h̶e̶ ̶w̶i̶r̶d̶ ̶d̶u̶r̶c̶h̶ ̶g̶e̶l̶i̶n̶d̶e̶r̶e̶ ̶A̶u̶s̶d̶r̶ü̶c̶k̶e̶ ̶b̶e̶z̶e̶i̶c̶h̶n̶e̶t̶.̶ ̶B̶e̶g̶i̶e̶r̶l̶i̶c̶h̶k̶e̶i̶t̶,̶ ̶G̶e̶i̶l̶h̶e̶i̶t̶,̶ ̶g̶e̶i̶l̶e̶ ̶B̶e̶g̶i̶e̶r̶d̶e̶n̶ ̶s̶i̶n̶d̶ ̶W̶ö̶r̶t̶e̶r̶,̶ ̶d̶i̶e̶ ̶i̶m̶ ̶r̶e̶i̶n̶e̶n̶ ̶D̶i̶a̶l̶o̶g̶ ̶n̶i̶e̶ ̶s̶t̶a̶t̶t̶ ̶h̶a̶b̶e̶n̶,̶ ̶m̶a̶n̶ ̶k̶a̶n̶n̶ ̶u̶n̶e̶d̶l̶e̶ ̶s̶t̶r̶ä̶f̶l̶i̶c̶h̶e̶ ̶W̶ü̶n̶s̶c̶h̶e̶ ̶u̶n̶d̶ ̶A̶b̶s̶i̶c̶h̶t̶e̶n̶ ̶n̶a̶c̶h̶ ̶U̶m̶s̶t̶ä̶n̶d̶e̶n̶ ̶s̶e̶t̶z̶e̶n̶.«²⁶

Durch diese Auslassungen macht Glossy die Anweisungen seines historischen Heroen in gewisser Weise erneut hoffähig und anempfiehlt

---

23 Lisa De Alwis: »Zensieren des Zensors: Karl Glossys lückenhafte Übertragung (1897) von Franz Karl Hägelins Leitfaden zur Theaterzensur (1795)«, in: *Nestroyana* 30.3-4 (2012), S. 191-92.
24 Dies gilt nicht nur für Fragen der Sexualität. So geht Hägelin bspw. viel weiter im Schutz der Reputation von Mitgliedern des Herrscherhauses.
25 Zitiert nach Lisa De Alwis: *Censorship and Magical Opera in Early Nineteenth-Century Vienna*, Diss. University of California 2012, S. 33.
26 Zitiert nach ebd., S. 31.

ihn seinen Lesern als Vorbild neo-aufklärerischer Zensur. Wohlgemerkt geht es bei dieser editorischen Praxis wohl nicht in erster Linie darum, den Lesern des Grillparzer-Jahrbuchs bestimmte Kraftausdrücke vorzuenthalten. Viel eher dürfte es Glossys Anliegen gewesen sein, die Vorbildhaftigkeit aufgeklärter Zensur im Rahmen der Diskussion um eine Reformierung der als unzeitgemäß empfundenen Zensurpraxis des Jahres 1897 zu erweisen.

1901 wurde unter dem Innenminister Ernest von Koerber seitens der Regierung die Reformbedürftigkeit der Theaterzensur grundsätzlich anerkannt. Uneinigkeit bestand darüber, ob auf dem legislativen oder lediglich auf dem Verordnungswege eine Reform der Theaterzensur angegangen werden sollte. Von Koerber schlug gegenüber den Landeschefs der Kronländer sowie den Zensurbehörden die Einrichtung von Beiräten vor, die aus politischer, juristischer und literarischer Perspektive den Zensoren beratend zur Seite gestellt werden könnten. Dies stieß seitens des für die Stadt Wien zuständigen niederösterreichischen Zensors Wagner von Kremsthal auf Ablehnung, da er bei einem literarischen Zensor die nötige Objektivität nicht gewährleistet sah. Der Statthalter Niederösterreichs, Ernst Graf von Kielmansegg, schloss sich dieser Ansicht an.[27] Der Innenminister von Koerber hielt mit seinem Erlaß vom 2. April 1903 trotzdem an seinem Reformkonzept fest.[28] Indem er die Legitimität einer behördlichen (polizeilichen) Kontrolle der Bühne bekräftigte, bestätigte er die Prinzipien der Bach'schen Zensurinstruktionen. Von der Darstellung ausgeschlossen blieben Verstöße gegen das Strafgesetz, Beleidigungen der Mitglieder des Kaiserhauses und der Religion, Verletzungen der »guten Sitten« sowie der internationalen Rücksichten. Zugleich wurde die Bach'sche Verordnung der Restaurationszeit durch die Forderung, dass »die Bühne der Erörterung keines Konfliktes prinzipiell verschlossen sein« dürfe und sich die Zensur »in der Diskussion sozialer Fragen den Wandel der Zeiten vor Augen zu halten« habe, der Gegenwartsdramatik angepasst. Er forderte ferner, »den grossen und schweren Aufgaben der dramatischen Literatur innerhalb der Gesetze freien Spielraum« zu schaffen.[29] Grundsätzlich schloss sich von Koerber

---

27 Siehe zu dem Vorgang ausführlich Borower: *Theater und Politik*, S. 26–50, hier: S. 41.
28 Ein Beirat war zuvor bereits in München eingesetzt worden. Vgl. Michael Meyer: *Theaterzensur in München 1900–1918. Geschichte und Entwicklung der polizeilichen Zensur und des Theaterzensurbeirates unter besonderer Berücksichtigung Frank Wedekinds*, München 1982.
29 Alle Zitate nach Borower: *Theater und Politik*, S. 41.

dem »Moralitätspostulat der klassizistischen Ästhetik« an.³⁰ So bemerkt er hinsichtlich der Handhabung ›sittlich freizügiger‹ Darstellungen etwa, dass sich »die pure crasse Sinnlichkeit [...] die Fernhaltung von der Bühne gefallen lassen« muss.³¹

Ende April 1903 bestellte Ernst Graf von Kielmansegg einen neuen Zensor sowie den Beirat. Zum polizeilichen Zensor wird Otto von Dürfeld bestimmt. Der bisherige Zensor, Wagner von Kremsthal, wird politischer Beirat; juristischer Beirat wird der Oberlandesgerichtsrat Franz Joseph Ritter von Cischini. Carl Glossy, der Direktor der Stadtbibliothek, wurde als literarischer Zensor in den dreiköpfigen Zensurbeirat berufen, dem er offiziell bis 1926, also bis zum Ende der polizeilichen Theaterzensur in Österreich angehörte. Ein Jahr zuvor war er bereits in das »Sachverständigenkollegium im Bereich der Literatur« berufen worden. Glossy sieht in diesen Berufungen eine Bestätigung seiner bisherigen Arbeit als Literaturhistoriker.³²

Die Umsetzung der Minimalforderungen der Theatercensur-Commission wurde seitens der Theaterdirektionen ganz überwiegend positiv aufgenommen. Die Statthalterei nutzte die öffentliche Aufmerksamkeit, um in zahlreichen Pressedarstellungen für die Legitimität der reformierten Zensur zu werben. In einer Artikelserie in Die Zeit werden Interviews mit dem Zensor sowie den Zensurbeiräten publiziert:

»Der neue Zensor hat gute und freie An- und Absichten, die einem Redakteur unseres Blattes gegenüber zu entwickeln er gestern die Liebenswürdigkeit hatte. ›Mein Grundsatz wird sein,‹ sagte er, ›mit möglichst großer Liberalität die Zensurgeschäfte zu führen, zu erlauben, was nur immer zu erlauben angeht, bei bedenklichen Anlässen vorerst mit dem Dichter und dem Director das Einvernehmen zu pflegen, vor allem aber stets das künstlerische Moment im Auge zu behalten. Nicht als ob ich mir eine ästhetische Begutachtung anmaßen wollte, aber es ist schließlich doch ein anderes, ob man mit einem Verbote einen französischen Schwank oder ein ernst zu nehmendes Werk trifft. Ein Wink, ein Deuter kann dieses vielleicht vor dem sonst unvermeidlichen Interdict bewahren, und ich glaube, auf diese Weise

---

30 Ebd., S. 42.
31 Zit. n. ebd.
32 »In Folge meiner wissenschaftlichen und literarischen Leistungen bin ich von der Regierung zum Mitglied des Sachverständigen-Collegiums im Bereich der Literatur, und im April 1903 zum Zensurbeirat der K.k. n.ö. Statthalterei ernannt worden.« Glossy über seine offiziellen Zensuraufgaben in einem handschriftlichen Lebenslauf (undatiert). Handschriftenabteilung der Wienbibliothek (ZPH 602, 3.1.-3.4.).

wird es mir gelingen, die Interessen der Theater, der Autoren und auch der Literatur zu wahren.«"[33]

Carl Glossy, der sich zum Zeitpunkt seiner Bestallung als Zensurbeirat mit großem Aufwand für ein nationales Literaturarchiv nach dem Vorbild des Deutschen Reiches einsetzte, wurde auf Beschluss des Gemeinderates am 12. Juli 1904 im Alter von 56 Jahren (unter Beibehaltung seiner vollen Bezüge) pensioniert.[34] Die Gründe für Glossys Pensionierung sind nicht eindeutig rekonstruierbar. Laut Herberg-Solbrig soll Glossy 1903 der Gemeinde Wien Rückständigkeit im Umgang mit ihrem kulturellen und künstlerischen Erbe vorgeworfen haben. Eine anschließende Besichtigung der Archive des Museums von offizieller Seite habe für Glossys eigenen Verantwortungsbereich kein günstiges Resultat erbracht. Daraufhin sei Glossy durch die persönliche Intervention des Bürgermeisters Karl Lueger entlassen worden. Von einem Konflikt zwischen Glossy und Lueger geht auch Julia Danielczyk aus, die allerdings noch andere Gründe ins Feld führt. Ihr zufolge wurde seitens der Stadt die eigenständige Archivpolitik Glossys mit großem Misstrauen betrachtet.

Polizei und Geschmack

Mit der Übernahme des Amtes als »literarischer Beirat« stellt sich Glossy in die Tradition seines von ihm editorisch, literatur- und theaterhistorisch zum Leben erweckten Vorgängers Karl Franz Hägelin.[35] Im Rahmen des komplexen Zensurablaufs – vom Einreichen des Spieltexts beim Pressbureau im Polizeipräsidium bis zum Zensurbescheid durch das Präsidium der Statthalterei konnten mehrere Wochen vergehen – nahm der Zensurbeirat auf dem Papier eine eher randständige Rolle ein, da er in der Regel nur bei drohenden Verbotsfällen bzw. bei Rekurs-Anträgen einbezogen wurde. Gleichwohl erfüllte der Beirat für die Statthalterei eine wichtige Funktion, da er das Kontrollinstrument der Theaterzensur mit einer auf Expertise basierenden Legitimität ausstattete und den Eindruck einer oftmals beklagten polizeilichen Willkür zu zerstreuen half. Eine von den polizeilichen Zensur- bzw. Verbotsentscheidungen

---

33 »Die Wiener Theatercensur«, in: *Die Zeit* (30.04.1903), S. 5.
34 Und zugleich für seine Verdienste um die Stadt Wien mit der Salvator Medaille ausgezeichnet. Siehe Herberg-Solbrig: *Carl Glossy*, S. 6.
35 1898 war auch Glossy zum Regierungsrat ernannt worden, so dass er mit seinem historischen Vorbild den gleichen Rang teilte.

deutlich abweichende Stellungnahme musste das Statthalterei-Präsidium kaum befürchten. Und auch das neu eingeführte Rekursrecht der Theaterleiter – sie besaßen das Recht gegen die Zensurentscheidung der Statthalterei Widerspruch einzulegen – führte in keinem einzigen Fall zu einer Revision des ursprünglichen Zensururteils. Die Bedeutsamkeit der etwa 300 erhaltenen Zensurgutachten der Beiräte aus dem Zeitraum 1903–1926 (davon etwa 275 Gutachten bis 1918) ließe sich darin sehen, dass hier in bemerkenswerter Klarheit Selbstbild und Selbstverständnis der Zensurbürokratie zum Ausdruck gebracht wird.[36] Insbesondere die Gutachten Glossys sind hier hervorzuheben, da ihm als literarischem Beirat das Recht auf Erststellungnahme zukam. Die beiden anderen Beiräte schlossen sich in der Regel seinem Urteil mit ihren juristischen bzw. theologisch-moralischen Erwägungen an. Die Schwerpunkte zensurellen Eingreifens waren Religion und Kirchenkritik, die soziale Frage sowie Dramen, die das Kaisertum, das Militär, die Bürokratie oder das Nationalitätenproblem im Vielvölkerstaat behandelten. Mit Abstand am häufigsten wurden »unsittliche« Dramen, d.h. Fragen der Sexualität zensiert.

Um die Urteilspraxis Glossys näher zu beleuchten, ist es hilfreich, sich noch einmal die Positionen aufklärerischer Zensur zu vergegenwärtigen, wie sie auch Glossy in seinem umfangreichen Aufsatz von 1897 behandelt.

Mit der Aufnahme der aufklärerisch-edukativen Programmatik eines ›Theaters als Sittenschule‹ in die Lehrbücher der Policeywissenschaft in der zweiten Hälfte des 18. Jahrhunderts, fand die theaterreformatorische Debatte um einen von »Fratzen und Unanständigkeiten« gleichsam gereinigten, dramaturgisch nobilitierten und zivilisatorisch überhöhten Geschmack Eingang in den zensurpolizeilichen Diskurs über Theater.[37] In Johann Heinrich Gottlob von Justis Hauptwerk *Die Grundfeste zu*

---

36 Meine Zählung auf der Basis der Zensurakten des niederösterreichischen Landesarchivs St. Pölten.
37 Siehe Wolfgang Martens: »Obrigkeitliche Sicht. Das Bühnenwesen in den Lehrbüchern der Policey und Cameralistik im 18. Jahrhundert«, in: *Internationales Archiv für Sozialgeschichte der deutschen Literatur* 6 (1981), S. 19–51; Hilde Haider-Pregler: *Des sittlichen Bürgers Abendschule. Bildungsanspruch und Bildungsauftrag des Berufstheaters im 18. Jahrhundert*, Wien 1980; ders.: *Gereinigtes Theater? Dramaturgie und Schaubühne im Spiegel deutschsprachiger Theaterperiodika des 18. Jahrhunderts, 1750–1800*, Frankfurt a. M. 2002; Peter Heßelmann: »Der Ruf nach der ›Policey‹ im Tempel der Kunst. Das Theaterpublikum des 18. Jahrhunderts zwischen Andacht und Vergnügen«, in: Herrmann Korte; Hans-Joachim Jakob (Hg.): *»Das Theater glich einem Irrenhause.« Das Publikum im Theater des 18. und 19. Jahrhunderts*, Heidelberg 2012, S. 77–94.

Jan Lazardzig

der Macht und Glückseligkeit der Staaten (1760/61), das »die moralische Beschaffenheit oder den sittlichen Zustand der Unterthanen« ausdrücklich als einen »Hauptgegenstand der Policey« bezeichnet, wird in dem Abschnitt »Von denen Ergetzlichkeiten und Lustbarkeiten des Volkes« die Aufsicht über die dramatische Produktion einem ›Mann von Geschmack‹ überantwortet:

»Die Regierung sollte zum Aufseher über die zu spielenden Stücke einen Mann setzen, der sowohl von guter Einsicht und Geschmack wäre, als ein edles Herz hätte, welcher sowohl die Regeln des Theaters, als den Geschmack der meisten Zuschauer verstünde, beyde miteinander zu vereinigen suchte, und welcher den Endzweck der Comödie, die Tugend und guten Sitten zu befördern, auch bey denen lustigsten Stücken nicht aus den Augen verlöhre.«[38]

Vor dem Hintergrund der Literarisierung des Theaters wird hier das Aufgabengebiet eines ästhetisch-moralisch bestallten Erzieher-Zensors beschrieben, dem die Aufsicht über die zu spielenden Stücke gegeben wird.[39] Der Staatsreformer Joseph von Sonnenfels (1732–1817), selbst kurze Zeit als Theaterzensor tätig, begründet in seinen Grundsätzen der Policey (1770, 1787) die polizeiliche »Theatralcensur« als Instrument sittlicher Unterhaltung damit, »Daß die Erholungen der Bürger den guten Sitten nicht nachtheilig sein sollen.« Daher seien »die extemporirten und Fratzenstücke, deren Anlage Unanständigkeit, deren Ausarbeitung Schmutz und cynische Anspielungen sind [...] von den Schaubühnen politierter Nationen zu verweisen.«[40] Sonnenfels Nachfolger auf dem Posten des Zensors für die Habsburger Monarchie, Karl Franz Hägelin, widmet sich in seinem Zensurmanual ausführlich der Frage, auf welche Weise aus dem Auftrag des Theaters, eine »Schule der Sitten und des Geschmacks« zu sein, Verpflichtungen für die Zensur erwachsen. Er nimmt hier eine sehr viel pragmatischere Position ein, als sie noch von Justi und Sonnenfels vertreten wurde. Zwar übernimmt er die Auffassung, der Zensor sei ein Mann von Geschmack. Während die Zensur auf

---
38 Johann Heinrich Gottlob von Justi: *Die Grundfeste zu der Macht und Glückseligkeit der Staaten; oder ausführliche Vorstellung der gesamten Policey-Wissenschaft*, Königsberg; Leipzig 1761, S. 376.
39 Vgl. bereits Theodor Ludwig Lau: *Entwurff einer wohl eingerichteten Policey*, Frankfurt a. M. 1717, S. 59.
40 Werner Ogris (Hg.): Joseph von Sonnenfels *Grundsätze der Polizei* (5. Auflage, Wien 1787), München 2003, S. 64.

die Wahrung der Sittlichkeit zu achten habe, so sei der Geschmack allerdings nur dann eine Sache der Polizei, wenn er in sittlicher, rechtlicher oder politischer Hinsicht die allgemeine Ordnung gefährde, wenn er, in den Worten Hägelins, »das Schickliche, das Anständige und Vernunftmäßige in Absicht auf die Sitten selbst und das Konventionelle oder auch das natürliche und politische Decorum, welches widersinnige, den Wohlstand verlezende Ungereimtheiten verabscheuet« angehe. Hägelin konzediert, dass man »den sogenannten Geschmack nicht bey jedem publicum fordern [darf], besonders da der Staat [...] auch wandernden Truppen zu spielen erlaubt, die ohnmöglich Stücke nach dem feinen Geschmacke aufzuführen im Stande sind«. Dies gelte insbesondere mit Blick auf die deutsche Kleinstaaterei, wo »der wahre Geschmack sich schwerlich an einem Orte einförmig fixiren und den Haupton geben wird. Genug, wenn nichts ungereimtes und unanständiges wider die Sitten geduldet wird.«[41]

Glossy machte sich in seiner Gutachtertätigkeit diese von Hägelin definierte Rolle des Zensors zu eigen. Ästhetische Urteile bilden zwar den Ausgangspunkt seiner gutachterlichen Tätigkeit. Für die Begründung seiner Zensurempfehlungen werden diese ästhetischen Urteile allerdings immer wieder dem polizeilichen Imperativ der Aufrechterhaltung von Ruhe und Ordnung nachgestellt. Häufig kommt es dabei zu einer gegenseitigen Bezugnahme ästhetischer und ordnungspolizeilicher Argumente. Dies wird etwa deutlich anhand einer 1906 durch das Raimundtheater bei der Polizeidirektion Wien beantragten Aufführungsbewilligung für Otto Conradis *Der Reformator*, ein beamten- und verwaltungskritisches Drama.

Carl Glossy gibt eine Stellungnahme zu der an den Beirat gestellten Frage ab, ob nämlich eine Aufführung des genannten »Bühnenwerkes« (so der terminus technicus für konzessionierte Theaterunternehmen) einer Herabsetzung des Beamtenstandes gleichkommen würde. Über Conradis Stück, das in allegorischer Form die Missstände im ständisch geprägten Beamtenapparat eines imaginären Staates »Bureaukratien« anprangert (gemeint ist natürlich die Habsburg-Monarchie), notiert Glossy in die umlaufende Zensurakte:

»Das vorliegende Bühnenstück ist ohne allen literarischen Wert, der Dialog stellenweise von einer Naivität, die ein dem Autor gleichgesinntes und gleichgesittetes Publikum voraussetzt. In verbrauchten Phrasen zieht der

---

41 Glossy: »Zur Geschichte der Wiener Theaterzensur«, S. 299.

Verfasser gegen die Protektion los und lässt sie sogar als allegorische Figur in die Handlung seines Stückes eingreifen. [...] Conradis Allegorie hat aber nichts von Poesie an sich, sie ist nur eine Krücke an der das Unvermögen einherschreitet, sie artet hier in plumpe Karikatur aus, die stellenweise abstossend wirkt. Ein solches Machwerk vermag das Ansehen des Beamtenstandes nicht herabzusetzen. Ein Verbot würde diesem Stücke zu einer unverdienten Reklame verhelfen. Einige Male aufgeführt, wird es dem Theaterarchive verfallen. Mit Weglassung der von der Polizeibehörde bezeichneten Stellen könnte die Aufführung dieses Stückes gestattet werden.«[42]

Gerade weil das ästhetische Urteil so negativ ausfallen müsse, sei von einer Herabsetzung des Beamtenstandes nicht auszugehen. Die Aufmerksamkeit, die durch ein Verbot des Stückes garantiert wäre, sei literarisch nicht zu rechtfertigen.

Im gleichen Jahr reicht das Wiener Bürgertheater einen Antrag für das Stück *Am Vorabend* von Leopold Kampf ein. Das Stück, das zuvor in Hamburg und Berlin verboten worden war, spielt im Vorfrühling 1905 in Moskau und schildert die revolutionäre Bewegung in unterschiedlichen gesellschaftlichen Kreisen, nämlich einer Druckerei für Flugschriften, unter Studenten und im Kreis von Ehefrauen höherer Staatsbeamter. Aus der Innenperspektive dieser unterschiedlichen Zirkel wird die Vorbereitung eines Attentats erzählt. Das dramatische Geschehen, das sich auf reale Geschehnisse bezieht, speist sich aus den Zweifeln der Protagonisten und den vielfältigen Kontingenzen von Entscheidungsprozessen, die letztlich in das Bombenattentat münden. So endet das Stück zwar mit der Explosion einer Bombe, lässt diesen Ausgang aber gerade nicht als das Ergebnis eines durchweg planvollen und beabsichtigten Vorganges erscheinen.

Glossy urteilt in seiner gutachterlichen Stellungnahme über den Verbotsantrag des polizeilichen Pressbureaus im Sinne des polizeilichen Imperativs:

»»Am Vorabend««, ein geschickt gemachtes Effektstück, ohne besonderen literarischen Wert, würde im Falle der bewilligten Aufführung durch seine Aktualität einen großen Kassenerfolg erzielen. Aber gerade die Aktualität ist es, welche dieses Bühnenstück zu einer Sensation erhebt, die möglicherweise in eine Demonstration ausartet, weshalb die Behörde zu besonderer Vorsicht verpflichtet ist. Wenn ich mich auch zur Meinung der Polizei-

---

42 Niederösterreichisches Landesarchiv (NÖLA), Statthalterei Präsidium, Theater-Zensurakten 1906 I, 81.

direktion, daß in diesem Stücke verbrecherische Handlungen gutgeheißen werden, schon deshalb nicht anschließen kann, weil ja die Handlung des Stückes Personen bedingt, deren Gesinnung revolutionär ist und weil der Autor im Grunde nur in dramatischer Form eine Reproduktion dessen darzustellen unternahm, was sich in der allerjüngsten Zeit wirklich ereignet hat: so bin ich doch der Ansicht, daß in der politisch ohnehin sehr erregten Gegenwart, die Schaubühne eine ganz andere Aufgabe zu erfüllen hat, als erhitzte Gemüter noch mehr aufzuregen. Die dramatische Literatur wird durch ein Verbot dieses Stückes, das mir durch seinen Stoff Interesse erregt, nicht geschädigt werden.«[43]

Das Zensurgutachten bestätigt einmal mehr die mediale Spezifik von Theater, das Vermögen einer unmittelbaren Affektation des Publikums. Dieses Wirkungsversprechen, welches ja auch den Ausgangspunkt der aufklärerischen Theaterprogrammatik darstellt, die das Theater als Schule der Sitten und als moralische Anstalt begreift, wird hier unter Verweis auf die Aktualität und Zeitgebundenheit des Stoffes sowie das vermeintliche politische Erregungspotenzial als gefährlich und den polizeilichen Interessen der Aufrechterhaltung von Ruhe und Ordnung zuwiderlaufend dargestellt.[44]

Während sich Glossy angesichts der Gebrauchsdramatik seiner Zeit grundsätzlich nachsichtig gibt, gilt sein größtes gutachterliches Engagement der Bekämpfung einer ›unsittlichen‹, semi-pornographischen Dramatik, die einen Großteil auch der literarischen Produktion dieser Zeit ausmachte.

Im März 1908 reicht das Intime Theater, ein unter der Direktion von Emil Richter-Roland stehendes Theater, das sich bei seiner Gründung (1902) zunächst als Künstlertheater mit Vereinsstatus durch Aufführungen von Naturalisten und Symbolisten wie Strindberg und Maeterlinck hervorgetan hatte,[45] zunehmend aber auf semi-pornographische

---

43 NÖLA, Statthalterei Präsidium, Theater-Zensurakten 1909, 278.
44 Im Prinzip bestätigt Glossy hier einen Grundzug aufklärerischer Gouvernementalität, der bereits Schillers Programmschrift »Das Theater als moralische Anstalt betrachtet« (1774, 1802) innewohnt. Peter Schnyder: »Schillers ›Pastoraltheologie‹. Individualisierung und Totalisieren im Konzept der ästhetischen Erziehung«, in: *Jahrbuch der deutschen Schillergesellschaft. Internationales Organ für neuere deutsche Literatur* 50 (2006), S. 234–262.
45 1904 zunächst als Verein von Enthusiasten mit explizit künstlerischem Anspruch gegründet, spielte seit 1905 in den sogenannten Nestroy-Sälen und stand ab der Jahreswende 1907 unter der Leitung des Schauspielers Emil Richter-Roland. Richter-Roland nahm vom ursprünglichen Konzept mit Schwerpunkt auf dem zeit-

Dramatik setzte, bei der Wiener Polizeibehörde die dreiaktige Burleske *Der Eunuch* von Pierre Malin ein. Bei dem Namen Malin dürfte es sich um ein Pseudonym handeln sowie um eine Pointe auf Kosten der Zensurbehörden.[46] Das Stück, das wahrscheinlich auf einer Adaption von Terenz' *Eunuchus* aus dem 18. Jahrhundert basiert, erzählt die Geschichte von Ambroise Rouget, der nach einem zweijährigen Aufenthalt in Marokko nach Paris zurückkehrt und feststellen muss, dass sein Freund Emile nicht nur seine Verlobte Claire umgarnt, sondern auch das Gerücht verbreitet hat, Ambroise sei in Marokko als Strafe für einen Einbruch in einen Harem kastriert worden. Zurück in Paris begegnet man Ambroise mit kaum verhohlenem Spott. Doch bald stellt sich heraus, dass sich der vermeintliche Eunuch Ambroise in gehobenen Gesellschaftskreisen als Aufpasser junger Damen von Stand, als Hüter von Moralität und Jungfräulichkeit großer Beliebtheit erfreut. Um den Gerüchten seiner vermeintlichen Impotenz zu begegnen und um seine Virilität zu beweisen, lässt sich Ambroise auf zahlreiche sexuelle Abenteuer mit seinen Schützlingen ein. Durch diesen Nachweis seiner Männlichkeit findet Ambroise schließlich zurück in die Arme seiner Verlobten, und eine Hochzeit kann doch noch stattfinden.

---

genössischen Drama Abstand und spielte ein populäres, teils auf Laszivitäten setzendes Unterhaltungsprogramm, in das er nach einer Konzessionserweiterung ab 1912 auch Operetten einbaute. Siehe Marion Linhardt: *Residenzstadt und Metropole. Zu einer kulturellen Topographie des Wiener Unterhaltungstheaters (1858–1918)*, Tübingen 2006, S. 118. Zur europäischen Bewegung des intimen Theater siehe Marianne Streisand: *Intimität. Begriffsgeschichte und Entdeckung der »Intimität« auf dem Theater um 1900*. München 2001, v.a. S. 297–300.

46 Als Substantiv kann *malin* als Schlaukopf übersetzt werden, während das Adjektiv *malin*, *maligne* trickreich, clever aber auch boshaft meint. Es könnte sein, dass der Mitbegründer des Intimen Theaters, der Dramatiker Oskar Friedmann (Bruder des Kulturhistorikers Egon Friedell) der Verfasser dieses Textes ist. 1902 hatte das Pressbureau eine alleinige Theater-Lizenz für Oskar Friedmann untersagt, da er, der 1897 in einer Kampfschrift (*Wider die Theaterzensur*) auch publizistisch gegen die Theaterzensur hervorgetreten war, als »nicht vertrauenswürdig«, eine »etwas exzentrische Natur« und als »unbotmäßig gegenüber Amtspersonen« charakterisiert worden war. Die Konzessionsbehörde vermerkt, dass er nach dem Tod seines Vaters »psychisch erkrankt« und unter Kuratel gestellt worden sei. Die künstlerische Leitungsbefähigung wird ihm aber nicht abgesprochen. *Der Eunuch* könnte auf eine Burleske des 18. Jahrhunderts zurückgehen (*L'eunuque, ou la fidelle infidelite, parade* […]. Par *****. Ton Esprit aisément perce a trevers ces voiles. Et voit bien que c'est moi, qui sais les cinq Etoiles, Paris 1755), die anonym publiziert worden war (die fünf Asterixe, die für den Autornamen stehen, stimmen mit der Anzahl in *Malin* überein). Das Motiv des Dramas geht freilich auf Terenz' Komödie *Eunuchus* zurück.

Das Pressbureau, das für semi-pornographische Spieltexte, die um das zentrale Ausstattungselement eines Bettes herum organisiert waren, mittlerweile eine eigene Zensur-Kategorie »Betten-Dramatik« geschaffen hatte, optierte für ein *non-admittitur*. Diesem Urteil schlossen sich alle drei Mitglieder des Zensurbeirats an. In seiner Stellungnahme bezieht sich Glossy einmal mehr auf die Ideale der aufklärerischen Zensur, um die Richtigkeit seiner Entscheidung zu begründen:

> »Jeder Literaturfreund und jeder, dem das Theater als geistige Erholung und als eine Schule des guten Geschmacks gilt, kann nur sehnlich wünschen, daß endlich einmal Stücke von der Schaubühne verbannt werden, die diese nur entehren und auf die Stufe des Bordells herabwürdigen. Wie schädigend diese Sexualliteratur auf die dramatische Produktion wirkt, zeigt die nahezu verschwindende Zahl von Bühnenwerken ohne erotische Handlung. Man kämpft gegen die sogenannte Schmutzliteratur, gegen Detektiv- und Kriminalromane, aber weit gefährlicher und die Kultur entehrender sind jene zumeist geist- und witzlosen Bühnen-Machwerke, die nur auf die rohe Sinnlichkeit berechnet sind. Gegen diese Schädlinge der dramatischen Literatur die vollste Strenge anzuwenden, erscheint im Interesse der Kultur dringend geboten. Im XVIII. Jahrhundert wurde den rohen Spässen des Hanswurst ein Ende gemacht und hervorragende Staatsmänner traten für eine Reinigung der Schaubühne ein. Wie harmlos aber erscheinen diese grobkörnigen Hanswurstiaden im Vergleich zu den priapischen Bühnenprodukten der Gegenwart. Niemand – die gewinnlüsternen Autoren solcher Zoten ausgenommen – wird die Zensur illiberal nennen, wenn sie gegen die Ausbreitung eines solchen Literaturzweiges Stellung nimmt. Die Liberalität der Zensur muß sich auf ganz anderen Gebieten äussern als auf dem der Zote, für die das Budapester Orpheum, nicht aber das Theater der geeignete Ort ist.«[47]

Als literarischer Beirat ist Glossy nicht gewillt, die »rohe Sinnlichkeit« für die Theaterbühne zuzulassen. Dabei beruft er sich indirekt auf die Konzessionskategorien der Wiener Polizei. Das Budapester Orpheum, eine auf jüdischen bzw. jiddischen Jargon spezialisierte Unterhaltungsbühne mit Kabarett-, Varieté- und Kleinkunstelementen, die Glossy im Zusammenhang mit »roher Sinnlichkeit« immer wieder in den Sinn kommt, besaß keine Konzession als Theater, sondern allein als Singspielhalle. Auf das Publikum des Budapester Orpheum trafen damit

---

47 NÖLA, Statthalterei Präsidium, Theater-Zensurakten 1909, 1589.

nicht die gleichen Zensurregeln zu. Was in dem Zitat ebenfalls sichtbar wird, wenngleich auf einer eher abstrakteren Ebene, ist der konservative Charakter präventiven Handelns, welches antritt, ein zukünftiges Übel zu verhindern, indem es eine ideale (oder jedenfalls bessere) Vergangenheit als legitimatorische Voraussetzung der Unterlassung bzw. des Verbots heraufbeschwört.

Stefan Zweig beschreibt in seiner Autobiographie *Die Welt von Gestern* eindrücklich, wie schnell sich um 1900 die gesellschaftlichen und kulturellen Bewertungsmaßstäbe in Sachen Sexualität wandelten.[48] Einstmals provokante Zensurautoren wie Carl Sternheim (*Die Hose, Der Snob*) sind in ihrer damaligen, die Zensur an ihre Grenzen führenden Brisanz, ihrem Erregungspotenzial, heute kaum noch verstehbar.[49] Wie rasch sich das Urteil auch mit Blick auf die Stücke semi-pornographischen Inhalts veränderte, zeigt sich daran, dass nur wenige Jahre nach dem Verbot des Eunuch ein erneuter Antrag auf Aufführung – nun unter dem Titel *Abenteuer in Marokko* – ohne Probleme gewährt wurde.[50]

Nachleben der Theaterzensur

Anders als im Deutschen Reich endete mit der Abschaffung der Monarchie 1918 die Theaterzensur in Österreich nicht. Allerdings wurde nach dem Zusammenbruch des Habsburgerreiches nur noch vergleichsweise verhalten zensiert, die vollständigen Verbote zwischen 1918 und 1926, dem Ende der Theaterzensur in Österreich, nahmen gegenüber der Vorkriegszeit deutlich ab. 1928 kommt es zur Übergabe des polizeilichen Repositoriums mit Zensurakten und Zensurexemplaren an das Landesarchiv Niederösterreichs.

Ein Jahr später, 1929, legt Carl Glossy anläßlich des vierzigjährigen Jubiläums des Volkstheaters einen Jubiläumsband vor, *Vierzig Jahre Deutsches Volkstheater. Ein Beitrag zur deutschen Theatergeschichte*, der zu großen Teilen auf Materialien des Zensurarchivs der Polizeibehörde

---

48 Stefan Zweig: *Die Welt von Gestern. Erinnerungen eines Europäers* [1942], Köln 2013, S. 100–132.
49 Siehe Siegbert Klee: »Macht und Ohnmacht des Zensurspielers Carl Sternheim«, in: John A. McCarth; Werner von der Ohe (Hg.): *Zensur und Kultur. Zwischen Weimarer Klassik und Weimarer Republik mit einem Ausblick bis heute*, Tübingen, 1995, S. 134–148.
50 NÖLA, Statthalterei Präsidium, Theater-Zensurakten 1913, 256.

basiert.[51] Der Band bietet, anders als der Titel vermuten lässt, nicht bloß eine Geschichte des Volkstheaters, sondern eine Geschichte der Wiener Theaterzensur der letzten 25 Jahre. Glossy, der, wie auch Erich Schmidt, Mitglied des Volksbühnen-Vereins war, auf dessen Initiative der von Ferdinand Fellner realisierte Theaterbau von 1889 zurückging, lässt in der Schilderung der Zensurreform von 1902/03 und der Einrichtung des Zensurbeirates seine eigene Rolle als Zensurbeirat allerdings unerwähnt.[52] Lediglich über die Quellensituation bemerkt er einleitend:

»Die Geschichte der vierzig Jahre zu verfassen, ist mir der ehrenvolle Auftrag geworden, dem ich mit der vorliegenden Schrift nachgekommen bin. Nicht ohne große Mühe, da dieses Theater kein Archiv besitzt. [...] Um meiner Aufgabe einigermaßen gerecht zu werden, wandte ich mich an den Herrn Landeshauptmann Dr. Karl Buresch, der mir gütigst gestattete, die Theaterakten der ehemaligen Statthalterei und der niederösterreichischen Landesregierung zu benützen.«[53]

Im beschreibenden Durchgang durch den Spielplan des insbesondere durch Dramatiker des Expressionismus, Symbolismus und Naturalismus geprägten Volkstheaters lässt Glossy seine intime Kenntnis der Zensurvorgänge der niederösterreichischen Statthalterei durchscheinen. Vielen seiner Leser dürfte seine vormalige Tätigkeit als literarischer Beirat noch bekannt gewesen sein.

Glossy bewertet die Zensur nach 1902 als ein angemessenes, ja notwendiges Korrektiv der zeitgenössischen Dramenproduktion – obgleich er deren normative Grundlage, Bachs Zensurinstruktion von 1850, als veraltet ansieht. Die Arbeit des Zensurbeirates sieht er als Schutz und Unterstützung gerade jener Autoren, die sich mit den Symptomen und Effekten der Moderne (soziale Konflikte, Sexualität, Moralvorstellungen) auseinandersetzen. Immer wieder zitiert Glossy aus seinen eigenen Gutachten als literarischer Beirat, um die Liberalität der Zensur und die Richtigkeit seines juridisch-ästhetischen Urteilens zu belegen. So schreibt er bezüglich der Einreichung von Franz Theodor Csokors *Die Wollust der Kreatur* bei den Zensurbehörden (1917):

---

51 Carl Glossy: *Vierzig Jahre Deutsches Volkstheater. Ein Beitrag zur deutschen Volksgeschichte*, Wien 1929.
52 Ebd., S. 34f.
53 Ebd., S. VI.

»Ein neues Kapitel in der Geschichte der dramatischen Literatur bildet die Erotik und Sexualität. Die deutsche Bühne wurde mit derlei Produkten derart überschwemmt, daß in der Folge die Farben immer kräftiger aufgetragen werden mußten, um den jeweiligen Unflat zu überholen. Dem Einerlei der aus Frankreich importierten Ehebruchskomödien, womit die Serie begann, folgten Machwerke der schmutzigsten Phantasie. ›Es ist eine Degenerationserscheinung,‹ schrieb 1917 ein Zensurbeirat, ›ein Zeichen der Verkümmerung der Schaffenskraft, wenn die modernen Dramatiker selbst jetzt [d.h. in der Kriegszeit], wo die Menschheit vor schicksalsschweren Problemen steht, aus der Fülle des Geschehens gar nichts herauszuholen wissen und statt neue Wege einzuschlagen, immer nur dem bereits zum Überdruß breit getretenen Thema von des Menschen Liebesnot und -drang neue Seiten abzugewinnen suchen, als ob die Entfesselung der sexuellen Triebe die einzige Macht wäre, unter der das Menschenleben steht.‹«[54]

Im Fall von Arthur Schnitzlers *Professor Bernhardi* (dessen Aufführung 1912 und erneut 1913 verboten worden war) bezieht sich Glossy auf seine eigenen Anmerkungen von 1918 (als Schnitzlers Drama schließlich zugelassen wurde):

»Der Zensurbeirat der literarischen Gruppe, der schon 1912 auf den Körberschen Erlaß des Jahres 1903 hinwies, nach welchem der Bühne die Erörterung keines Konfliktes verschlossen bleiben solle, wenn nur die ethische Grundlage des Problems erkennbar ist, erklärte, daß ein gänzliches Verbot nicht gerechtfertigt sei, in einer Zeit, in der völlige Preßfreiheit herrsche und das Publikum so manches freie Wort höre und lese, das vorher weder ausgesprochen, noch geschrieben werden durfte.«[55]

Bemerkenswerterweise fehlen heute viele der Zensurgutachten, aus denen Glossy in seinem Buch zum Deutschen Volkstheater zitiert (so auch die hier erwähnten zu Csokors *Die Wollust der Kreatur* und Schnitzlers *Professor Bernhardi*) im Landesarchiv von Niederösterreich. Carl Glossy, der erste, der das vormalige polizeiliche Repositorium der Statthalterei als literarisches Archiv nutzte, mag es aufgrund seiner 23 Jahre währenden Tätigkeit als Zensurbeirat gewährt worden sein, die Zensurakten, wie es jahrelang Praxis gewesen war, mit nach Hause zu nehmen.[56]

---

54 Ebd., S. 28.
55 Ebd., S. 223.
56 Platzhalter – vermutlich von Glossys Hand – finden sich immer wieder in den Kästen mit Zensurakten im Landesarchiv in St. Pölten.

Der Geschmack der Polizei

Glossys archivalische Nutzung der Zensurmaterialien geht der eigentlichen ›Gründung‹ des Theaterzensurarchivs voraus. Doch auch die polizeiliche Nutzung endet nicht im Übergang zum Archiv. Als 1928 die Theaterzensurtexte der Wiener Polizei an das Landesarchiv Niederösterreich übergehen, behält sich die Polizei ausdrücklich »die freie Verfügung über diese Dienststücke« vor: Es müsse gewährleistet sein, die deponierten Texte »jederzeit amtlich zu benützen.«[57] Tatsächlich hat dieser Zwischenbereich unterschiedlicher Rationalitäten in einem bestimmten Sinn nie aufgehört zu existieren: Die polizeilichen Register und Indizes dienen heute als Findbücher und die Archivkataloge folgen nach wie vor den polizeilichen Erfassungskriterien. Die polizeiliche Konzessionierungs-, Zensurierungs- und Kontrollpraxis sowie nicht zuletzt der ›Geschmack der Polizei‹ bestimmt bis heute, was uns aus historiografischer Perspektive als Theater überhaupt zugänglich ist.

---

57 Schreiben der Bundes-Polizeidirektion in Wien vom 25.7.1928. NÖLA, Präsidialakten, XIV/197, a1. Zum Theaterzensurarchiv siehe aus institutionsgeschichtlicher Perspektive: Erich Forstreiter: »Die Abteilung ›Theater‹ des Archivs für Niederösterreich«, in: Niederösterreichische Landesregierung (Hg.): *Das Bundesland Niederösterreich. Seine verfassungsrechtliche, wirtschaftliche und soziale Entwicklung im ersten Jahrzehnt des Bestandes. 1920–1930*, Wien 1930, S. 460–466.

Birgit Peter

Zirkus und Geschmack

Die ungarische Philosophin Ágnes Heller formulierte 2014 in ihrem Buch *Die Welt der Vorurteile. Geschichte und Grundlagen für Menschliches und Unmenschliches*[1] die Grundstruktur von Vorurteil als das einer unüberprüften Meinung. Immanuel Kant maß in der *Kritik der Urteilskraft*[2] dem Geschmacksurteil die Fähigkeit bei, das reine Schöne zu erkennen. Dieses »reine Schöne« beruht auf der Annahme bzw. der Existenz eines Ideals, in diesem Fall eines ästhetischen Ideals. Der Zusammenhang von Geschmack als urteilende Handlung oder urteilender Prozess mit dem des Vorurteils in seiner basalen Bedeutung als unüberprüfter Meinung steht im Zentrum folgender Auseinandersetzung mit dem historischen Zirkus. Denn die Produktionen von Zirkusleuten aus dem 19. Jahrhunderts fungierten geschmacksbildend. Einer der profundesten Kenner und Historiker des Zirkus war der heute völlig unbekannte Wiener Bankbeamte und Sportjournalist Joseph Halperson (d.i. Joseph Modersohn, 1863–1942). Er war leidenschaftlicher Zirkusbesucher, mit zahlreichen Zirkusleuten bekannt, sammelte Zeugnisse und Dokumente, die in sein 1926 veröffentlichtes *Buch vom Zirkus* mündeten. 1926 allerdings war dieser Band bereits eine historische gewordene Verneigung vor einer Kunst und Lebensform, die durch die gesellschaftlichen Umbrüche des 1. Weltkriegs verloren gegangen schien. Demzufolge wurde der Band kaum rezipiert, mutete als melancholisches Dokument einer schillernden Gesellschaft des 19. Jahrhunderts an. Was Halperson hier versammelte, bietet für die Auseinandersetzung mit gesellschaftlichen Formationen aufschlussreiche Zeugnisse, insbesondere in Zusammenhang von Geschmack und Distinktion. So beschreibt Halperson im Kapitel über Kunstreiterinnen deren Erscheinung folgendermaßen:

»Das Anziehendste und Ästhetischste, das der alte Zirkus seinen Besuchern zu bieten hatte, war die untadelhafte Schulreiterin in ihrer traditionellen

---

1 Ágnes Heller: *Die Welt der Vorurteile. Geschichte und Grundlagen für Menschliches und Unmenschliches*, Wien und Hamburg 2014.
2 Siehe: Immanuel Kant: *Kritik der Urteilskraft*, Erstausgabe, Berlin 1790.

Tenue: schwarze Amazone und Zylinder. Sie war es nicht zuletzt, die dem Zirkus in seiner Blütezeit den Charakter der Distinktion aufgeprägt hat.«[3]

Das Buch vom Zirkus bietet ein »Archiv« über die vergessenen artistischen Praktiken, wobei der Kunstreiterei besondere Bedeutung als geschmacksbildende Fertigkeit zukommt. Insbesondere die Reiterinnen fungierten ebenso wie Schauspielerinnen und Tänzerinnen als Vorbild für Eleganz, Grazie und Anmut, das Wissen über die Artistinnen allerdings ist in einem Distinktionsprozess um die Rangordnung darstellender Künste verloren gegangen. Historischer Markierungspunkt liegt hier bereits in den Anfangsjahren des traditionellen Zirkus Ende des 18. Jahrhunderts. Zirkus als Sammlung verschiedener artistischer Praxen und Tierdressuren formierte sich in jener Phase, als Fragen des Geschmacks konstituierend für Subjektivationsprozesse wurden. Die 1711 in London erschienenen *Characteristics of Men, Manners, Opinions, Times*[4] von Anthony Ashley Cooper, third Earl of Shaftesbury (1671–1713) brachten Geschmack als grundlegende Bedingung für eine harmonische Lebensführung ins Spiel: Geschmack als ein auf Empfindung beruhendes und die Empfindsamkeit schulendes menschliches Vermögen. Wie Rudolf Lüthe und Martin Fontius zusammenfassen, erfährt der Terminus »Geschmack/Geschmacksurteil« eine Bedeutungssteigerung hin zum Gebrauch als ästhetischem Grundbegriff.[5] Dabei fallen zwei Bedeutungsebenen im gegenwärtigen deutschen Sprachgebrauch zusammen. Zum einen bezeichnet Geschmack »ein System von gesellschaftlichen Konventionen (öffentlicher Geschmack)«, zum anderen benennt er »die ästhetische Grundorientierung von Individuen (privater Geschmack)«.[6] Im Sinne der Konvention erhält Geschmack eine Bedeutung als Ordnungsbegriff für angemessenes Verhalten oder Erscheinung von Perso-

---

3 Joseph Halperson: *Das Buch vom Zirkus. Beiträge zur Geschichte der Wanderkünstlerwelt*, Düsseldorf 1926, S. 147.
4 Earl of Shaftesbury, Anthony-Ashley Cooper: *Characteristics of Men, Manners, Opinions, Times*, London 1711. – Zur Rezeption von Shaftesbury im deutschsprachigen Raum, siehe: Mark-Georg Dehrmann : »*Das Orakel der Deisten*«. *Shaftesbury und die deutsche Aufklärung*, Göttingen 2008.
5 Karlheinz Barck, Martin Fontius u.a.: *Ästhetische Grundbegriffe. Historisches Wörterbuch in sieben Bänden*, Stuttgart und Weimar 2001.
6 Lüthe, Rudolf / Fontius, Martin: »Geschmack/Geschmacksurteil«, in: Barck / Fontius u. a: Ästhetische Grundbegriffe. Historisches Wörterbuch in sieben Bänden. Bd. 2: *dekadent – grotest*, S. 792–819, S. 793. – Zur Begriffsgeschichte von Geschmack, siehe: Ute Frackowiak: *Der gute Geschmack. Studien zur Entwicklung des Geschmacksbegriffs*, München 1994 (= Freiburger Schriften zur romanischen Philologie 43).

nen bzw. ihren Handlungen. Geschmack etabliert sich zu dem ästhetischen Sinn, als *der* »Sinn für die Distinktion«[7] wie Pierre Bourdieu in *Die feinen Unterschiede* ausführt. Theater, insbesondere Komödie, so der Soziologe, erweist sich als wirkungsmächtige Formation im Kampf um legitime Kultur über den guten Geschmack, da hier »gemeinsame Werte oder Interessen« vorausgesetzt werden, »oder besser, Komplizenschaft und Einverständnis auf der Basis gemeinsamen Verhaftetseins an dieselben Selbstverständlichkeiten«[8]. Zirkus zählt – wie auch Operette und Stierkampf – seinen soziologischen Erhebungen nach, zu den Schauspielen der »mittleren Kultur«[9], jene der unteren Schichten und unteren Mittelschicht.

Zirkus eignet sich als Projektionsort für den mit Widerwille und Ekel einhergehenden Geschmack des »Anderen«, so Bourdieus Ausführungen, der zur Errichtung und Behauptung des legitimen also »guten« Geschmacks der intellektuellen wie bürgerlichen Eliten ja notwendige Voraussetzung ist. So gesehen zeichnet sich in der historisch konstruierten Dualität von Theater und Zirkus ein Prozess ab, der über diese ästhetischen Fragen hinaus, gesellschaftliches Gefüge miterzeugt.[10]

»Und das Unerträglichste in den Augen derer, die sich für die Inhaber des legitimen Geschmacks halten, besteht *vor allem anderen* in der frevelhaften Vereinigung von Geschmacksrichtungen, die der Geschmack auseinanderzuhalten befiehlt.«[11]

Folgt man hier Bourdieu in seiner Argumentation, so scheint es sehr schlüssig, dass je mehr Theater als ein Reglement des guten Geschmacks funktioniert[12], das, was nicht diesem Theaterbegriff zugehörig ist, zum

---

7 Pierre Bourdieu: *Die feinen Unterschiede. Kritik der gesellschaftlichen Urteilskraft*, übers. von Bernd Schwibs u. Achim Russer, Frankfurt a. M. 1987, S. 104.
8 Ebd., S. 106/Fußnote 60.
9 Ebd., S.110.
10 »Das bedeutet zugleich, daß die Spiele der Künstler und Ästheten und deren Ringen, um das Monopol künstlerischer Legitimität so unschuldig nicht sind, wie sie sich geben: keine Auseinandersetzung um Kunst, bei der es nicht auch um die Durchsetzung eines Lebensstils ginge, will heißen die Umwandlung einer willkürlichen Lebensform in eine legitime, die jede andere Form in die Sphäre der Willkürlichkeit verbannt.« Ebd., S. 106.
11 Ebd., S. 106. Hervorhebung im Original.
12 Den Zusammenhang von Geschmack und Theater zu untersuchen muss als Desiderat einer eigenen kulturhistorischen Studie konstatiert werden. Es sei hier als Auswahl verwiesen auf: Richard Schaukal: *Vom Geschmack. Zeitgemässe Laienpredigten über das Thema Kultur*, München 1910, – die soziologische Arbeit von Levin P.

Geschmacklosen wird, schließlich nicht mehr als Theater wahrgenommen wird.[13] Zirkus nennt sich der Austragungsort für jene Künste, die in der Emanzipationsphase von Theater im späten 18. Jahrhundert, dem Reglement entgegenwirken.

Konnotationen zu Kitsch, schlechtem Geschmack, Massengeschmack, niveauloser Unterhaltung finden sich im Umfeld, wenn von Zirkus die Rede ist. Die Perspektive auf Zirkus bietet die Gelegenheit diesen Zuschreibungen auf die Spur zu kommen. Pierre Bourdieus Ausführungen vom Zusammenhang zwischen Geschmack, Kultur und Gesellschaftskonstitution stellen eine methodische Grundlage dar, da er die dem Begriff eigene Doppelheit von existentieller Bedeutung als Determinante und kultureller Behauptung als Doxa formulierte[14].

Die deutschsprachige historische Geschmacksdebatte zielte auf die Sublimierung des sinnlich wahrnehmbaren Schmeckens hin zum ästhetischen Geschmacksempfinden, wie es Immanuel Kant in *Kritik der Urteilskraft* zum Dogma formulierte. Mit Bourdieus dezidert antikantianischem Denken, seiner »Kritik der gesellschaftlichen Urteilskraft«[15], wird der Fokus auf Geschmack in seiner Doppelheit von sinnlichem

---

Schücking: *Die Soziologie der literarischen Geschmacksbildung.* 2. erw. Aufl. Leipzig, Berlin:, 1931 (1. Aufl. 1913), - Eckart Liebau und Jörg Zirfas (Hg.): *Die Bildung des Geschmacks. Über die Kunst der sinnlichen Unterscheidung,* Bielefeld 2011. In ihrem gemeinsamen Vorwort (S. 9-14) verweisen die Herausgeber auf das Potential von Geschmack als »sinnliches Geschehen und ästhetisches Vermögen«(S. 9).
13 Rudolf Münz: *Das »andere«Theater. Studien über ein deutschsprachiges teatro dell'arte der Lessingzeit,* Berlin 1979.
14 »Der Geschmack ist die Grundlage all dessen, was man hat – Personen und Sachen –, wie dessen, was man für die anderen ist, dessen, womit man sich selbst einordnet und von den anderen eingeordnet wird. Die Geschmacksäußerungen und Neigungen (d. h. die zum Ausdruck gebrachten Vorlieben) sind die praktische Bestätigung einer unabwendbaren Differenz. Nicht zufällig behaupten sie sich dann, wenn sie sich rechtfertigen sollen, rein negativ, durch die Ablehnung und die Abhebung von anderen Geschmacksäußerungen. Mehr noch als anderswo ist in Sachen des Geschmacks *omnis determinatio negatio;* so ist wohl auch der Geschmack zunächst einmal *Ekel,* Widerwille – Abscheu oder tiefes Widerstreben (›das ist zum Erbrechen‹) – gegenüber dem anderen Geschmack, dem Geschmack der anderen. Über Geschmack streitet man nicht – nicht, weil jeder Geschmack natürlich wäre, sondern weil jeder sich in der Natur begründet wähnt – was er, als Habitus, ja auch gewissermaßen ist –, mit der Konsequenz, den anderen Geschmack als Skandalon der Gegen-Natur zu überantworten, ihn als abartig zu verwerfen: die ästhetische Intoleranz kann durchaus gewalttätig werden.« Bourdieu. *Die feinen Unterschiede,* S. 104–105. Hervorhebungen im Original.
15 Matthias Meindl: *Geschmack und Urteilskraft bei Pierre Bourdieu und Hannah Arendt,* Berlin 2009 (= Berliner Arbeiten zur Erziehungs- und Kulturwissenschaft, hg. von Christoph Wulf 47).

Unterscheidungsvermögen und ideologisierender Behauptung gelegt. Zirkus und Artistik zählen für ihn zu Formationen »populärer Ästhetik«, die sich von »aller theoretisch entfalteter Ästhetik« vor allem dahingehend unterscheidet »zwischen Kunst und Leben einen Zusammenhang zu behaupten.«[16]

»Die eisige Feierlichkeit der großen Museen, der überschwengliche Luxus der Opernhäuser und berühmten Theater, der feierliche Rahmen und zeremonielle Ablauf der Konzertaufführungen. Es scheint, als erfaßte dieses Publikum verschwommen das darin Verborgene, der Kunst wie dem Leben Form zu geben, Formen aufzuprägen: nämlich eine Art *Zensur* des expressiven Gehalts, der in der *Expressivität* des Sprechers »von der Straße« gleichsam explodiert [...] Im Gegensatz dazu verschafft das populäre Spektakel beides zugleich: die individuelle Teilnahme des Zuschauers am Stück wie die kollektive Teilnahme am Fest, zu dem das Stück Anlaß ist. Tatsächlich stellen Zirkus und melodramatisches Boulevardstück [...] »populärere« Formen als Tanz und Theater nicht allein deshalb dar, weil sie [...] weniger formalisiert und verbrämt sind, auch auf direktere und weniger vermittelte Weise Vergnügen bereiten; vielmehr weil sie [...] mittels der kollektiven Manifestationen und Äußerungen, die sie provozieren, so gut wie durch den spektakulären Prunk, den sie entfalten [...], d.h. den Zauber und Glanz des Dekors und der Kostüme, die Beschwingtheit der Musik, die lebhafte Handlung und den Feuereifer der Akteure, Geschmack und Sinne am *Fest* befriedigen, am offenen Drauflos-Reden und am offenen Gelächter, die befreien, indem sie die soziale Welt auf den Kopf stellen, indem sie die Konventionen, Anstand und Sitte, für Momente außer Kraft setzen.«[17]

Bei den dem Zirkus zugeordneten Künsten kann zudem der ökonomische Aspekt nicht verdrängt werden, wie dies aber in den deutschsprachigen Kunsttheaterdebatten des späten 19. Jahrhunderts erfolgte, die den Aspekt von Geld und Gewerbe eben jenen anderen Künsten zuordneten und sie dadurch als Nicht-Künste kategorisierten. Die Benennung als »brodlose Künste«[18] für artistische, zeichnet diese Spur nach einem untrennbaren Zusammenhang von pekuniärem Verdienst und als unnütz wahrgenommener Produktion nach. Das hier offen liegende Vorurteil gilt es auf seine Historizität zu überprüfen.

---

16 Bourdieu: *Die feinen Unterschiede*, S. 64.
17 Ebd., S. 66–67. Hervorhebung im Original.
18 Siehe: Karl von Holtei: *Vierzig Jahre*. 8 Bde. Bd. 7. Berlin 1850, S. 72.

Die vom Earl of Shaftesbury sogenannte »Culture of politeness« beeinflusste maßgeblich nicht allein moralphilosophische Denker wie Leibniz, sondern u. a. auch Johann Christoph Gottscheds theaterreformatorische Konzepte[19], Gotthold Ephraim Lessing und Christoph Friedrich Nicolai[20]. Geschmack erwies sich als ästhetische Kategorie, die für Bildungskonzepte und Moralvorstellungen der Aufklärung wirksam gemacht werden sollten. Zirkus etablierte sich parallel zu deutschen Nationaltheatergründungen, parallel zu einer spezifischen Ästhetik-Debatte um Nation und Theater, die von deutschen Denkern mit hervorgehobener Leidenschaft geführt wurde.

Nicht im deutschen Sprachraum, sondern im englischen und französischen fand sich eine neue/alte Form von Theater, nämlich die Vorführung und Schaustellung von dressierten Körpern, von Tieren und Menschen. London und Paris waren hier die ersten Metropolen, in denen Aufführungen nicht-literaturdramatischen Inhalts, ohne Schauspielkunst, sondern mit dieser spezifischen Schaustellung von Körpern stattfanden und zwar in einem neuen Rahmen, nicht am Jahrmarkt, sondern in eigens errichteten Theatern, sogenannten Amphitheatern.

Der ehemalige englische Offizier Philip Astley (1742–1814) erweiterte seine 1772 in London eröffnete Riding-School zu einem von ihm als »Amphitheatre of Arts« bezeichneten Spielort (1779).[21] Seine Erfindung, nämlich die Manege zu überdachen, importierte er nach Paris, wo er 1782 im Vorort Temple das »Amphithéâtre Anglais« eröffnete. Hier allerdings kam zur Manege ein Bühne hinzu, diese Kombination wurde zum Vorbild europäischer Zirkusbauten des beginnenden 19. Jahrhunderts.[22] Der ehemalige Schausteller dressierter Vögel, späterer Leiter einer Kunstreitergesellschaft, Antonio Franconi (1737–1836) übernahm 1789 Astleys Amphitheater, da dieser aufgrund der Revolution aus Frankreich ausreisen musste.

---

19 Rebekka Horlacher: *Bildungstheorie vor der Bildungstheorie. Die Shaftesbury-Rezeption in Deutschland und der Schweiz im 18. Jahrhundert*, Würzburg 2004.
20 Jan Engbers: *Der »Moral-Sense«bei Gellert, Lessing und Wieland. Zur Rezeption von Shaftesbury und Hutcheson in Deutschland*, Heidelberg 2001 (= germanisch-romanische Monatsschrift, Beiheft 16), Dehrmann: *»Das Orakel der Deisten«*.
21 1774 kam Astley erstmals mit Vorstellungen seiner Riding-School nach Paris, siehe: Günter Bose und Erich Brinkmann: *Circus. Geschichte und Ästhetik einer niederen Kunst*, Berlin 1978, S. 40. – Rupert Croft-Cooke und Peter Cotes geben das Jahr 1772 an, siehe: Rupert Croft-Cooke und Peter Cotes: *Die Welt des Circus*, übers. von Dieter W. Portmann, Zürich 1977 (Orig.: *Circus. A World History*, London 1976), S. 46.
22 Bose und Brinkmann: *Circus*, S. 41.

Zirkus und Geschmack

Die von Thomas Rowlandson und Augustus Pugin um 1808 angefertigte Graphik von Astley's Londoner Amphitheater zeigt die Kombination eines frühen bürgerlichen Repräsentationstheaters, angeordnet um die Manege als Zentrum. Abbildungen um 1800 in Paris und Wien errichteter Zirkusgebäude, wie der Cirque Olympique in Paris oder der Circus de Bach in Wien zeigen Vergnügungspaläste für den sich etablierenden bürgerlichen Stand, die mit Zeichen höfischer Privilegien wie Prunk und Dekoration ausgestattet waren.[23]

Die Produktionen dieser frühen Zirkus-Unternehmen basierten auf den Pferden; Reitkunst und Mimodramen oder Pantomimen mit Pferden standen im Zentrum. Zirkus zog die Aufmerksamkeit der verschiedensten Gesellschaftsschichten auf sich, bildete insbesondere für Theater eine außerordentliche Konkurrenz. Der Fall des zirkusbegeisterten Schriftstellers Karl Holtei (1798–1880) vermittelt die Dimension einer Auseinandersetzung um den »richtigen« Geschmack. Anfang der 1820er-Jahre versuchte Holtei am Breslauer Stadttheater Zirkus und Theater zu verbinden. Dieses Experiment, das von der Begeisterung Holteis für die Vorführungen der Kunstreitertruppen Tourniaire und Cuzent-Lejars,[24] zeugt, löste einen beispielhaften Theaterskandal aus. In seiner Funktion als Theatersekretär und Dichter am Breslauer Theater hatte Holtei einen Luftspringer der Kunstreitertruppe Tourniaire für eine Pantomime engagiert.[25] Der Historiograph »deutscher Schauspielkunst«, Eduard Devrient (1801–1877), schreibt mit unverhohlener Abscheu in den 1860er-Jahren von »einem der auffallendsten Theaterskandale«:

»Veranlaßt durch ein zärtliches Verständniß, das er [d. i. Holtei, B.P.] mit der Frau des Kunstreiters Tournière [!] unterhielt, wollte er dem Gatten Gelegenheit schaffen, seine Reiterkünste aufs Theater zu verpflanzen und in Verbindung mit den Schauspielern Spektakel-Pantomimen, nach Art der Vorstellungen am Theater an der Wien, geben. Direction und Ausschuß der Actionäre gewann Holtei durch Aussicht auf gute Einnahmen, und hatte den Vertrag mit den Kunstreitern bereits abgeschlossen, als die Schauspieler sich weigerten, mit Equilibristen und Pferden gemeinschaftliche Sache zu machen.«[26]

---

23 Siehe: Dorothea Frank: *Circusbauten in Wien. Circus in Vergangenheit und Gegenwart*, Diplomarb., Universität Wien, 1988.
24 Siehe: Holtei: *Vierzig Jahre*, Bd. 4 sowie Bd. 7.
25 Siehe: Ebd., Bd. 4.
26 Eduard Devrient: *Geschichte der deutschen Schauspielkunst*, 9 Bde. Bd. 4: *Das Hoftheater*, Leipzig 1861 (= Dramatische und Dramaturgische Schriften von Eduard Devrient 8), S. 135–136.

Die Tourniairesche Truppe reiste daraufhin ab, doch der Konflikt wurde weiter am Theater und im Feuilleton ausgetragen. Devrient interpretiert den Streit als bemerkenswerten und vorbildlichen Zusammenschluss des schauspielerischen Personals gegen ein sittenwidriges Handeln seitens Holtei. Seine Schilderung des Vorfalls skandalisiert Holtei zuerst als Ehemann, dann als Theatersekretär. Seine Frau, Luise Rogée (1800–1825), war seit 1821 erste Liebhaberin am Breslauer Theater. »Die Beliebtheit der jungen Frau stieg ebenso rasch, als die Unbeliebtheit des Mannes«[27], so Devrient, um Luise Rogée als sowohl privates wie auch künstlerisches Opfer Holteis zu positionieren[28]. Holtei wurde entlassen, Rogée – »eine der liebenswürdigsten deutschen Schauspielerinnen«[29] – löste ihren Vertrag, woraufhin, so Devrient, es zu Theatertumulten kam.

»Abend für Abend wurden die geachtetsten Mitglieder ausgepfiffen, insonderheit die Damen, welche in Rollen, die Frau von Holtei bis dahin gespielt hatte, aufzutreten genöthigt wurden.«[30] Die Diktion Devrients bringt Aufschluss wie er Holteis Experiment wertet, nämlich als moralisch und sittlich verwerfliche Tat; Kunst und Leben stellt er als ganz eng verwoben dar. Zirkuselemente auf der Bühne – wie Luftspringen und Kunstreiterei – repräsentieren für Devrient den Untergang des »künstlerischen Geist[es]«[31] von Theater. Dass Mitte des 19. Jahrhunderts auch eine weniger wertende Beschreibung möglich war, zeigt eine weitere Beschreibung des Konflikts in Breslau im repräsentativen *Biographischen Lexikon des Kaiserthums Oesterreich:*

»Diese ehrenvolle Wirksamkeit des jungen Ehepaares [Karl von Holtei und Luise Rogée, B.P.] wurde durch einen Seiltänzerscandal unterbrochen. Holtei als Theatersecretär hatte mit einem zur Tourniair'schen Truppe gehörigen Luftspringer einen Contract abgeschlossen, welchem zufolge dieser Pantomimenvorstellungen am Breslauer Theater leiten sollte, an denen aber auch Mitglieder des Theaters mitzuwirken hatten. Letztere weigerten sich mit Seiltänzern auf der Bühne zu erscheinen, es kam zu Controversen,

---

27 Ebd., S. 135.
28 »Vergebens bot Holtei Alles auf, das Personal zu zwingen oder zu bewegen, vergebens trug er sogar seine Frau zum Mitspielen an – deren hochgeachtete Person somit die Unternehmung decken sollte, welche er zum Triumph seiner Geliebten bereitete –.« Devrient: *Geschichte der deutschen Schauspielkunst*, S. 136.
29 Siehe: Eintrag »Luise Rogée«, in: *Damen Conversations Lexikon*, Bd. 5. o. O., 1835, S. 321–322. www.zeno.org/nid/20001738569, 18.08.2016.
30 Devrient: *Geschichte der deutschen Schauspielkunst*, S. 136.
31 Ebd., S. 134.

welche mit Holtei's Entlassung von seiner Theatersecretärsstelle endeten. Aber auch Frau von Holtei betrachtete ihre Verbindlichkeit für gelöst.«[32]

Bedeutsam an diesem »Seiltänzerskandal« ist zudem, dass an einem deutschsprachigen Theater um 1820 das von Paris ausgehende Erfolgskonzept Cirque Olympique sich nicht durchsetzen vermochte. Anfang der 1880er-Jahre, folgt man der Diktion des Theaterkritikers und -historikers Max Kurnik (1819–1881), scheint sich die von Devrient geäußerte Abscheu bereits zu einer allgemeinen Doxa verdichtet zu haben. In seinem Band *Ein Menschenalter. Theater-Erinnerungen (1845–1880)* berichtet er unter der Überschrift »Die Kunstbühne als Cirkus« ebenfalls vom Konflikt am Breslauer Stadttheater.

»Und nun kam ein Tag unvergeßlicher Schmach für das Breslauer Stadttheater. Die Kunstbühne wurde zum Circus [sic] degradiert. Aus Holtei's »Vierzig Jahren« weiß man, daß die Frage: Ob Kunstreiter die Bühne beschreiten dürfen, im Jahre 1823 einen förmlichen Bürgerkrieg in Breslau entflammte [...].«[33]

1855 gelang es schließlich, dass am Breslauer Stadttheater die Kunstreiterin Miss Ella (oder Zoyara, d. i. Sam Omar Kingsley, 1840–1879) auftrat, für Max Kurnik Anlass seine Theaterkritik mit einem Trauerrand versehen zu veröffentlichen[34].

Holteis Faszination an den Kunstreiterinnen-Akten blieb trotz des Skandals ungebrochen. Die Gründe dafür liegen an der »Vollendung« der Produktionen, er habe »eine so unbedingte Verehrung für Alles, was in seiner Art vollendet auftritt«[35], dass es keinen Unterschied mache, ob es sich um die Schauspielkunst der Sophie Schröder (1781–1868) oder die Kunstreiterpiecen von Pauline Cuzent (1815–1855) oder Madame Léjars (née Antoinette Cuzent, jüngere Schwester von Pauline Cuzent, Lebensdaten nicht eruierbar) handelte. Sein dreibändiger Roman *Die*

---

32 Eintrag »Karl von Holtei«, in: Constantin Wurzbach: *Biographisches Lexikon des Kaiserthums Oesterreich*, 60 Bde. (1856–1891), Bd. 9: *Hibler–Hysel*, Wien 1863, S. 233–242, *alo, austrian literature online*, www.literature.at/viewer.alo?objid=11812&page=243&scale=3.33&viewmode=fullscreen, 18.08.2016.
33 Max Kurnik, Max: *Ein Menschenalter. Theater-Erinnerungen (1845–1880)*, Berlin 1882, S. 114. Dank an Beate Hochholdinger-Reiterer für den Hinweis auf Kurnik.
34 Ebd., S. 115.
35 Ebd.

Vagabunden[36], erstmals 1852 erschienen, zählt zu einer Verneigung vor den frühen Zirkuskünstlerinnen und -künstlern. Holtei verwob Fiktion und biografische Dokumentation. Alexandre Guerra (1790–1856), Franconi, Philip Astley sind Holteis historische Referenzen, die er aufruft, um ein Universum aristokratisch konnotierter Geschmacksbildung hervorgebracht durch »Vagabunden« atmosphärisch zu etablieren. Bei den Frauenfiguren hingegen, Madame Adeline als Directrice, Ehefrau von Guillaume und Kunstreiterin, sowie bei der Kunstreiterin Adele Jacourt und ebenso bei Laura Amelot bedient er sich fiktiver Namen. Verwoben erscheinen hier vergangener Ruhm von den historischen Kunst- bzw. Schulreitererinnen Pauline Cuzent, Madame Léjars, Filippina Tourniaire (née Rödiger 1780–1852), Mathilde Monnet (Lebensdaten unbekannt) mit der ihnen von Holtei zugedachten Funktion als Lehrerinnen in Fragen von Geschmack und Lebenskunst.

Diese distinktionsbildende Rolle wird den Kunst- und Schulreiterinnen auch von Halperson in seinem *Buch vom Zirkus* zuerkannt, ja besonders hervorgehoben. Während dem männlichen Reiter à la Alexandre Guerra die Unterwerfung des edlen, aber hochnervösen Pferds, die Demonstration von Kühnheit und Wagemut, Schnelligkeit und Kraft im Vordergrund steht, werden den Frauen die ästhetische Aufbereitung tollkühner Akte vorbehalten. Halperson schreibt dezidiert vom »Charakter der Distinktion«, die Schulreiterinnen dem Zirkus aufgeprägt haben.[37] Besonders aufschlussreich ist die begriffliche Differenz zwischen Kunstreiter und Schulreiterin durch Halperson, die offenbar mit diesem Distinktionsprozess in engem Zusammenhang steht und sich so auch bereits bei Holteis Aufgabenverteilung der Geschlechterrollen wiederfindet. Das Schöpferische, Poetische des Kunstakts ist männlich konnotiert, während die Ausführung und damit einhergehende Wirkung Frauen vorbehalten bleibt. Der Beruf der Kunstreiterin verunsicherte geschlechtliche Zuschreibungen, kreierte immense erotische Phantasien. Beim Kunstreiten handelt es sich um das älteste artistische Fach, in dem Frauen eigens genannt werden. Die reitende Frau als Künstlerin scheint als Gegenstück zur sich als Künstlerin etablierenden Schauspie-

---

36 Karl von Holtei: *Die Vagabunden. Roman in drei Bänden*, 3. Aufl. 3 Bde. Bd. 1. Breslau 1860. Die zahlreichen Neuauflagen wie Neuausgaben bis in die 1930er-Jahre verweisen auf die lang anhaltende Popularität des heute kaum mehr wahrgenommen Romans.
37 Er widmet ihnen ein eigenes Kapitel, siehe: Halperson: »XIII. Die Schulreiterin«, in: Halperson: *Das Buch vom Zirkus*, S. 147–158.

Zirkus und Geschmack

lerin auf.[38] Wenn in diesem Prozess Schauspielerinnen gegen männliche Dominanzdiskurse agieren, so finden sich Vorurteile gegen Schauspielerinnen bei den Kunstreiterinnen wieder, um erstere als Künstlerinnen anzuerkennen. Die als »Amazonen« bezeichneten Artistinnen irritierten vehement Geschlechterrollen, ihre Produktionen waren wesentlich für die Erfindung und Anziehungskraft von Zirkus.[39] Ihre Darbietungen kombinierten männlich-militärisch konnotierte Reitkunst mit weiblich konnotierter Ästhetik von Anmut und Grazie, wie sie vor allem durch den Tanz tradiert wurde. Frauen führten beispielsweise wildes Parforcereiten – womit Kunstreiter wie Alexander Guerra reüssierten – vor, ebenso wie Ballett zu Pferde.

Filippina Tourniaire wird von Saltarino als »wohl schönste und gefeiertste Kunstreiterin aller Zeiten« erinnert, als »bestrickend hübsche Amazone«[40], auf den Affichen wird sie als »Prima Cavalerizza, Celebre Ballerina«[41] bezeichnet. In den 1830er-Jahren agieren Pauline Cuzent und Caroline Loyo (Lebensdaten unbekannt) in neuen Domänen, der Haute École; Loyo kreiert dazu *la Taglioni équestre*.[42] Die von Fanny Elssler (1810–1884) und Marie Taglioni (1804–1884) geschaffenen Tänze wie *Cachucha* und *La Sylphide* produzierte um 1840 dann auch Virgine Kénébel[43] am sogenannten Panneau (einem speziellen Sattel) des Pferdes. Ende des 19. Jahrhunderts scheint der Konkurrenzkampf in Fragen vorbildlichen Geschmacks für die Zirkusleute verloren zu sein.

---

38 Zum Prozesshaften der Erfindung Schauspielkunst und geschlechtlicher Codierung, siehe: Beate Hochholdinger-Reiterer: *Kostümierung der Geschlechter. »Schauspielkunst« als Erfindung der Aufklärung*. Habil.-Schr., Universität Wien 2011.
39 Saltarino weist in *Das Artistentum und seine Geschichte* Kunstreiterinnen als Stars in den Unternehmen Astleys, de Bach, Franconi u.v.m. mehr nach; Angélique Chiarini im Zirkus von Astley und Franconi (1790–95), dann Filippina Tourniaire als Pionierinnen, siehe: Saltarino: *Das Artistentum und seine Geschichte*, Leipzig 1910, S. 61–75, S. 64.
40 Eintrag »Philippine Tourniaire«, in: Signor Saltarino: *Artisten-Lexikon. Biographische Notizen über Kunstreiter, Dompteure, Gymnastiker, Clowns, Akrobaten, Spezialitäten etc. aller Länder und Zeiten*. 2. vermehrte und verbesserte Auflage. Düsseldorf 1895, S. 204.
41 Siehe: Abbildung in: Saltarino: *Artisten-Lexikon*, S. 205.
42 »Comme d'une grande chanteuse ou d'une grande actrice, on disait ›La Loyo‹« Agnès Pierron: *Dictionnaire de la langue du cirque. Des mots dans la sciure*, Paris 2003, S. 238.
43 »gefeierte Tänzerin und Reiterin in den vierziger Jahren, unbekannter Herkunft« Saltarino: *Artisten-Lexikon*, S. 102. – 1910 weiß Saltarino, dass sie aus der rheinischen Kunstreiterfamilie Knebel kam und von Baptiste Loisset entdeckt wurde. Unter dem Künstlernamen Kénébel reüssierte sie in Frankreich, sie heiratete Victor Franconi, siehe: Saltarino: *Das Artistentum und seine Geschichte*; S. 63.

Zeugnis hierfür bilden zahlreiche zirkusliterarische Veröffentlichungen, die an den vergangenen Ruhm erinnern. Halperson zitiert hier beispielsweise aus dem Roman *La petite Lambton* von Phillippe Daryl (eigentlich Jean-François Paschal Grousset 1844–1909)[44], der die Kunstreiterin Emile Loisset (1857–1882) zum Vorbild nahm:

> »Oft frage ich mich, weshalb die Welt so eingerichtet ist, daß es so viel Ehre und Wertschätzung gibt für gewisse Berufe und wieder so viel Vorurteil und Geringschätzung für andere. [...] Die Reitkunst ist eine Kunst wie die anderen, und welche gerade die durch Geburt am meisten Begünstigten gründlich zu erlernen sich zur Ehre anrechnen. Und doch – welcher Abstand in den Augen der Welt zwischen einem Künstler des Hippodroms und dem letzten Dekorierten des ›Salon‹!«[45]

Was Daryl hier Emile Loisset aussprechen lässt, zeigt wie sich das Vorurteil gegen Zirkuskünstlerinnen und -künstler trotz ihres Ruhms, der Anerkennung, die ihnen erwiesen wurde nicht verflüchtigte. Grund hierfür liegt in der weiterhin bestehende Unzugehörigkeit zur Gesellschaft. Gerade das Beispiel der Reitkunst, das hier angesprochen wird, weist auf die Kluft zwischen den priviligiert Geborenen und den untersten Schichten hin. Die Vitae von Zirkusleuten widerlaufen bürgerlichen Herkunftsgeschichten. Holtei nannte sie »Vagabunden«, Halperson »Wanderkünstler«, der Zirkusschriftsteller und -historiker Signor Saltarino (eigentlich Hermann Waldemar Otto, 1863–1941) Artisten. Sein Verdienst war es mit seinem 1890 erschienen *Artisten-Lexikon*[46] erstmals Lebensgeschichten aufzuzeichnen. Die Herkunft dieser, so Saltarino, sei in »jenen Gauklern« zu suchen,

> »die nach den Kreuzzügen auf den Messen und Märkten der Städte ihre Künste gegen Entlohnung zeigten und als ›fahrend Volk‹, vermischt mit Zigeunern, Quacksalbern, Studenten, Landsknechten und sonstigen Abenteurern von Land zu Land zogen.«[47]

---

44 Phillippe Daryl: *La petite Lambton. scènes de la vie parisienne*, Paris 1886.
45 La petite Lambton übersetzt von Joseph Halperson, *Das Buch vom Zirkus*, S. 6.
46 Signor Saltarino: *Artisten-Lexikon*. Düsseldorf 1890. – Die zweite und verbesserte Auflage erschien 1895. Als Artist (Schulreiter, Gymnastiker und Clown) nannte er sich Otto-Ottoni, siehe: Signor Domino: *Dressreiter und Dresseure. Neue Ausgabe der »Wandernde Künstler«*, Berlin 1895, S. 119–150.
47 Saltarino: *Das Artistentum und seine Geschichte*, S. 18.

Zirkus und Geschmack

Die durch Holtei und in der Folge durch die Zirkushistoriker Signor Saltarino und Joseph Halperson erfolgte Neubewertung artistischer Lebens-Praxis findet vorwiegend in zirkushistorischer Literatur Eingang, welche allerdings von kulturhistorischen Darstellungen weitgehend ignoriert wurde. Eine der wenigen Ausnahmen findet sich in Max Bauers (1861–1932) 1914 erschienener Neubearbeitung und Weiterführung von Carl Friedrich Flögels 1788 erschienener *Geschichte des Groteskekomischen*. Hier wird Zirkus und Varieté als Erweiterungskapitel in den historischen Corpus eingegliedert. Bauers Auseinandersetzung mit den »Fahrenden« – die zu Beginn des 20. Jahrhunderts nicht mehr ausschließlich als deklassierte Randgruppe galten, sondern auch als wohlhabende und ehrbare Bürger gesellschaftlich integriert waren – veranlassten diesen, über Zirkus zu schreiben. Dabei verfolgt Bauer ein sittengeschichtliches wie sozialpolitisches Interesse.

»Den Fahrenden von einst baut man heute Paläste. Die Friedlosen, die außerhalb des Gesetztes standen, auf einer Stufe mit den Dirnen des Frauenhauses und dem Henker, denen die Ehre nicht genommen werden konnte, da sie Staatsbürger geworden, mit Rechten und Pflichten wie jeder andere ehrsame Spieß- und Pfahlbürger.«[48]

Bauer hält eine für Zirkus und Artistik besondere Zeitspanne fest, in der sich einige Vazierende, lange von bürgerlichen Rechten ausgeschlossen und mit Vorurteilen stigmatisiert[49], zu angesehenen Künstlerinnen und Künstlern oder Unternehmerinnen und Unternehmer nobilitieren konnten.

Und Halperson setzt die Debatte von Zirkus als Kunst ganz an den Beginn seiner Studien. Durch den Untertitel *Beiträge zur Geschichte der Wanderkünstlerwelt* wird die Frage zum Topos. »Über Kunst und Künstler«, so Kapitel I, gleicht einem kulturgeschichtlichen Verfahren, denn Halperson denkt Distinktionsprozesse über Kultur, die sich in einem spezifischen deutsch konnotierten Kunstbegriff seiner Zeit manifestierten.

---

48 Max Bauer, Max: »Zirkus und Varieté«, in: Max Bauer: *Karl Friedrich Flögel. Geschichte des Grotesk-Komischen. Ein Beitrag zur Geschichte der Menschheit. Mit dreiundsiebzig Bildbeigaben. Nach der Ausgabe von 1788 neu bearbeitet und herausgeben von Max Bauer*, 2 Bde. Bd. 1. München 1914, S. 400–414.
49 Als Beispiel für die lange historische Tradition an Vorurteilen gegen Nicht-Sesshafte sei hier auf das *Liber Vagatorum 1510* verwiesen.

»Das fremdsprachige Verlegenheitswort »Artist« deutet vielleicht an, daß der Kunstreiter, der Gymnastiker auf den gewichtigen Titel »Künstler« nicht unmittelbaren Anspruch erheben wollte. Sicherlich sind damit die Klippen haarscharfer kritisch-ästhetischer Untersuchungen über den rigorosen Begriff und das Wesen künstlerischer Leistung glücklich umschifft worden.«[50]

Als rigoros bezeichnet er ein Selbstverständnis (nationaler) Kunstbegrifflichkeit, die Zirkuspraxis als außerkünstlerisch bewertet. Ein treffendes Beispiel findet sich in dem 1920 erschienen Buch *Zirkus Reinhardt*[51], einer Polemik von Franz Ferdinand Baumgarten (1880–1927). Er stellt Zirkus und Theater nebeneinander, allerdings, um die Entwertung von letzterem vorzuführen:

»Das Zirkus-Theater ist Kunstzertrümmerung, die wir erleiden. [...] Das Durchbrechen der Idealität ist der Sündenfall der Kunst. Kunst ist Schöpfung. Das Werk des Geistes. Das Reich der menschlichen Freiheit, hinaufgestrahlt über das Reich der Notwendigkeit. Der Geist ist Schöpfer. Das ist seine Macht. Geist und Macht, aber nur im Bereich des Geistes.«[52]

Baumgarten nimmt den von Max Reinhardt veranlassten Umbau des Zirkus Schumann-Gebäudes in Berlin zum Großen Deutschen Schauspielhaus als Fanal für die »Zertrümmerung« von Theaterkunst. Hans Poelzigs architektonische Umsetzung des Zirkusgebäudes in ein Schauspielhaus errichtet einem einer spezifischen Moderne verpflichteten Theaterbegriff ein Monument. Der »Massemensch« – jenes Zwitterwesen zwischen totalitärer Gemeinschaft und großstädtischer Vereinzelung – sollte *sein* Theater erhalten – Theater, das mit Zirkus in Verbindung steht.

Eine ganz ähnliche Polemik gegen Reinhardts Zirkus/Theater verfasste Erich Schlaikjer (1867–1928). Seine Gedanken über *Gegenwart und Zukunft der deutschen Schaubühne*[53] entwickelt er am Topos Theater und Macht. Reinhardt gesteht er zu, die Macht von Theater zu begreifen und geschickt einzusetzen, es sei die Macht über die Menge, die Macht des Zuschauerraums, wie Schlaikjer festhält. Seine Polemik

---

50 Halperson: *Das Buch vom Zirkus*, S. 1.
51 Franz Ferdinand Baumgarten: *Zirkus Reinhardt*, Potsdam 1920.
52 Ebd., S. 82.
53 Erich Schlaikjer *Gegenwart und Zukunft der deutschen Schaubühne*, Stuttgart o. J.

richtet sich – so wie auch Baumgarten – gegen den vermeintlichen Untergang des Geistes, der mit Dichtung eng verwoben sei.

»Die Poesie war eine Unterabteilung der käuflichen Sinnlichkeit geworden, eine Spekulation auf ein geiles Schmunzeln, ein Ressort des Bordellbetriebs. [...] Es mag hier genügen, daß der Reinhardt'sche Ausstattungsluxus schließlich nur eine spezielle Form des allgemeinen Verfalls war. Die ganze Erscheinung war Entartung, in letzter Instanz ein Hinabgleiten in die raffinierteste Schaulust dekadenter Zirkuskünste.«[54]

Schlaikjer argumentiert politisch radikaler als Baumgarten, im Zentrum steht das Gefüge Theater, Gesellschaft, Politik. Ziel seiner Polemik gegen Zirkus ist, eine Substanz »reiner« Theaterkunst zu destillieren, legitimiert durch »die Macht des deutschen Volkes.«[55] Schlaikjer und Baumgarten tragen einen Kunst- und Kulturdiskurs mit, der im intellektuellen Umfeld der sogenannten Konservativen Revolution gärt. Um Theater, damit auch um sein Negativbild Zirkus, formieren sich nationale Konstruktionen von Volk und Deutschtum.[56]

Schlaikjers Argumentation von der Kunstlosigkeit und Zertrümmerung, die von Zirkus ausgeht, ist paradigmatisch für diese Debatte:

»Das bewusste Herausrechnen einer Sensation steht mit den Spekulationen der Schmutzliteratur auf einer Stufe; in beiden Fällen sucht man eine rohe, äußere Spannung zu erregen, die Herz und Hirn verwüstet. Das Theater wird zum Zirkus erniedrigt, indem man mit Spannung den Todessprung des Desperado erwartet. Der Schauspieler tritt mit dem Artisten in eine Reihe und der Dichter scheidet überhaupt aus.«[57]

Schlaikjers wie Baumgartens diffamierende Polemik gegen Zirkus als Kunstform stellt einen Kristallisationspunkt dieser Kontroverse zwischen Theater und Zirkus dar. Ihre Argumentation ist eine vordergründig ökonomische, wo der von ihnen diagnostizierte Ausverkauf der Künste im Zentrum steht.[58]

---

54 Ebd., S. 23.
55 Ebd., S. 24.
56 Gaetano Biccari: »*Zuflucht des Geistes*«? *Konservativ-revolutionäre, faschistische und nationalsozialistische Theaterdiskurse in Deutschland und Italien 1900–1944*, Tübingen 2001 (= Forum Modernes Theater 28).
57 Schlaikjer: *Gegenwart und Zukunft der deutschen Schaubühne*, S. 28.
58 Peter W. Marx und Stefanie Watzka (Hg.): *Berlin auf dem Weg zur Theaterhauptstadt. Theaterstreitschriften zwischen 1869 und 1914*, Tübingen 2009.

Auf einer tieferen Ebene liegt die sichtbare Verunsicherung aufgrund der Gewerbefreiheit in Deutschland von 1867, die einen Boom an Theaterunternehmungen zur Folge hatte und die sich eben etabliert zu haben scheinende Rangordnung von ton- bzw. stilangebenden National- und Hoftheatern durcheinanderbrachte.[59] Peter W. Marx hält in seinem Buch zu Berliner Theaterkultur um 1900 fest, hier sei »eine (kulturelle) Ökonomie des Spektakels erkennbar, die nicht als bloßer Überbau der ökonomischen Wirklichkeit gegenübergestellt werden kann, sondern die in entscheidendem Maße lebensweltliche Realität schafft.«[60] Zirkus wird in dieser Debatte zur Projektionsfläche für die als kunstlos diagnostizierte Auswirkungen der Demokratisierung von Theaterunterhaltung. Gerade weil Zirkus nicht synonym zu Theater wahrgenommen wurde, eignete er sich für Imaginationen als ein »Unort«. Die unverhohlene Theaterfeindlichkeit der Theaterdebatte konnte sich dieser entledigen, da sie sich als zirkusfeindlich auswies. Ausstattungsluxus, reine Schaulust, Sensationsbegierde, Masseninszenierung, das waren jene Vorwürfe, die den Neid auf ein erfolgreiches Genre aufblitzen ließen, welcher sich vor allem daran entzündete, dass nun nicht mehr allein einer gesellschaftlichen Elite all dieser Prunk zur Verfügung stand. Gemeint sind die erfolgreichsten Zirkusunternehmungen jener Zeit, der Circus Renz, Circus Busch, Circus Schumann, um nur einige zu nennen, deren Erfolg sich in Zirkusprunkbauten manifestierte. Errichtet wurden sie als unübersehbare Monumente in den Theaterstädten Berlin und Wien, ebenso wie in Hamburg, Dresden, Magdeburg, Stuttgart und Breslau. Joseph Halperson greift diese Zuspitzung einer Debatte um 1900 als Rahmen seiner Abhandlung »Über Kunst und Künstler« auf. »Den Zirkusleuten war es sicher nie im Traum eingefallen, das Theater verdrängen zu wollen. Sie waren gewiß vollauf zufrieden, wenn man neben dem Theater den Zirkus einfach gelten läßt.«[61] Doch eben jenes Nebeneinander forderte zum Vergleich heraus und zur Formulierung genuiner Ästhetiken. Zirkus als Sammlungsort der vom regelmäßigen Theaterbetrieb ausgeschlossenen Fertigkeiten verlor in diesem Konkurrenzkampf um Kultur-Kunstdefinition, nicht wegen mangelnden Erfolgs und Publikumszuspruchs, sondern aufgrund tradierter Vorurteile gegen seine Praxis und Ästhetik, die als Anderes von Theater, diesem seine spezifischen, identitätsstiftenden

---

59 Siehe: »Die kulturelle Ökonomie des Spektakels«. In: Peter W. Marx.: *Ein theatralisches Zeitalter. Bürgerliche Selbstinszenierungen um 1900*, Tübingen, Basel 2008, S. 311–333.
60 Ebd., S. 312.
61 Halperson: *Das Buch vom Zirkus*, a.a.O., S. 1.

Fertigkeiten zu formulieren half.[62] Halperson bringt diese Entwicklung auf den Punkt, wenn er schreibt:

»Wehe dem, der sich vermißt, dem Schauspieler, und sei er auch nur das bescheidenste Lumen, einen tüchtigen Zirkuskünstler voranzustellen. Ist es aber auch wirklich so ganz gerechtfertigt, jenen, der uns die berühmte Meldung zu erstatten hat, daß die »Pferde gesattelt« seien, um so viel höher einzuschätzen, als jenen anderen, der sie uns geschickt und gefällig vorzureiten versteht?«[63]

Zu seiner Zeit wurde – und mit großer Wahrscheinlichkeit wird auch gegenwärtig – diese Frage von einer überwältigender Mehrheit mit Ja beantwortet, da sich das Vorurteil gegen jene außerhalb und doch so nahe beim Theater stehende artistischen Produktionen zu einer Gewissheit von Wertlosem, Billigem, Kunstlosem verfestigt hatte.

Die Frage nach Zirkus und Geschmack zeigt einen Prozess auf, der sich nicht alleine auf diskursive Konstruktionsvorgänge beschränken lässt, sondern gesellschaftsbildende strukturelle Definitionen und Dimensionen von einem sogenannten guten und schlechten Geschmack zum Ausdruck bringt. Mit diesem Verhältnis der bereits angedeuteten Ausschlüsse und Ausgrenzungen wird ein gesellschaftliches und nicht individuelles Phänomen beschreibbar. Wenn Pierre Bourdieu in *Die feinen Unterschiede*[64] hervorhebt, Distinktionen seien besondere Kennzeichen französischer Gesellschaftsbildung und ihres Klassensystems, hat das für deutschsprachige historische Debatten ebenso seine Gültigkeit. Es liegt nahe, europäische Zivilisationsprozesse als Geschmacksformationen wahrzunehmen, in denen Nationalisierungen verborgen sind: Die Ideologien um solche Nationalkonstruktionen führen in den Distinktionsprozess vom guten und schlechten Geschmack, vom wertvollen und wertlosen Handeln. Die Auseinandersetzung mit dem historischen Zirkus zeigt auf, wie Fragen um Geschmack keine rein ästhetisch motivierte Debatte nach sich zieht. Viel aufschlussreicher erweist sich eine gesellschaftspolitische Untersuchung, die den Zusammenhang von Geschmack als urteilende Handlung berücksichtigt, die Vorurteile als unüberprüfte Meinung weiter tradieren.

---

62 Karl von Holteis vierbändiger Roman *Die Vagabunden* (1852) und Johann W. Goethes *Wilhelm Meisters Lehrjahre* (1795/96) sind wichtige Beispiele für diesen Vorgang.
63 Halperson: *Das Buch vom Zirkus*, S. 1.
64 Bourdieu: *Die feinen Unterschiede*.

Matthias Grotkopp

Look at that face!

Expressivität und demokratisches Pathos bei Frank Capra

Eine Situation, wie sie einem heutigen Fernsehzuschauer nur allzu bekannt vorkommen mag: Ein Casting. Ein erster Kandidat läuft kurz auf die Kamera zu, seine Bewegungen werden von der Musik mit ›mickeymousing‹ begleitet. Vielsagende Blicke werden zwischen den Mitgliedern der Jury ausgetauscht. Unschwer ist ihre Reaktion als Geschmacksurteil an ihren Mimiken ablesbar: Kopfschütteln, Naserümpfen, vor Ekel verzogene Mundwinkel. So geht es auch den weiteren Kandidaten, die in schneller Abfolge auf die Kamera zu marschieren, während das Weitwinkelobjektiv ihre Gesichtszüge leicht verzerrt, ins Groteske verschiebt. Dann verändert sich die Musik, wird lieblicher, die Einstellungen werden länger, die Blicke der Jury drücken Gefallen und Zustimmung aus, während der Schnitt zwischen ihnen und dem neuen Kandidaten alterniert. In einer weiten Einstellung laufen sie um ihn herum, wie um eine Statue oder ein Rennpferd. Ein kurzes Interview, dann steht die Entscheidung fest: »Look at that face, it's wonderful, they'll believe him.«

Gesucht wurde in dieser kurzen Szene jedoch nicht der Superstar oder das Topmodel, sondern das gewöhnlichste Individuum, ein Jedermann, ein *John Doe*, wie der Ottonormalbürger und anonyme Unbekannte im Angelsächsischen heißt. Dass am Ende mit Gary Cooper einer der größten Stars Hollywoods gefunden sein wird, ist eines der Paradoxa, um die es unter anderem im Folgenden gehen soll. Mit einem solchen Casting wird also Gary Cooper in Frank Capras Film MEET JOHN DOE (USA 1941) in die doppelte Rolle des Sportinvaliden Long John Willoughby eingeführt, der für den publicity stunt einer Zeitung die Rolle des gewöhnlichen Jedermann spielen soll. Als die ›Juryvorsitzende‹, die Journalistin gespielt von Barbara Stanwyck, nun gegenüber dem Chefredakteur der Zeitung behauptet, er sei perfekt, und »sie« würden ihm glauben, dann ist dies letzten Endes genauso auf die diegetische Öffentlichkeit wie auf die Zuschauer des Films selbst zu beziehen.

Vollzieht also der Film an seinen Zuschauern den Prozess eines Geschmacksurteils, das sich als ein geteiltes und einander mitgeteiltes aufdrängt, in dem Moment, wo er es auf den ersten Blick einfach nur darzustellen scheint? Die Antwort ist sicherlich: Ja. Und genau in dieser Überschneidung von medial fabrizierten, orchestrierten Geschmacksurteilen und ihrer unmittelbaren, öffentlichen Wirksamkeit, verorten Capras Filme ab den späten 1930er Jahren eine Krise im Verhältnis zwischen den politischen Idealen Amerikas und den Möglichkeiten sie auszudrücken, d.h. sie als Möglichkeiten zur individuellen Selbstentfaltung zu realisieren.

MR. DEEDS GOES TO TOWN (USA 1936), MR. SMITH GOES TO WASHINGTON (USA 1939) und eben MEET JOHN DOE werden gemeinhin als die Trilogie an Filmen betrachtet, an denen sich Capras Selbstaussage in seiner Autobiographie *The Name above the Title* am deutlichsten ausprägt, nämlich dass seine Filme ab einem bestimmten Zeitpunkt – beginnend mit MR. DEEDS GOES TO TOWN – nicht einfach mehr nur unterhalten sollten, sondern etwas zu sagen haben sollten: »to carefully – and subtly – integrate ideals and entertainment into a meaningful tale.«[1] Eine oberflächliche, rein handlungsorientierte Betrachtung der einzelnen Filme tendiert in der Regel dahin, dieses Vorhaben als Fabrikation politischer Märchen und populistischer Mythologien[2] zu betrachten, in denen ein einfältiges Individuum in Machtprozesse verwickelt wird, die es zu übersteigen drohen und über die es aber durch Witz und ansteckenden Idealismus am Ende triumphiert. Wenn man die Filme, die tatsächlich ein gewisses dramaturgisches Grundschema wiederholen, jedoch in ihrer zeitlichen Abfolge betrachtet und die konkrete audiovisuelle Inszenierung der Individualitäten und der Institutionen ernst nimmt, dann wird eine deutliche und sich von Film zu Film steigernde Skepsis gegenüber der Evidenz der Ideale und der Möglichkeiten individueller Selbstbehauptung erkennbar.

Die groben Eckpunkte dieser Skepsis lassen sich an folgenden gemeinsamen Facetten der Filme festmachen: In allen drei Filmen wird an prominenter Stelle eine Form der Begegnung mit den Vertretern der noblen Ideale Amerikas inszeniert, Longfellow Deeds (ebenfalls Gary Cooper) besucht – im Rahmen eines romantischen Dates, was nicht unbedeutsam ist – das Grabmal des Bürgerkriegshelden und späteren Präsidenten Ulysses S. Grant, Jefferson Smith (James Stewart) hat eine geradezu mystische Erfahrung der Gettysburg Address im Lincoln Memorial und

---

[1] Frank Capra: *The Name above the Title. An Autobiography*, New York 1997 [1971], S. 185.
[2] Glenn Alan Phelps: »The ›Populist‹ Films of Frank Capra«, in: *Journal of American Studies*, Vol. 13, No. 3, Dec., 1979, S. 377–392, hier S. 379. Ray Carney: *American Vision. The Films of Frank Capra*, Hanover und London 1986, S. 281.

Look at that face!

Long John Willoughby erfährt eine entscheidende Offenbarung in Form einer Rede über Washington, Jefferson und Lincoln als »lighthouses in a foggy world«. In allen drei Filmen wird die Krise dieses Ideals, d.h. die Erkenntnis, dass die politische und soziale Gegenwart diesen Idealen nicht gerecht wird, überführt in eine traumatische Krise individueller Expressivität: Deeds verstummt, weil ihn eben jene Frau, die ihm das Grabmal zeigte, hintergangen hat. Smith kann seine Verehrung für die Worte der Verfassung und Lincolns nicht in konkrete Handlungen ummünzen, sondern nur als Widerstand in einem leeren Sprechakt – dem Filibuster vor der Senatskammer – bis zur totalen Erschöpfung repetieren. Long John wird schließlich genau in dem Moment, in dem er nicht mehr nur das Sprachrohr anderer Mächte sein will und für sich sprechen will, die Möglichkeit zur Artikulation entrissen, als die Kabel zum Mikrophon, mit dem er sich an die Menge richten will, durchgeschnitten werden, als wären es seine Stimmbänder.[3]

Die Ideale stehen also in einem extrem engen und dabei stets prekären Zusammenhang mit der Frage der individuellen Äußerung, denn das Erbe einer Nation, die eine historisch datierbare Geburt als Unabhängigkeitskrieg hat und auf einem geradezu fantasmatischen Glücksversprechen beruht, ist nicht zu trennen von der konkreten Artikulation der Zustimmung: Geschmacksurteile und Liebesbekundungen sind ihr einziger Existenzbeweis.[4] Capra beschreibt in seiner Autobiographie seine Inspiration für die Szene am Lincoln Memorial in Mr. SMITH GOES TO WASHINGTON so:

»Along with dozens of tourists, I read the words that were carved on the Memorial wall, the words of Lincoln's Gettysburg Address. I heard the voice of a child reciting the words. There, next to me, an eight-year-old boy was holding the hand of a very old man – whose body and sight were failing – and reading him Lincoln's inspirational words in a voice as clear and innocent as a bell. And the old man smiled to himself, nodded proudly after each sentence. I looked up at the marble face of Lincoln. Only imagination, of course, but I was sure he smiled.
Then the boy led the old man to the opposite wall and read him the carved words of the Second Inaugural Address. Never had Lincoln's impassioned, moral indictment of slavery sounded so eloquent, so moving, so powerful

---

3 Carney: *American Vision*, S. 374.
4 Vgl. Stanley Cavell: »The Avoidance of Love. A reading of King Lear«, in: ders.: *Must we mean what we say? A book of Essays*, Updated edition, Cambridge 2002 [1969], S. 246–325, hier S. 317.

as when that young boy read it to his grandfather. That scene must go into our film, I thought. We must make the film if only to hear a boy read Lincoln to his grandpa.«[5]

Es spielt an dieser Stelle keine Rolle, ob Capra hier die Filmszene vor Augen hat, um eine angebliche Ur-Begegnung nachträglich zu fingieren oder ob dies tatsächlich so oder so ähnlich stattgefunden hat, wichtig scheint mir, dass er beides – den Film, den er gemacht hat, und die Performanz der Figuren in dieser autobiographischen Szene – als eine Form der Vergegenwärtigung eines Erbes in Akten des Sprechens und Hörens und vor allen Dingen als eine Imagination eines emphatisch beistimmenden ästhetischen Urteils über diese Akte verstanden hat: die Marmorstatuen zum Lächeln bringen. Wenn die drei Filme, um die es hier gehen soll, von einem politischen Erbe handeln, dann geht es weniger um diesen oder jenen Inhalt des Erbes, sondern darum, dass das Politische die Idee dieses Erbes selbst ist. Der öffentliche Raum erscheint dabei als das Archiv bedeutsamer Handlungen – und dies umfasst im weitesten Sinne die Gedenkstätten und die politischen Institutionen genauso wie die Artefakte der Kunst und selbst noch die Filme, die Capra als Modi der Vergegenwärtigung dieses Erbes macht. Dabei zielt diese Vergegenwärtigung nicht auf ein bloßes papageienhaftes Nachmachen und Wiederkäuen, sondern in der filmischen Inszenierung steckt mit der Frage nach dem Geschmacksurteil immer auch die Möglichkeit des Dissens, der Abweichung – sprich es geht um die Grenzen des Gemeinsinns und das Verhältnis zwischen den individuellen Möglichkeiten dieses Erbe auszudrücken und den sozialen, kulturellen, medialen etc. Organisationen und Institutionen in die es eingegangen ist.

In dieser Hinsicht folgt Capra ganz einem Politikbegriff, wie ihn Hannah Arendt aus der amerikanischen Revolution hergleitet hat, in dem sich die Aufgabe der Politik in der doppelten Bewegung aus Spontaneität und Kontinuität, aus ›Gründen können‹ und ›Bewahren müssen‹ aufgespannt sieht.[6] Die Frage nach Konsens und Dissens wird nun plötzlich nicht mehr als Frage konkreter Interessen und ihres (vernünftigen) Aushandelns und Ausgleiches wie bei Habermas[7] oder als ein Wettstreit um

---

5 Capra: *The Name above the title*, S. 259–260.
6 Hannah Arendt: Über die Revolution, München 1986 [1963], S. 259ff.
7 Jürgen Habermas: *Strukturwandel der Öffentlichkeit. Untersuchungen zu einer Kategorie der bürgerlichen Gesellschaft*, Frankfurt a. M. 1962.

Hegemonie wie bei Laclau und Mouffe[8] behandelt, sondern sie betrifft vielmehr die Möglichkeitsbedingungen einer gemeinsamen Welt, in der Aushandeln und Wettstreit überhaupt erst stattfinden können.

Dass diese Möglichkeit im Ästhetischen und im Geschmacksurteil, in den Techniken des Castings und des gefälligen Auftretens und Vortragens wurzeln soll, scheint auf den ersten Blick einer Trivialisierung gleich zu kommen, erweist sich aber als eine Möglichkeit, das Politische nicht immer schon in Fragen der Identität und der Macht zu gießen, sondern als Modus der Intervention zu begreifen, in dem die Mittel der Emanzipation und Freiheit immer schon identisch sind mit denen des Missbrauchs und der Unterdrückung.

Es war Hannah Arendt, die aus der Idee einer im Ästhetischen wurzelnden apriorischen Soziabilität des Menschen bei Kant, dem Gemeinsinn, eine Grundlegung des Politischen, herausgearbeitet hat.[9] Den im Geschmacksurteil sich beweisenden Gemeinsinn zeichnet nach Kant aus, dass er sich weder von den kausalen Zwängen und Eigenschaften der Welt der Objekte und Erscheinungen sowie des menschlichen Sinnesapparates bestimmen lässt, noch von den (in allen möglichen Universen, für alle möglichen denkenden Wesen gleichermaßen gültigen) Vernunftgesetzen.[10]

Nicht die Vernunft, sondern das In-Gemeinschaft-Sein ist hier der Dreh- und Angelpunkt. Zu sagen, etwas sei schön – »look at that face, it's wonderful« –, macht nur dann Sinn, wenn man nicht alleine auf der Welt ist. Das gesuchte ›subjektive Prinzip‹ des Urteils ist von jeglicher Einschränkung durch das Denken in Begriffen und logischen Schlussfolgerungen befreit. Es ist aber zugleich nicht vollkommen ungeregelt. Die Urteilskraft passt das Treiben der Einbildungskraft dem Verstand an, indem es diese dazu veranlasst – »they'll believe him« –, auf andere Standpunkte des Urteilens Rücksicht zu nehmen. So macht sie die gesetzlosen Verbindungen von Allgemeinem und Besonderem, welche die Einbildungskraft herstellt, als objektiv gültige Verbindungen zumindest denkbar und realisiert diese Denkbarkeit als ein subjektives Empfinden, ein Empfinden dafür, dass man mit anderen Menschen auf der

---

8 Ernesto Laclau; Chantal Mouffe: *Hegemonie und radikale Demokratie. Zur Dekonstruktion des Marxismus*, Wien 1991; Chantal Mouffe: *Agonistik. Die Welt politisch denken*, Frankfurt a. M. 2014.
9 Hannah Arendt: *Lectures on Kant's Political Philosophy*, hg. v. Ronald Beiner, Chicago 1992 [1982], S. 73–74. Vgl. dies.: *Was ist Politik? Fragmente aus dem Nachlaß*, hg. von Ursula Ludz, München 1993.
10 Immanuel Kant: *Werke in zwölf Bänden. Bd. X: Kritik der Urteilskraft* [1790]. Frankfurt a. M. 1968, § 20, A63, S. 321.

Welt ist.¹¹ »I judge as a member of this community and not as a member of a supersensible world.«¹²

Es geht also um ein Denken, das die Möglichkeit behauptet, eine öffentliche Position einnehmen zu können – zusätzlich zu privaten Rechten und Pflichten, zusätzlich zum persönlichen Gebrauch des eigenen Verstandes – und diese Möglichkeit zugleich ganz unmittelbar durch die subjektiven Vermögen bestimmt sieht. Das Subjekt des Kantschen Urteils, und potentiell auch des Arendtschen, tendiert dabei allerdings immer wieder zu einer Selbstabstraktion, indem das Selbstdenken die Rücksichtnahme auf die anderen Standpunkte extrem betont. Stanley Cavells Ansatz ist es, dem als Korrektiv eine andere Prämisse entgegenzusetzen, nämlich etwas, das man das Selbstsprechen nennen könnte: Denn indem man sich mit seinem subjektiven Vermögen gemein macht, wird man selbst auf neue Art und Weise sozial sichtbar: »My judgments are ineluctable grounds for judgments against me.«¹³

Filmische Bilder machen nun die Pluralität und die Notwendigkeit der Kontingenz und Beschränktheit der Standpunkte, von denen aus es möglich wäre, ›Ich‹ oder ›Wir‹ zu sagen, wahrnehmbar. Die verschiedenen ästhetischen Erfahrungsmodalitäten des Films *repräsentieren* nicht die Gefühlsregister einer empirischen Gemeinschaft, sondern sie *projizieren*, modulieren und gestalten Sinnlichkeiten und Subjektivitätsformen. Sie fragen: Welche Bedingungen sind für den Erfolg oder Misserfolg, für Glück oder Unglück einer Gesellschaft denkbar?

Die Filme Frank Capras erinnern uns daran, dass die Bedingungen für den Erfolg eines demokratischen Gemeinwesens in den USA der 1930er Jahre schwer umkämpft waren. Und vor allen Dingen erinnern sie uns daran, dass es ein nur sehr knapp verpasstes Rendezvous mit dem Faschismus gab: »Hitler's strong-arm success against democracy was catching. Little ›führers‹ were springing up in America, to proclaim that freedom was weak, sterile, passé.«¹⁴ Die Freiheit ist in den Filmen in der Tat sehr schwach und ständig durch ihre eigenen Bedingungen, ihre eigenen Institutionen gefährdet: die parlamentarische Demokratie, der Rechtsstaat, die Künste und Medien in privaten Händen – überhaupt das, was man »free enterprise« nennt. Mr. Deeds Goes to Town, Mr. Smith Goes to Washington und Meet John Doe zeigen unerbittlich, wie sehr diese Grundpfeiler der Freiheit korrumpierbar und manipulierbar sind.

---

11 Kant: *Kritik der Urteilskraft*, §9, A31, S. 298.
12 Arendt: *Lectures on Kant's Political Philosophy*, S. 67.
13 Stanley Cavell: *Cities of Words*, S. 333.
14 Capra: *The Name above the Title*, S. 297.

Und sie versuchen trotzdem in ihren Zuschauern ein Gefühl dafür zu entwickeln, dass diese Fragilität, diese Schwäche das Einzige ist, was die Freiheit davor bewahrt, in ihr Gegenteil verkehrt zu werden. Freiheit gibt es nur als den permanenten Zustand, durch die eigenen Antinomien bedroht zu sein.

Wenn also die optimistischen, mehr oder weniger fröhlichen Enden der drei Filme und ihr komödiantischer Kern im scheinbaren Widerspruch steht zu den eigentlichen Machtverhältnissen der Handlungsdramaturgie und dem Bild von Amerika als Plutokratie[15], dann liegt es daran, dass sich für Capra der Bezug auf die politische Gemeinschaft eben gerade im Zeichen des möglichen Bruchs der Gemeinsamkeiten artikuliert. Was Zustimmung, Handeln und Erscheinen bedeuten, wird im Angesicht des Zweifels, der Bedrohung und der Fälschung zu einem existenziellen Problem – dass in diesem Zusammenhang in Zeiten von Post-Faktizität und erstarkendem Rechtspopulismus gerade auch die überraschende Aktualität dieser Filme liegt, sollte aus dem Folgenden dann nur zu deutlich hervorgehen.

»Can't read their minds, if they don't say what they want« – MR. DEEDS GOES TO TOWN

Im ersten Film der Trilogie, MR. DEEDS GOES TO TOWN wird diese Bedrohung des Gemeinwesens als die Bedrohung des Individuums durch »massiveness« verhandelt. Capra bezeichnet den Film als Aufschrei gegen »mass production, mass thought, mass education, mass politics, mass wealth, mass conformity.«[16] Und es ist entscheidend, dass es nicht um den Konflikt des Individuums mit der Massengesellschaft per se ist, sondern um den Konflikt eines Individuums, das um seine Individualität zu artikulieren und verkünden zu können eben zunächst keine anderen Mittel vorfindet als jene, die ihm diese Massengesellschaft zur Verfügung stellt. Es geht also weniger um einen diametralen Widerspruch von Individuum und Masse als vielmehr um ein Drama der eigensinnigen Aneignung.[17]

Dieses Drama entfaltet der Film von Beginn an als eine Frage des Sprechens: Drei Figuren kommen an einem Provinzbahnhof an und suchen den Erben eines Millionenvermögens mit Namen Longfellow

---

15 Phelps: *Populist Films*, S. 386.
16 Capra: *The Name above the Title*, S. 186.
17 Vgl. Michel de Certeau: *Kunst des Handelns*, Berlin 1988.

Deeds (Gary Cooper). Sie sprechen einen ›Eingeborenen‹ an und adressieren ihn auf vielerlei Weise.
Erster Versuch: Ob er den Gesuchten kenne? – Ja.
Zweiter Versuch: Man möchte mit ihm in Kontakt treten. – Das sollte kein Problem sein, er sei sehr demokratisch, spreche mit jedem.
Dritter Versuch (mit Nachdruck): Wo ist er wohnhaft? – Wer? – Longfellow Deeds, Wo wohnt er? – Ach *das* wollen Sie wissen, warum denn nicht gleich?
Ergebnis: Der Angesprochene bringt die drei zum Wohnhaus des Gesuchten, wohlwissend, dass dieser nicht da ist, da sie ihn ja nicht gefragt haben, ob er sie zu ihm bringen könne: »Can't read their minds, if they don't say what they want.«
Dass man diese Szene doppelt lesen kann, ist dabei genau der Punkt. Denn natürlich ist es genauso möglich, hier eine naive, simple Mentalität am Werke zu sehen, die nur den wortwörtlichen Sinn der Ansprache registriert und für das offensichtlich Gemeinte nicht empfänglich ist, wie es möglich ist, einen gewieften Akt des Widerstands zu sehen, der denjenigen eine Lehre erteilen möchte, die nicht die volle Verantwortung für ihr Sprechen übernehmen und sich mit einem unpersönlichen, floskelhaften, standpunktlosen Sprechen begnügen. Beides sind nicht einfach alternative Sichtweisen, sondern es sind nichtauflösbare, antinomische Bedingungen der Möglichkeit des Sprechens. Und sie sind direkt mit der Frage des Politischen verbunden, denn dieses ist grundiert in einer »dem Handeln und Sprechen eigene[n] Enthüllung des Wer,«[18] die unmittelbar bezogen ist auf eine urteilende Zuschauerschaft.
Nachdem nun die Anwälte der Kanzlei Cedar, Cedar, Cedar & Budington den Erben gefunden haben, stellen sie zu ihrer großen Freude fest, dass sie es scheinbar mit jemandem zu tun haben, der sich naiv wie ein Kind gebiert und ihnen die Kontrolle über das Vermögen daher sicher sei. Dies stellt sich zunächst als nicht so einfach dar. Es ändert sich, als Deeds erfährt, dass die *damsel in distress* (Jean Arthur), in die er sich verliebt, eigentlich für eine Zeitung arbeitet und ihm den Spitznamen »Cinderella Man« verpasst hatte. Daraufhin beschließt er – konfrontiert mit der Verzweiflung eines Mittellosen – sein Geld an bedürftige Arbeitslose zu geben. Die Anwälte wollen dies als Zeichen der Unzurechnungsfähigkeit vor Gericht geltend machen und so ihre Hände an das Geld bekommen.

---

18 Hannah Arendt: *Vita activa oder Vom tätigen Leben*, München 2002 [1958], S. 233.

Look at that face!

Die letzten 30 Minuten des Films spielen in einem Gerichtssaal, in dem entschieden werden soll, ob Deeds verrückt ist. Dieser hat sich angesichts der ständigen Vor-Urteile in sich selbst zurückgezogen und sein anhaltendes Schweigen wird permanent als Bestätigung seines Wahnsinns ausgelegt, doch dann ergreift er das Wort und affirmiert alle Exzentrik, Eigenheiten und Ereignisse, die als Zeugnis seiner Unzurechnungsfähigkeit angebracht wurden. Dabei kehrt er sie aber um, erklärt sie zu Zeichen seines Denkens, seiner individuellen Art und Weise, seine Gegenwart in der Welt zu kommunizieren und stellt sie in einen unmittelbaren Zusammenhang der kleinen Eigenheiten und Gewohnheiten der anderen, der Richter, der Anwälte, der Zeugen etc.

Er spricht also und man hört ihn. Was aber auf den erst Blick erscheint wie ein reines Wiedergewinnen der Stimme des Idealisten, der Deeds zu Beginn des Films war, ist komplizierter. Denn es ist eine neue Stimme, mit der er spricht, ein neuer Modus des Sprechens, der die ihm vorangegangenen Diskurse, inklusive des psychiatrischen Fachgutachtens, aufnimmt und aneignet: »Deeds achievement in the courtroom is that he demonstrates his ability to play, in society, with linguistic tones, styles, and metaphors.«[19]

Das Entscheidende ist, dass hier beide Facetten zusammenkommen, die Worte und die Identität, nicht als ein romantisches Ausdrücken der Tiefe des authentischen Subjekts sondern als ein Modus des Sprechens, der voll und ganz auf sein Erscheinen in einem öffentlichen Raum zielt, welcher ein gemeinsam geteilter Raum des Handelns und Sprechens ist und zu welcher jeder die gleichen Zugangsberechtigung hat. Das unterscheidet Deeds' Rede vor Gericht von denen der anderen, die dort als Spezialisten des juristischen oder psychiatrischen Diskurses sitzen oder deutlich aus ihrer partikularen, solipsistischen Weltwahrnehmung heraus sprechen.

Aber was ist der Grund dafür, dass er überhaupt das Wort ergreift, obwohl er doch zuvor die schmerzhafte Erfahrung machen musste, dass alles was man sagt und tut, in sein Gegenteil verkehrt werden kann? Er tut es nicht obwohl, sondern gerade deswegen. Seine Rede denunziert die anderen nicht, er verknüpft ihre unterschiedlichen Wirklichkeitsbezüge, ihre sprachlichen und körperlichen Dynamiken und bringt in seiner Rede einen Raum der veränderlichen Positionen hervor, in dem es überhaupt erst möglich ist, dass diese verschiedenen Diskurse und Modi aufeinander antworten. Und genau deshalb besteht der Kern seiner Rede in einer Verteidigung des Unsinns: »Everybody does something

---

19 Carney: *American Vision*, S. 292.

silly when they're thinking.« Es gibt kein Gesetz, wie Körper, Sprache und Denken vernünftig aufeinander zu beziehen sind, jedes verkörperte Sprechen und Denken ist ungeregelt, unberechenbar. Was Film und Photographie Denken nennen ist – so Cavells Lektüre von MR. DEEDS GOES TO TOWN – die permanente Sichtbarkeit und ungeregelte Beweglichkeit des menschlichen Körpers als Erscheinung: »fidgetiness as a universal human atrribute.«[20]

Der andere Grund oder vielmehr Anlass für ihn, sein Schweigen zu brechen, ist dass er dazu aufgefordert wurde. Nicht von den Richtern und Anwälten, sondern vom Publikum – und zwar auf eine ganz spezifische Art und Weise: Zuerst fleht die Journalistin, die inzwischen natürlich ganz auf Seiten Deeds' ist, die Richter an: »make him talk!«, aber ihre Rede wird von Cedar abgewertet als ungültige Aussage einer Verliebten. Dann springt ihr Boss ein, will sie verteidigen, hat aber eigentlich nichts hinzufügen außer seinen »two cents«, wollte also nur ›seinen Senf dazugeben‹. Eine andere Figur, die sich von Cedar & Co abgewandt hat, möchte ebenfalls »a few cents« beitragen, woraufhin andere aus dem Publikum aufspringen: »What about us, Mr.Deeds?« Erst daraufhin erhebt er sich und gibt auch seine »two cents worth« dazu, obwohl er doch 20 Millionen Dollar dazu geben könnte. Aber mit letzterem wäre sein Recht auf Exzentrik keines, das jeder teilen, auf das jeder mit seinen zwei Cents antworten könnte. Wie der Geschmack sind auch die »two cents« jedermann gleich zugänglich und damit gewissermaßen mehr wert als die Millionen.

Es ist übrigens nicht die einzige Szene, in der jemand von einem Publikum zu sprechen aufgefordert wird: Als Deeds daran geht, sein Vermögen zu verteilen, werden die Anträge der einzelnen Bittsteller von ihm selbst beurteilt. In einer räumlichen Anordnung, die dem Gerichtssaal signifikant ähnelt, stehen sie als eine Masse ihm gegenüber. Der Kandidat, der direkt vor ihm steht, bietet nun Deeds ein belegtes Brot an. Genüsslich kauend fällt Deeds' Blick auf die stumme Masse der Wartenden, die sich symmetrisch in die Tiefe des Flures erstreckt, woraufhin er selber einen Gehilfen losschickt, für alle Sandwiches zu besorgen. Freudiges Gemurmel, die Kamera fährt über die Köpfe der Wartenden hinweg. Dann wird einer von ihnen von den anderen vorgeschoben – »Say something!« »Go ahead, tell him!« – und nach einem kurzen Zögern beginnt er zu sprechen, doch bevor er viel sagen kann, außer dem allgemeinen Gefallen – »we think you're swell« – wird er von den eindringenden Polizisten, die Deeds in Gewahrsam nehmen, zum Schweigen gebracht.

---

20 Stanley Cavell: »What Photography calls thinking (1985)«, in: ders.: *Cavell on Film*, hg. v. William Rothman, Albany 2005, S. 115–134, hier S. 126.

Wenn Deeds am Ende spricht, dann bricht er nicht nur sein eigenes Schweigen, sondern auch das der anderen. Er sagt, was er will. Aber mit einer Stimme, die weder standpunktlos noch ganz und gar eigentümlich ist, sondern mit einer persönlichen Stimme im Modus ihres öffentlichen Gehörtwerdens. Diese Form des öffentlichen Redens zielt also nicht primär auf eine pragmatische, vernünftige Aufforderung zur Deeskalation und Konfliktlösung – Deeds nutzt gerne auch mal den Nasenstüber als letztes, schlagendes Argument – sondern auf das durch kein privates Glück zu ersetzende »Gefühl innerer Befriedigung«[21] in der Anteilnahme am öffentlichem Leben als einem Selbstzweck:

»The right to speak not only takes precedence over social power, it takes precedence over any particular form of accomplishment, no amount of contribution is more valuable to the formation and preservation of community than the willingness to contribute and the occasion to be heard.«[22]

Was die darauffolgenden Filme angeht, so scheint es für Carney so, als hätte Capra festgestellt, dass er es in diesem Fall seinem Helden noch zu leicht gemacht habe, seine Stimme und sein zustimmendes Publikum im öffentlichen Raum zu finden. (Und keinem der Protagonisten in seinen nächsten Filmen fallen 20 Millionen Dollar in den Schoß und damit die Möglichkeit zu einem Versprechen an Andere, ihnen damit die Mittel zum Selbstausdruck ihrer Existenz zur Verfügung zu stellen.) Im Gegenteil, sie werden in Zusammenhänge verwickelt, in denen es ihnen entweder möglich scheint, selbst zu sprechen aber unverständlich zu bleiben *oder* einen Ort zu haben, an dem sie gehört werden, aber wo sie nur vorgefertigte Worte von sich geben können. Die Antinomien der Sprache, des öffentlichen Raumes und der Demokratie lassen sich so schnell nicht auflösen.

»I'm free to think and to speak« – Mr. Smith goes to Washington

In Mr. Smith goes to Washington fügt Capra also zu dem Problem der Überführung des persönlichen in ein öffentliches Sprechen noch ein komplexes Verhältnis zwischen den sprachlichen und den territorialen Verhältnissen hinzu. Dadurch wird schon das individuelle, persönliche, exzentrische Sprechen prekär – und zwar sowohl linguistisch als auch

---
21 Arendt: *Über die Revolution*, S. 152
22 Cavell: *What Photography Calls Thinking*, S. 133.

ganz physiologisch im Abnutzungsprozess der Stimmbänder – und zum anderen ist der Raum des öffentlichen Sprechens und der Pluralität der Standpunkte selbst bedroht. Waren es bei MR. DEEDS GOES TO TOWN die Institutionen des Geldes und der Justiz, an denen sich die Passage zwischen dem Privaten und dem Öffentlichen zeigte, so ist es hier das Prinzip der parlamentarischen Repräsentation. Zwei große Worte stehen dabei im Zentrum in ihrem jeweiligen Verhältnis zum Politischen: die Freiheit und die Wahrheit.

Der Film mutet dabei über lange Strecken an, als sei er eine vollkommene Illustration der Thesen Arendts, die darauf bestand, dass die Gedanken im Gegensatz zu dem, was das deutsche Volkslied behauptet, nicht in den Herzen, im Stillen und in den Schatten frei sein können, sondern dass es ein freies Denken nicht ohne einen Raum des freien Handelns geben kann:

»Die Freiheit liegt nicht in einem Ich-will, dem dann je nachdem ein Ich-kann entsprechen oder widersprechen mag, ohne doch die menschliche Freiheit in Frage zu stellen; das Freisein beginnt überhaupt erst mit dem Handeln, so daß Nicht-handeln-können und Nicht-Freisein auch dann ein und dasselbe bedeuten, wenn die (philosophische) Willensfreiheit intakt fortbesteht. Mit anderen Worten, die politische Freiheit ist nicht »innere Freiheit«, sie kann in kein Innen ausweichen; sie hängt daran, ob eine freie Nation den Raum gewährt, in welchem das Handeln sich auswirken und sichtbar werden kann.«[23]

In dem Film geht es um den jungen Jefferson Smith (James Stewart), seines Zeichens Anführer der Pfadfinder, der auf höchst eigenartige Weise in den Senat der Vereinigten Staaten berufen wird, um dort gerade aufgrund seiner verträumten Verehrung für Washington, Lincoln, Jefferson und Co. bei gleichzeitiger völliger Ahnungslosigkeit von praktischer Realpolitik einem höchst korrupten Vorgang möglichst wenig im Wege zu stehen. Doch als er versucht – angeleitet von der ihm zugewiesenen, zunächst zynischen, dann aber immer überzeugteren Assistentin Saunders (Jean Arthur) –, sich als Handelnder zu entfalten und ein Gesetz für ein nationales Boys Camp einzubringen, stößt er genau auf jenen Zusammenhang, in dem in einem Gesetzentwurf zum Staatshaushalt der für einige Individuen lukrative Bau eines Staudamms versteckt

---

23 Hannah Arendt: »Freiheit und Politik« in: dies.: *Zwischen Vergangenheit und Zukunft. Übungen im politischen Denken I*, München 1994 [1968], S. 201–226, hier S. 216.

ist. Er wird von seinen vorgeblichen Protektoren – Senator Paine und Medienmodul Taylor – durch gefälschte Dokumente und eine gezielte Medienkampagne denunziert, wogegen er sich nur durch einen Filibuster zu wehren vermag, also eine ununterbrochene Dauerrede, mit der die Abstimmung über das Gesetz verhindern werden soll. Sein eigentliches Scheitern wird nur durch den plötzlichen Sinneswandel seines Gegenspielers in einen Sieg verwandelt.

Um es auf den Punkt zu bringen, so ist der Raum der Freiheit, den die parlamentarische und mediale Öffentlichkeit hier darstellen, just in dem Moment, in dem sich in ihnen ein spezifisches (und eigentlich im Gegensatz zu so gewichtigen Sachen wie dem Staatshaushalt eher geringfügiges) Handeln auswirken soll, bedroht durch den Gegensatz von Wahrheit und Lüge. Das Drama des Filibusters ähnelt dabei dem der Gerichtsverhandlung von Mr.Deeds darin, dass die Wahrheit im öffentlichen Raum ebenso prekär und scheinbar machtlos ist, wie die geistige Gesundheit – nicht nur deswegen dauern beide Sequenzen eine gute halbe Stunde und ist die Dauer und der Wechsel der expressiven Modalitäten wichtiger als das dargestellte narrative Geschehen. Smith kann die Lüge, die gegen ihn vorgebracht wird, nicht erwidern, er kann die Wahrheit nicht beweisen, aber er kann der Machtpolitik der Zweck-Lüge das Politische der zweckfreien Rede entgegenhalten – bis zur völligen Erschöpfung.

Für die Zuschauer erscheint diese Rede dabei weniger als ein artikulierter Diskurs, kein gesprochener Text, sondern vielmehr ein Wechselbad der Intensitäten:

> »Smith's speech – though ultimately enriched and authenticated by its emotionality – is broken up, disrupted, interrupted, and frequently completely arrested by his overcharge of feeling. His speech is a language of melodramatic silences, pauses, exclamations, gestures, and glances that emphatically is not reducible to anything that might appear in the script of a stage play.«[24]

Was dabei auf dem Spiel steht, ist nicht die Übertragung der demokratischen Ideale, die mit den Schriften und Monumenten der großen Vorbilder verbunden sind, in das pragmatische, alltägliche Aushandeln der Realpolitik als vielmehr das Auswirken und Sichtbar-Werden dieser Ideale im freien Raum – und zwar im Modus des Wünschens und Begehrens, in einer melodramatischen Bereitschaft zum Leiden, die für

---

24 Carney: *American Vision*, S. 336.

Cavell nicht zu trennen ist von der kinematografischen Erscheinung James Stewarts:

»[...] Capra and Hitchcock see in Stewart's temperament (which, of course, is to say, see in what becomes of that temperament on film, its photogenisis) the capacity to stake identity upon the power of wishing, upon the capacity and purity of one's imagination and desire – not on one's work, or position, or accomplishments, or looks, or intelligence. Call the quality Stewart projects a willingness for suffering.«

Die Antwort auf die Lügen ist also auch hier das Finden einer Stimme, aber eine Stimme, die einerseits selber auch noch einen Ort finden muss – in der Reise von der ländlichen Peripherie zur Hauptstadt und vom äußersten Rand der Senatskammer in deren Zentrum im Laufe des Filibusters – und in der andererseits auch dieser leere Ort des Zentrums der Macht zu Gehör kommen kann. Dieser Prozess wird in einer anderen Szene bereits als Projekt angekündigt – wie überhaupt alle drei Filme insgesamt auf ein systematisches Prinzip der Wiederholung und Entsprechung von Situationen des Sprechens und Angesprochen-Werdens aufbauen. Jene Szene ist dabei zugleich die Verbindungsstelle zweier anderer Szenen: In der ersten (21.–24. Minute) gibt es die bereits in meiner Einleitung erwähnte Begegnung Smiths mit dem kleinen Kind und dem alten Mann im Lincoln Memorial, in der zweiten (86.–92. Minute) überzeugt Saunders (ebenfalls im Lincoln Memorial) Smith davon, den Kampf gegen Paine und Taylor nicht aufzugeben. Dass sie dabei fast nur als Schattenrisse erscheinen, Gestalten aus Licht und Schatten mag ein Hinweis darauf sein, inwiefern der Film, den die Zuschauer gerade sehen, selber einen Versuch darstellt, die in Stein gemeißelten und gebauten Ideen zu aktualisieren.

Zuvor aber musste Saunders noch überzeugt werden von der Möglichkeit, den Capitol Dome zu Papier zu bringen. Und zwar in der Szene (46.–55. Minute) in der Smith mit ihr seinen Gesetzentwurf verfasst. Diese gesamte Szene ist, bis auf zwei signifikante Ausnahmen, aus einem einfachen Muster weniger Einstellungstypen aufgebaut: Halbtotalen, die den Raum erfassen und immer wieder eingesetzt werden, wenn Smith vor Energie platzend auf und ab läuft – dabei oft von Kameraschwenks verfolgt –, sowie statischen Halbnahen und Nahen, die im Schuss-Gegenschusswechsel den Dialog zwischen den beiden präsentieren. Die Bildgestaltung ist dabei klar, scharf und kristallin. Saunders erklärt ihm zunächst das Prozedere, das ein Gesetz von ersten Einbringen bis zur finalen Abstimmung durchläuft, und je komplizierter es dabei wird, umso begeisterter wird sein Gesichtsausdruck. Seine Unterbrechungen, ihre rhetorischen Fragen geben für die Zuschauer den Raum, gleichermaßen eine Bewunderung für die institutionalisierte Verzögerung des Handelns zu entwickeln, wie über das süffisante, man möchte sagen zynische Lächeln Saunders' eine abgeklärte Distanz zu bewahren.

Eine Überblendung, Musik setzt ein, wieder die Halbtotale: Smith geht unruhig auf und ab, die Pfeife in der Hand, das Haar schon etwas wirr. Sie nähern sich der Frage, was denn eigentlich in dem Gesetz drin stehen soll, die Einzelheiten aber eben auch den Geist, die Idee. Dann folgt die erste der zwei Ausnahmen: Eine Amerikanische, Smith steht vor dem Fenster, im Hintergrund das United States Capitol mit dem in der Nacht hell erleuchteten Dom. Die Blickrichtung der Kamera entspricht dabei genau dem Gegenschuss zu den Halbtotalen, die zuvor Smith, Saunders am Schreibtisch zeigten, so dass dieser Anblick des statischen Gebäudes unmittelbar das Gegenstück zu der Unruhe und Energie des Handelns Smith's wird: »That's what's got to be in it. The capitol dome. […] I wanna make that come to life for every boy in this land. Yes, and all lighted up like that too.« Im Umschnitt auf Saunders bleibt diese zum ersten Mal für längere Zeit still, ihr Gesicht wird nachdenklich. Dann schwillt die Musik an, Smith erscheint nun in einer Nahen: »Liberty is too precious a thing to be buried in books, Miss Saunders. Men should hold it up in front of them every single day of their lives and say: ›I'm free to think and to speak.‹«

Dann überträgt Smith seine Begeisterung für die Freiheit – ganz in der Tradition Thoreaus und Emersons – auf eine Erfahrung der Wunder der Natur nur damit im nächsten Schritt die Frage nach Freiheit und transzendentaler Naturerfahrung überführt wird in eine Metapher der Wahrheit als Licht, genauer als dem Licht, für das man dankbar ist, nachdem man einen Tunnel, das Reich der Lüge und der Kompromittierung durchquert hat. Und hier erscheint die zweite Ausnahme, die einzige Großaufnahme der Szene und eine der wenigen Großaufnahmen des ganzen Films (darunter Smith's erschöpfter, verzweifelter Blick ganz am Ende seines Filibusters), in der Saunders ganz verklärt ins Off blickt. Mit extremen Weichzeichner wird das ganze Bild zum Leuchten gebracht:

> »It is as though Saunders's protective shield has been pierced so that, having had nothing to believe in and having been comfortably ensconced in a mode of living detachment her whole adult life, she finally discovers something to believe in. She discovers, one might say, a ›truth‹.«[25]

---

[25] Richard Rushton: *The Politics of Hollywood Cinema. Popular Film and Contemporary Political Theory*, London 2013, S. 148.

Wenn nun Saunders' Selbstschutzzynismus und, man sollte hinzufügen, auch die Distanz der Zuschauer zu Smith' Idealismus hier durchbrochen werden auf das Erscheinen einer Wahrheit hin, dann wäre zu fragen, worin nun diese ›Wahrheit‹ besteht? Und in welchem Verhältnis steht diese Wahrheit zu der Frage nach den faktischen Lügen und Wahrheiten der Narration, des wer und wie und welche private Vorteilsnahme tatsächlich stattgefunden hat? Mit Arendt wäre die Antwort, dass die ›Wahrheit‹, die Saunders hier entdeckt und die sie Smith später wieder zurückgeben wird, die ist, dass die Wahrheit in der Politik nichts zu suchen hat, dass sie das Außen, die Grenze der Politik bezeichnet: Sie ist »der Grund, auf dem wir stehen, und der Himmel, der sich über uns erstreckt.«[26]

Dies hat zweierlei Konsequenz: Zum einen, und das ist es, was vordergründig durch den Konflikt in MR. SMITH GOES TO WASHINGTON verhandelt wird, ist durch das Aufweichen der Tatsachenwahrheiten der Raum des Politischen bedroht. Denn während die Wahrheit nicht-politisch ist, ist der Lügner »immer schon mitten in der Politik«[27] und eröffnet, da wo die Lüge systematisch wird, einen Kontext, in dem nicht einzelne Fakten verdreht, sondern beliebig der Gesamtzusammenhang der Wirklichkeit manipuliert wird. Und dort ist die Wahrheit nicht mehr so einfach wieder zu rehabilitieren, da der »menschliche Orientierungssinn im Bereich des Wirklichen, der ohne die Unterscheidung von Wahrheit und Unwahrheit nicht funktionieren kann, vernichtet wird.«[28] Die Maßnahmen Taylors gegen Smith zielen in diesem Sinne nicht darauf, die konkrete andere Sichtweise Smiths zu zerstören, sondern überhaupt die Möglichkeit einer Unterscheidung von Wahrheiten und Meinungen, einer pluralen Öffentlichkeit, einer Vielzahl möglicher Meinungen und Standpunkte. Die Bezeichnung hierfür ist: Totalitarismus.[29]

Denn das ist die zweite Konsequenz, die uns wieder zu der Frage der Freiheit zurückführt: Paines letzter Appell an Smith, die Dinge auf sich ruhen zu lassen und den korrupten Vorgang zu tolerieren, läuft auf ein simples Argument hinaus: Man muss auf seine Ideale verzichten, um in der Welt der Politik etwas zu erreichen: »Well, I've had to compro-

---

26 Hannah Arendt: »Wahrheit und Politik«, in: dies.: *Zwischen Vergangenheit und Zukunft*, S. 327–370, hier S. 370.
27 Arendt: »Wahrheit und Politik«, S. 353.
28 Ebd., S. 361.
29 Vgl. Hannah Arendt: *Elemente und Ursprünge totalitärer Herrschaft, Antisemitismus, Imperialismus, totale Herrschaft*, München 1986 [1951]; Rushton: *The Politics of Hollywood Cinema*, S. 141ff.

mise. You have to play ball. [...] That's how empires and states have been built since time began. [...] That's how things are.« Hier wird eine vorgebliche Vernunftwahrheit ausgesprochen, die das was sich ändern lässt – nämlich die Regeln politischen Handelns in einem konkreten Gemeinwesen – präsentiert als etwas, dass sich nicht ändern lässt. Und dies ist die eigentliche Lüge, um die es geht – die aber auch im Umkehrschluss das Credo der amerikanischen Demokratie, der Unabhängigkeitserklärung betrifft. Denn die Gleichheit der Menschen und das Recht auf »life, liberty and the pursuit of happiness«[30] sind eben keine Wahrheiten, die »self-evident«[31] sind, sondern eine Frage des Übereinkommens in Meinungen.[32] Die »Wahrheit«, die den Zuschauern und Saunders also offenbart wird, ist nicht die Freiheit und Gleichheit aller, sondern die Tatsache, dass diese Freiheit etwas ist, das eben nicht zwingend evident ist sondern durch Handeln zu etwas gemacht werden muss, was geerbt und vererbt werden kann.

»Daß alle Menschen als gleiche geschaffen sind, ist weder zwingend evident, noch kann es bewiesen werden. Wir sind dieser Ansicht, weil Freiheit nur unter gleichen möglich ist und weil wir meinen, daß die Freuden freien Zusammenlebens und Miteinanderredens dem zweifelhaften Vergnügen, über andere zu herrschen, vorzuziehen sind. Man könnte fast sagen, dies sei eine Sache des Geschmacks, und solche Geschmackssachen sind politisch von größter Wichtigkeit, weil es wenig Dinge gibt, durch die Menschen sich so grundlegend voneinander unterscheiden wie durch sie.«

Wahrheitsfähig ist politisches Handeln in diesem Sinne immer nur über die Ergebnisse, die es produziert, d.h. über die Beispiele, die es gibt. Wenn Jefferson Smith seinen Filibuster hält, dann adressiert er immer weniger die Senatoren, die über ihn abzustimmen haben und immer mehr das Publikum in den Rängen. Wenn er die Unabhängigkeitserklärung und die Verfassung rezitiert, dann nicht um ihre »Wahrheiten« als Argumente zu nutzen, sondern als Appell, das in ihnen sedimentierte Handeln, das Erbe zu bewahren, d.h. ihm im Sinne eines Geschmacksurteils beizustimmen. Fast alle Tätigkeit Smiths, vom seinem ersten

---

30 Thomas Jefferson et al., *The Declaration of Independence*, 1776, National Archives and Records Administration, http://www.archives.gov/exhibits/charters/declaration_transcript.html.
31 Ebd.
32 Arendt: »Wahrheit und Politik«, S. 349.

Auftritt an, dreht sich um »the production or reproduction of text.«[33] Die Texte, die er vorträgt, sind die Bedingung der Möglichkeit, dass er sprechen kann, denn sie sind die Bedingung dafür, dass der öffentliche Raum und die Orte der politischen Macht, von denen aus gesprochen wird, immer wieder neu besetzt werden, dass die Stimmen und Positionen in einer Demokratie sich ständig verschieben können.[34]

»Little punks« – MEET JOHN DOE

In MEET JOHN DOE gerät nun ein Faktor ins Zentrum, der durch die Zeitung in Mr.Deeds und den Zeitungsapparat Taylors in Mr.Smith bereits eine wichtige Rolle im Bild der Öffentlichkeit und der Politik bei Capra spielte, nämlich die Medientechniken, mit denen der öffentliche Raum als eine geteilte Welt hergestellt wird. Auch hier ist eine grundlegende Antinomie am Werk, denn wenn man zum einen davon ausgehen muss, dass es keinen gemeinschaftlich geteilten Wirklichkeitszugang außerhalb der Medientechniken gibt, die eine geteilte Wahrnehmung der Welt herstellen, so sind es zugleich aber immer auch diese Medientechniken, denen das Potential innewohnt, dass in ihrem Gebrauch die Pluralität der Wirklichkeitsbezüge gefährdet und durch eine totalitäre Weltsicht ersetzt wird. Medientheoretisch formuliert heißt dies, dass Medien einerseits im strengen Sinne soziale, historische und kulturelle Rahmungen des Denkens, Fühlens und Wahrnehmens sind und zugleich in ihrem Gebrauch, in den jeweiligen Taktiken ihrer Aneignung der Bruch dieser Rahmung, die Möglichkeit des Neuen gegeben ist.

Der Film schließt sich damit ganz direkt an eine breit geführte Diskussion in den 1920er und 1930er Jahren an, die meist unter dem Kürzel Lippmann-Dewey-Debatte geführt wird, nämlich um die Frage, inwiefern die Komplexität der Tatsachenverhältnisse überhaupt eine öffentliche Meinungsbildung unmöglich macht oder ob nicht eine medial vermittelte Expertenherrschaft angemessener wäre.[35] Dass die technischen Massenmedien dabei Problem und Lösung, Ursache und Wirkung zugleich sind, gehört zu den Paradoxien, die – so die Position John Deweys darin – eben nicht so einfach aufzulösen, sondern auszuhalten

---

33 Leland Poage: *Another Frank Capra*, Cambridge 1994, S. 163.
34 Vgl. Rushton: *The Politics of Hollywood Cinema*, S. 145.
35 Vgl. Sue Curry Jansen: »Phantom Conflict: Lippmann, Dewey, and the Fate of the Public in Modern Society«, in: *Communication & Critical/Cultural Studies* 6, no. 3, 2009, S. 221–245.

sind: »The same forces which have brought about the forms of democratic government [...] have also brought about conditions which halt the social and humane ideals that demand the utilization of government as the genuine instrumentality of an inclusive and fraternally associated public.«[36]

MEET JOHN DOE lässt sich nun als Versuch verstehen, die Techniken, Poetiken und Rhetoriken der medialen Produktion von Wirklichkeit offenzulegen, indem er seine eigenen Medien, die kinematografischen Modi und die Typen und Stars des Hollywood-Films, zum Thema macht. Der Film handelt davon, wie ein Niemand zu einer medialen Berühmtheit, einem Helden des Alltags,[37] gemacht wird und wie diese Berühmtheit selber als Marke von dieser Figur losgelöst bleibt und zum Mittel eines totalitären Machtanspruchs wird:

»Capra sees that if his pet myth of personal freedom and independence from the mass market can be converted into a marketable commodity for sale to the mass market (in society or in film production), then none of our personal dreams and fantasies are safe from the threat of social, political, and institutional systematization and exploitation.«[38]

Der Zweck des Castings, das in der Einleitung kurz beschrieben wurde, ist es, genau eine solche Idee der Freiheit und Unangepasstheit zu vermarkten: Die Kolumnistin Ann Mitchell (Barbara Stanwyck) verliert ihren Job, nachdem ihre Zeitung von D.B. Norton (Edward Arnold) gekauft wird, einem reichen Mann mit politischen Ambitionen. Als letzten Akt des Widerstands verfasst sie einen gefälschten anonymen Leserbrief, unterschrieben mit »John Doe«, in dem dieser ankündigt, aus Protest gegen den allgemeinen Zustand der Welt an Weihnachten öffentlichen Selbstmord zu begehen. Dieser Brief schlägt hohe Wellen und es entsteht die Notwendigkeit, dieser Fiktion einen konkreten Körper zu verleihen, wofür nun also der arbeitslose Baseballspieler Long John Willoughby (Gary Cooper) gecastet wird. Die Kolumnistin, der Herausgeber und der Eigentümer der Zeitung haben in der Folge – jeder aus seinen eigenen Beweggründen – die Absicht, die Aufmerksamkeit, die

---

36 John Dewey: *The Public and its Problems*, New York 1927, S. 109.
37 Vgl. Matthias Grotkopp: »Heroic Ordinariness after Cavell and Capra: Hollywood Cinema and Everyday Heroism in the Interwar Period and World War II«, in: Simon Wendt (Hg.): *Extraordinary Ordinariness. Everyday Heroism in the United States, Germany, and Britain, 1800–2015*, Frankfurt a. M. 2016, S. 167–184.
38 Carney: *American Vision*, S. 354.

die Affäre ›John Doe‹ produziert hat, auszunutzen. Schließlich entstehen im ganzen Land »John Doe Clubs«, die nachbarschaftliche, humanitäre Werte fördern wollen, zugleich aber zum Vehikel des populistischen Machtanspruchs Nortons werden. Als Long John erfährt, womit er es zu tun hat, und beschließt, aus seiner Passivität herauszutreten und seinen nächsten Auftritt zur Warnung der Öffentlichkeit zu nutzen, wird er stumm gestellt und als Hochstapler denunziert. Schließlich finden sich alle an Weihnachten auf dem Dach des Rathauses wieder, wo Long John das Versprechen erfüllen will, dass er nie gegeben hat und nur die Appelle Mitchells und einer Handvoll treuer John Does halten ihn schließlich vom Selbstmord ab.

Der Kern von MEET JOHN DOE ist nun also die parallele, filmische Hervorbringung einer Figur »John Doe« und ihre Verkörperung durch einen Star, durch Gary Cooper. Dies ist besonders in jener Szene evident, die den Mittelpunkt des Film darstellt (40. – 53. Minute): Eine Radioansprache vor großem Publikum. Während Long John nervös auf seinen Auftritt wartet, redet Mitchell auf ihn ein, motiviert ihn: »Just think of yourself as the real John Doe.« Dies ist auf den ersten Blick absurd, insofern es diesen ›wirklichen‹ John Doe nie gegeben hat, aber es ist alles andere als absurd, wenn man bedenkt, dass hier lediglich die Schauspielerin Barbara Stanwyck ihren Kollegen Gary Cooper daran erinnert, was das alltägliche Geschäft des Schauspielens ausmacht. Das Vortragen des von ihr verfassten Textes ist daher konsequenterweise gefilmt als genau der Prozess, in dem sich nicht nur die Figur Long John mehr und mehr mit ihrer Rolle »John Doe« anfreundet, sich als eigenes Sprechen aneignet, sondern auch der Prozess in dem Gary Cooper, der Schauspieler, sich mehr und mehr verhält wie Gary Cooper, der große Leinwandstar. Die Komplexität dieser parallelen Hervorbringung wird allein dadurch noch einmal erhöht, dass von all den Medientechnologien, die im Laufe des Films zum Einsatz kommen – Zeitung, Billboards, Radio etc. – ausgerechnet die bewegten Bilder selbst nicht vorkommen. Es ist, als ob die Zuschauer darauf gebracht werden sollen, die Inszenierungsweisen des Films als Teil und Fortsetzung der in der Handlung gezeigten Inszenierungen zu verstehen, die Sentimentalität der Rede und die Sentimentalität der filmischen Ausdrucksformen zu verknüpfen.

Während des gesamten Vortrags wird Cooper schließlich, mit nur wenigen, leichten Variationen, in der gleichen frontalen, nahen Einstellung gefilmt. Dieser fixe Rahmen betont die Art und Weise, in der seine Stimme, Körperhaltung und Gestik stetig sicherer werden, wie die Betonungen und Pausen zunehmend sitzen. Zu Beginn bricht seine Stimme permanent weg, seine Hände zittern so sehr, dass sie das Mikrophon stören, er sieht permanent hilfesuchend zu Mitchell – und zum Notausgang. Aber nicht nur Coopers Performance verrändert sich graduell sondern auch die filmische Ausdrucksweise: Je gefestigter seine Rede, desto mehr Raum gewährt die Montage den Zuhörenden: erst Mitchell und der Herausgeber, dann das Publikum im Saal und schließlich die Radio-Zuhörer. Es ist als sei seine Selbstsicherheit gewissermaßen das Produkt ihrer Aufmerksamkeit und des gemeinschaftlichen Übereinstimmens im Geschmacksurteil über den angenehmen, ansprechenden Charakter der Rede in Form und Inhalt.

Der Höhepunkt der Rede, in dem das Ideal des kleinen Mannes, »the little punks«, seine volle Entfaltung als politische Utopie erfährt, ist jedoch auch genau der Moment, in dem John Doe aufhört, ein kleiner Mann zu sein und zur Berühmtheit, zum Star wird. Und noch etwas anderes passiert: John Doe spricht, Applaus im Publikum, Norton zu Hause am Radio, eine Gruppe Hausangestellter um ein Radio versammelt applaudiert ebenfalls – und zum einzigen Mal löst sich die Kamera von der direkten Montage aus Rede und Wirkung und zeigt nun wieder Norton, der diese Gruppe Hausangestellte heimlich beobachtet, während die Tonqualität sich verändert und so die Medialität der Radioübertragung gegenüber der sonst vorherrschenden, scheinbar direkten Präsenz der Stimme betont. Eine Großaufnahme auf Norton im verzerrenden Weitwinkel, ein Denkprozess wird angedeutet, während die Stimme von Teamwork und Nachbarschaftlichkeit spricht: Das Star und Medium-Werden John Does ist nun auch präzise der Moment, in dem der Tycoon das Potential erkennt, mit dieser Figur die Unterstützung für sein politisches Vorhaben zu mobilisieren.

Die Tatsache also, dass von all den Medien innerhalb des Films der Film selbst abwesend ist, deutet nun einerseits daraufhin, dass Medien als Medien der Künste eben auch der Bruch mit den Strukturen des Manipulierens und Inszenierens sein können. Sie deutet aber andererseits auch darauf hin, dass dieser Film sich selbst gerade nicht als Ausnahme verstehen möchte, sondern genau diese Frage stellt: Wie kann es eigentlich sein, dass ein so distinkter Jemand wie Gary Cooper glaubhaft einen Jedermann darstellen kann? Und die Antwort ist dabei optimistisch und pessimistisch zugleich, denn der Film verweist uns darauf, dass es kein außerhalb der je konkreten Medientechniken gibt, die in einem bestimmen sozialen, historischen und kulturellen Kontext eben Identitäten und Subjektivierungsprozesse herstellen. Weder »John Doe« noch »Gary Cooper« existieren außerhalb der Techniken und Gestaltungsweisen des Kadrierens, Beleuchtens, Montierens etc.: »There is no one there, only a series of images or masks. Doe is an absence at the centre of the events in which he nominally stars.«[39]

Aber in dem gleichen Maße, in dem das Starsystem hier kritisiert wird, da es eine bloße Medienpraxis ist, die dem demokratischen Grundwert der Gleichheit zu widersprechen scheint, wird es zugleich verteidigt als eine geeignete Form diesem Wert Ausdruck zu verleihen. Denn, so Cavell, die Stars und Typen des klassischen Hollywoods waren eben weder reine Ausnahmeerscheinungen noch reproduzierbare Stereotypen sondern dynamische Formen der Oszillation zwischen diesen Polen, zwischen den widersprüchlichen Ansprüchen von Individualität und Vergesellschaftung: »individualities that projected particular *ways* of inhabiting a social role.«[40] Für die Zuschauer wurden sie so zu Wahrnehmungsweisen der Möglichkeiten, sich selbst als Individualität im Rahmen einer Pluralität der Rollen und Verhaltensmuster zu entwerfen. Gerade als Medientechnik ist der Star eine Denkform: »Their singularity made them more like us – anyway, made their difference from us less a matter of metaphysics, to which we must accede, than a matter of responsibility, to which we must bend.«[41]

Die Frage der Verantwortung stellt nun einen Anknüpfungspunkt dar, zwischen diesem Aspekt und der politischen Allegorie darüber, wie schnell eine Politik der falschen Versprechungen in den Horror der Repression kippen kann. Während aber die Ähnlichkeit der paramilitärischen Trupps um Norton für das zeitgenössische Publikum allzu leicht auf die Selbstinszenierung des europäischen Faschismus zu beziehen war, so besteht die zentrale Bedrohung in Capras Film in etwas ganz anderem: Nicht vor den bösen Absichten wird hier eindrücklich gewarnt, sondern vor dem Eskapismus, vor der innerlichen und äußerlichen Loslösung vom Gemeinwesen. Long John Willoughby erscheint auf den ersten Blick wie der perfekte Demokrat: »willing to obey the majority vote, the perfect unprincipled pragmatist, with no convictions apart from what opinion polls and advisers tell him.«[42] Aber er ist das genaue Gegenteil, er verkörpert die völlige Indifferenz und auch wenn er immer wieder für einen Moment von den Worten bewegt scheint, die man ihm in den Mund legt, so zielt doch sein Handeln fast den gesamten Film lang auf nicht anderes als mit der Gesellschaft keinerlei Verbindung

---

39 Carney: *American Vision*, S. 363.
40 Stanley Cavell: *The World Viewed. Reflections on the Ontology of Film. Enlarged Edition*, Cambridge 1979, S. 33 [Herv. im Orig.].
41 Ebd., S. 35.
42 Carney: *American Vision*, S. 357.

eingehen zu müssen. Der Gegenstand des Films ist also nicht das Böse politischer Unterdrückung, sondern das, was Arendt eben die »Banalität des Bösen« nannte, nämlich die Indifferenz als die Verweigerung selbst zu denken, die Unfähigkeit selbst über seine Gesellschaft zu urteilen.[43] Die eigentlich Dystopie ist also nicht die offene Unterwerfung, sondern politischer Terror als eine Welt ohne Ideale und Träume, in der Freiheit und Unterdrückung ununterscheidbar geworden sind: »The real horror of the film is thus not a vision of the repression, but of blankness and vacancy.«[44] Weder der Star noch der »Jedermann« können zu einem Symbol demokratischer Werte werden, wenn sie nicht zugleich Symbole der Verantwortung werden für die eigene, alltägliche Existenz und für die Gesellschaft, in der man sich befindet. Darin letztlich steckt die Bedeutung des Titels MEET JOHN DOE: John Doe oder Gary Cooper können nur durch diejenigen Figuren, die sie treffen, zu den Helden dieses Films werden. Ihre Singularität ist an die Pluralität gebunden. Mensch sein heißt auf andere angewiesen sein und daher ist dem Menschen »Freiheit nur unter der Bedingung der Nicht-Souveränität geschenkt«.[45]

Das Ende des Films steht nun exemplarisch für diesen Perspektivwechsel: Der mediatisierte »John Doe« wird entlarvt und ihm wird jegliche Form des befriedigenden Widerstands oder Triumphs versagt. Er bekommt nicht viel mehr als einfach nur Trost durch eben jene, zu deren Betrug er benutzt wurde, eine Handvoll einfacher Leute. Dass dieses Ende – bzw. jedes der mindestens fünf verschiedenen Versionen des Endes – keine befriedigende Lösung für die Medienkritik und den Konflikt zwischen »John Doe« als medialem und politischem Problem und »John Doe« als Lösung dieses Problems darstellt, hat viele frustriert und irritiert, darunter auch Capra selbst.[46] Allerdings lässt sich auch behaupten, dass gerade diese Unaufgelöstheit eine zentrale Erkenntnis darstellt: Weder dem Helden und Star als außergewöhnlichem, beispielhaften Akteur noch dem alltäglichen Normalbürger kann man einfach so vertrauen – aber genauso wenig kann man auf sie als einer wesentlichen Antinomie demokratischer Imagination verzichten.

---

43 Hannah Arendt: *Eichmann in Jerusalem. Ein Bericht von der Banalität des Bösen*, München 2011 [1963].
44 Carney: *American Vision*, S. 369.
45 Arendt: »Freiheit und Politik«, S. 214.
46 Capra: *The Name above the Title*, S. 338–339. Vgl. Carney: *American Vision*, S. 371; Joseph McBride: *Frank Capra: The Catastrophe of Success*, New York 1992, S. 431.

Wenn es in der Politik um ein Handeln geht, dass auf die Möglichkeit eines Übergangs zielt zwischen der Welt, wie sie jetzt ist, und der Welt, wie sie sein könnte, dann meint dies nicht einfach nur das Drehen von dieser oder jener Stellschraube sondern den radikalen Übergang in eine andere Welt. Die Wahrnehmung dieser Möglichkeit und dieser Übergänge ist dabei nicht zu trennen von den konkreten Medien und Modi, in denen wir eine geteilte Weltsicht, geteilte Geschmacksgemeinschaften herstellen. Capras Filme weisen uns darauf hin, dass die Medientechnologien dieser Passagen immer auch umgewandelt werden können in verkäufliche Waren und Werkzeuge der Unterdrückung, dass es aber keine schlimmere Reaktion gibt, als die, einfach auf die Beschreibung der eigenen Träume und Ideale verzichten. Die Institutionen, die das Leben einer demokratischen Gemeinschaft ermöglichen und lebenswert machen – und dazu zählt Capra das Kino selbst – sind zugleich die Quellen der größten Gefahren für die politische Gemeinschaft: »What our film said to bewildered people hungry for solutions was this, ›No answers this time, ladies and gentlemen.‹«[47]

Geschmack, Rhetorik und die Politik des Zeitgewinns

Die drei Filme, die hier in einer Kürze präsentiert wurden, die ihnen mit Sicherheit nicht gerecht wird, sowie einige andere aus dem Werk Frank Capras, bringen Figuren hervor, die ihre Stimme, ihren Ort, eine Art und Weise ihre Individualität öffentlich zur Erscheinung zu bringen suchen und diese dafür erst verlieren müssen. »Capra directly confronts the potentially tragic separation of imagination from social expression.«[48] Die Figuren und Filme durchlaufen dabei zentrale Institutionen, Gewalten des politischen Gemeinwesens. Dabei geht es ihm allerdings weniger um eine Kritik konkreter, vorfindlicher Prozesse als vielmehr um konkrete Denkformen für das abstrakte Verhältnis von sozialen Organisationsformen und den Möglichkeiten individueller Expressivität – so gab es eine weite Kreise erfassende Debatte[49] darüber, ob die Darstellung des US Senats in Mr. Smith goes to Washington sowohl nach Innen als auch nach Außen das Ansehen der US-Amerikanischen Politik beschädige, die den eigentlichen Kern des Films völlig verpasste. Denn letzten Endes geht es diesem und den anderen Filmen ja gerade darum, selbst

---

47 Capra: *The Name above the Title*, S. 305.
48 Carney: *American Vision*, S. 263.
49 Capra: *The Name above the Title*, S. 279–293

noch angesichts der Korrumpierbarkeit der sozialen Wirklichkeiten die Möglichkeit zu verteidigen, in ihnen seine Ideale auszudrücken und ein Publikum – »invariably hostile or indifferent«[50] – zu adressieren.

In allen drei Filmen besteht der Modus der Adressierung dabei immer auch darin, das manipulative Eingreifen in und automatische Funktionieren von Institutionen – Gerichtsurteile, Abstimmungen, Bildung von Körperschaften – hinauszuzögern. Genau in diesen Unterbrechungen zielen sie darauf, das Gemein-sinnige sichtbar zu machen. Sie sind Momente der Rhetorik als einer Einrichtung des Nicht-Selbstverständlichen, der Öffnung von Handlungsspielräumen und einer Temporalstruktur, die dem Imperativ des Jetzt-Handelns, Techniken entgegensetzt, mit denen man sich im »Provisorium vor allen definitiven Wahrheiten und Moralen«[51] arrangiert: »Verzögerung, Umständlichkeit, prozedurale Phantasie, Ritualisierung.«[52] Die Filme zeigen, was seit Tocquevilles *Demokratie in Amerika* wahlweise als große Schwäche und – wie hier – als große Stärke der Demokratie verhandelt wird, nämlich dass sie unkontrollierbar, unvorhersehbar und ungeregelt funktioniert[53] – wie das Geschmacksurteil – und dass es möglich ist, das unmittelbare, direkte des Geschmacksurteils in Formen, Institutionen, Poetiken und Rhetoriken zu überführen, die ein Atemholen möglich machen, die es möglich machen, in der Einbildungskraft auf die Standpunkte Anderer Rücksicht zu nehmen.

Dabei ist die Form, die diese Unterbrechung und Adressierung in den Filmen annimmt, noch einmal besonders hervorzuheben, denn es handelt sich in den Sprechakten – und in den melodramatischen Pausen und Gesten – nie im bloße Mitteilungen oder Fragen, sondern um »passionate utterances«[54], die konfrontieren, die geschuldet und eingefordert werden können und deren Struktur seit Kant eben als Geschmacksurteil beschrieben wird:

»It seems right to emphasize that Kant's aesthetic judgment (in radical contrast with his moral judgment) is a form, yet to be specified, of passionate utterance: one person, risking exposure to rebuff, singles out another,

---

50 Carney: *American Vision*, S. 273.
51 Hans Blumenberg: »Anthropologische Annäherung an die Aktualität der Rhetorik«, in: ders.: *Wirklichkeiten in denen wir leben*, Stuttgart 1981, S. 104–136, hier S. 110.
52 Ebd., S. 122.
53 Rushton: *The Politics of Hollywood Cinema*, S. 154.
54 Stanley Cavell: »Performative and Passionate Utterance«, in: ders.: *Philosophy the Day after Tomorrow*, Cambridge, MA/London 2005, S. 155–191.

through the expression of an emotion, to respond in kind, that is, with an appropriate emotion and action (if mainly of speech), here and now.«[55]

Das Geschmacksurteil, das die Filme selber sind und das sie den Zuschauern abverlangen, kommuniziert dabei nicht einfach Wertungen. Gerade wenn man nicht mehr von einem neutralen Raum der Öffentlichkeit ausgeht, wie ihn das Theater-Zuschauer-Modell seit der amerikanischen und französischen Revolution über Kant und Hegel bis Arendt und Habermas entwirft, sondern von konkreten Körpern und konkret verkörperten Wahrnehmungen und Denkweisen, dann ist mit jedem Urteil eine Veränderung der gesamten Wirklichkeit impliziert. Jedes Urteil stellt dann eine, und sei sie noch so minimale, Veränderung der Welt dar. Und wenn man jedes Urteil immer nur als Mitglied eines Gemeinwesens fällen kann – »I judge as a member of this community and not as a member of a supersensible world.«[56] – dann entspricht der leidenschaftlichen Mitteilung von Gefallen und Missfallen, von Gefühlen und Genießen immer auch die Wahl der eigenen Gefährten, der Geschmacksgemeinschaft, mithin eine permanente qualitative Modulation dessen, wovon man Mitglied ist.

---

55 Stanley Cavell: »Something out of the ordinary (1996)«, in: ders.: *Cavell on Film*, S. 226–240, hier S. 238f.
56 Arendt: *Lectures on Kant's Political Philosophy*, S.67.

Sarah-Mai Dang

»I Object!«

Kategorisierungsprozesse im gegenwärtigen Woman's Film[1]

Blondinen in Highheels, Brünetten in Minirock, Gekreische und Gekicher. Warum gucken Frauen Chick Flicks – Filme, die auf den ersten Blick alles andere als frauenfreundlich, geschweige denn feministisch wirken, sind sie doch durchdrungen von stereotypen Geschlechterbildern? Diese Frage beschäftigt seit geraumer Zeit die feministische Medienwissenschaft.[2] Doch was sind Chick Flicks überhaupt?

Gemeinhin versteht man unter Chick Flicks[3] U.S.-amerikanische Mainstream-Filme und -Serien, die von Frauen handeln, sich explizit an ein weibliches Publikum richten und die seit Mitte der 1990er Jahre bis ca. 2010, mit dem Aufkommen des sogenannten Postfeminismus,

---

1 Dieser Beitrag basiert auf der Dissertation *Feminismus, Film und Erfahrung. Chick Flicks oder der gegenwärtige Woman's Film*, die 2016 in einer überarbeiteten Webversion erschien (http://www.oabooks.de/dissertation/web/) und in einer gekürzten Fassung auf Englisch publiziert wurde: Sarah-Mai Dang: *Gossip, Women, Film and Chick Flicks*, London und New York 2017.
2 Vgl. u.a. Yvonne Tasker; Diane Negra (Hg.): *Interrogating Postfeminism. Gender and the Politics of Popular Culture*, Durham 2007, Angela McRobbie: »Post-feminism and Popular Culture«, in: *Feminist Media Studies*, Nr. 3, 2004, S. 255–264, Rosalind Gill: »Postfeminist Media Culture. Elements of a Sensibility«, in: *European Journal of Cultural Studies*, Nr 19, 2007, S. 147–166, Suzanne Ferriss; Mallory Young (Hg.): *Chick Flicks. Contemporary Women at the Movies*, New York 2008, Angela McRobbie: *Top girls. Feminismus und der Aufstieg des neoliberalen Geschlechterregimes*, Wiesbaden 2010, Hilary Radner: *Neo-Feminist Cinema. Girly Films, Chick Flicks, and Consumer Culture*, New York 2010.
3 Diese Bezeichnung setzt sich zusammen aus den Wörtern: *Chick* engl. für Küken oder ›Tussi‹, *Flicks*, engl., ugs. für Film. So wie andere Subjektbezeichnungen wie etwa *black* oder *queer* stellt *chick* sowohl eine Selbst- als auch eine Fremdbezeichnung dar und kann unterschiedliche Bedeutungen und Funktionen haben. Im Falle von *Chick Flicks* kann die Bezeichnung pejorativ oder emanzipatorisch gemeint sein: Als Fremdbezeichnung verweist sie auf eine (unzulängliche) Andersheit von jungen Frauen. Als Selbstbezeichnung kann sie als identifikatorischer Bezugspunkt für eine kulturelle und soziale Diversität von Frauen fungieren.

die Medienlandschaft prägen.[4] Zu den bekanntesten Beispielen zählen die Serien ALLY MCBEAL mit Calista Flockhart[5] und SEX AND THE CITY mit Sarah Jessica Parker[6] sowie Kinofilme wie LEGALLY BLONDE mit Reese Witherspoon[7] und MISS UNDERCOVER mit Sandra Bullock.[8] Einerseits feiern die Produktionen große Erfolge bei Frauen, andererseits stoßen sie insbesondere bei feministischen Medien- und Kulturwissenschaftlerinnen auf harsche Kritik; von der Filmpresse werden sie in der Regel noch nicht mal wahr- und schon gar nicht ernst genommen. Als *Frauen-Genre* werden die Filme und Serien in der Regel marginalisiert und als massenmediales Phänomen kritisiert.[9]

Von feministischen Forscherinnen werden Chick Flicks in einem unmittelbaren Zusammenhang mit der Bedeutung von Postfemismus diskutiert. Einerseits werden sie als Möglichkeit emanzipatorischer Erhebung gefeiert und andererseits als große Gefahr eines politischen Reaktionismus hinsichtlich anti-feministischer Frauenbilder kritisiert. Kritikerinnen sehen in Chick Flicks einen anti-feministischen Rückschritt (*backlash theory*),[10] da sich das Narrativ weiterhin entlang binärer Geschlechtszuweisungen entfalte und um die klimaktische Synthese der heterosexuellen Hochzeit drehe. Zudem werde durch die Filme und Serien Emanzipation fälschlicherweise als erreicht dargestellt und femi-

---

[4] Es scheint, dass sich das Kino – und der feministische Diskurs, der eng damit verbunden ist – mit dem Aufkommen von Filmen wie BRIDESMAIDS (USA 2011, Paul Feig) SPRING BREAKERS (USA 2012, Harmony Korine) oder THE BLING RING (USA 2013, Sophia Coppola) verändert hat und entsprechend eine neue Welle markiert. Zwar mögen diese Beispiele des aktuellen Kinos aufgrund der Sujets und den von Frauen offensichtlich dominierten Besetzungen auf den ersten Blick als typische Chick Flicks erscheinen (BRIDESMAIDS wurde z.b. in diesem Sinne von der Publikumspresse gehandelt und auch gelobt), doch thematisieren sie meines Erachtens Fragen von Geschlechtlichkeit auf gänzlich andere Weise als die von mir angeführten postfeministischen Medienproduktionen.

[5] ALLY MCBEAL (USA 1997–2002; Regie: Mel Damski et al.; Drehbuch: David E. Kelley; Hauptdarstellerin: Calista Flockhart).

[6] SEX AND THE CITY (USA 1998–2004; Regie: Michael Patrick King et al.; Drehbuch: Darren Starr).

[7] LEGALLY BLONDE (USA 2001; Regie: Robert Luketic; Drehbuch: Amanda Brown et al.; Hauptdarstellerin: Reese Witherspoon).

[8] MISS UNDERCOVER (USA 2000; Regie: Donald Petrie; Drehbuch: Marc Lawrence, Katie Ford, Caryn Lucas; Hauptdarstellerin: Sandra Bullock).

[9] Vgl. Rick Altman: *Film/Genre*, London 2012 [1999], S. 72f.

[10] Vertreterinnen der *backlash*-Theorie sind der Ansicht, dass es sich bei dem sogenannten Postfeminismus um einen Rückschlag gegen die feministische Bewegung handelt. Eine der prominentesten Kritikerinnen ist die U.S.-amerikanische Journalistin und Autorin Susan Faludi (Faludi 1992).

nistische Kritik als überholt ausgewiesen. Von einem konsumerablen Mainstream-Feminismus ist dann die Rede, von der Popularisierung der Politik und ihrer damit einhergehenden Abschaffung.[11] Verteidigerinnen loben Chick Flicks dagegen als subversiv, da sie den Protagonistinnen Handlungsmacht (*agency*) und Wahlfreiheit (*choice*) erlaubten, d.h., sexuelle, finanzielle und berufliche Unabhängigkeit.[12] Als postfeministische Medienproduktion sollen Chick Flicks entweder jegliche Kritik an oppressiven Gesellschaftsstrukturen verunmöglichen oder im Gegenteil eine emanzipatorische Bewegung vorantreiben. Mit dem Aufkommen des Genres drängt sich die Frage nach dem gegenwärtigen Zustand von Feminismus und seiner gesellschaftlichen Rolle und Funktion auf. Auch aus diesem Grund sind die gegenteiligen Reaktionen bemerkenswert. Sie bilden den Ausgangspunkt dieses Artikels. In diesem Beitrag versuche ich zu verstehen, warum Chick Flicks für solche Kontroversen sorgen. Was ist so faszinierend an den Filmen und Serien? Wie lässt sich ihre polarisierende Wirkung erklären?

Grund für die Kontroversen scheint mir weniger eine stereotype Geschlechterzeichnung zu sein, die als gut oder schlecht empfunden wird, sondern vielmehr eine mehrdeutige Inszenierung der Hauptfiguren. Chick Flicks zeichnen sich durch Protagonistinnen aus, die als extrem weiblich in Erscheinung treten. Trotz bewundernswerter Karrieren scheinen sie sich vor allem für Make-up, Shoppen und die große Liebe zu interessieren. Die Protagonistinnen stellen einen Figurentypus dar, der sich als erfolgreiche Single-Frau skizzieren lässt, die vor allem jung, weiß, heterosexuell und explizit weiblich ist. Damit repräsentieren Chick Flicks genau jene Weiblichkeit, welche feministische Theorien der 1970er und 1980er Jahre so scharf verurteilen (wie etwa das Bild der ›dummen Blondine‹ als Objekt des männlichen Betrachters). Gleichzeitig zeigen sie eine ›neue‹ Form von ›Frau-Sein‹, die von postfeministischen Ansätzen (wie jene der femininen Karrierefrau, die Familie wie Arbeit problemlos unter einen Hut zu bringen vermag, das *having-it-all girl*) gepriesen werden.

Ich gehe davon aus, dass die durch die Massenproduktionen evozierte Opposition feministischer bzw. postfeministischer Positionen nicht allein dem jeweiligen politischen Standpunkt der Kritikerinnen geschuldet ist,

---

11 Vgl. McRobbie: »Post- feminism and Popular Culture«, S. 255–264 und dies., *Top girls*, Wiesbaden 2010 sowie Radner: *Neo-Feminist Cinema*.
12 Siehe z.B. Caroline Smith: *Cosmopolitan Culture and Consumerism in Chick Lit*, New York 2008 und Karin Lenzhofer: *Chicks Rule! Die schönen neuen Heldinnen in US-amerikanischen Fernsehserien*, Bielefeld 2006.

sondern den Filmen selbst, genauer: der ästhetischen Erfahrung. Lobeshymnen wie ablehnende Reaktionen auf postfeministische Populärkultur gründen oftmals in bereits vorhandenen Vorstellungen von ›falscher‹ oder ›richtiger‹ Geschlechterrepräsentation. Fast ausschließlich gehen Kritikerinnen von einer den Filmen vorgängigen Realität aus, die auf ›authentische‹, feministische Weise abzubilden sei bzw. die durch die Filme zum Ausdruck komme. Entweder, so die allgemeine Auffassung, stellten Chick Flicks die Realität falsch dar oder sie präsentierten Weiblichkeit, wie sie symptomatisch für die oppressiven Strukturen in der Gesellschaft sei. So verstellt für Angela McRobbie beispielsweise das Bild der »ehrgeizigen Fernsehblondine« den Blick auf reale soziale Verhältnisse.[13] Feministinnen bemängeln in der Regel, dass Frauen klischeehaft gezeigt werden und unzureichend Hauptrollen übernehmen. Auch wenn ich dieser Kritik beipflichte und mir wünsche, dass Frauenrollen aktiver und vielfältiger werden, ist es wichtig hervorzuheben, dass es im Hinblick auf Chick Flicks selten um die konkrete und durchaus mehrdeutige und widersprüchliche kinematographische Inszenierung von Frauen geht. Zwischen verschiedenen Medien wie Film oder Werbeplakat und verschiedenen Medienformaten wie Spielfilm oder Talkshow wird in den Debatten um die gegenwärtige Populärkultur kaum unterschieden. Kritikerinnen blenden die Medienspezifik von Chick Flicks aus und somit den Eigensinn der Filme. Was das Genre für die Zuschauerin bedeutet, spielt kaum eine Rolle. Die Diskussionen sind von der Frage nach der möglichen Sichtbarkeit von Subjekten geprägt und kaum von jener nach der Erfahrung des Publikums. Chick Flicks fungieren vielmehr als politisch-strategischer Bezugspunkt feministischer Kritik, denn als zu analysierender Gegenstand, als stellten Politik und Ästhetik gänzlich unterschiedliche Sphären dar.[14]

Um Chick Flicks in ihrer Komplexität zu verstehen, gilt es meines Erachtens, die sich während der Rezeption realisierende Erfahrung miteinzubeziehen. Gerade weil immer wieder die Rede von einem weiblichen Publikum ist, lässt sich das Genre nicht ohne die Zuschauerin

---

13 McRobbie: *Top girls.*, S. 37.
14 In der wissenschaftlichen Auseinandersetzung macht sich dies darin bemerkbar, dass die bestehenden Ansätze überwiegend ihrem Diskurs oder ihrer Disziplin verhaftet bleiben und sich selten durch eine interdisziplinäre Perspektive wie etwa zwischen Kultur-, Kommunikations- und Filmwissenschaft auszeichnen. Hier setzt der Sammelband *Film – Kino – Zuschauer: Filmrezeption,* hg. von Irmbert Schenk; Margrit Tröhler; Yvonne Zimmermann, Marburg 2010 an, der sowohl medienspezifische, populärkulturelle, historiographische, rezeptionspraktische, regionale wie transnationale und affektive Aspekte von Film berücksichtigt.

denken. Daher sind für mich sowohl die Filme selbst entscheidend als auch das unmittelbare Verhältnis zwischen Film und Zuschauerin: Also das, was man als ästhetische Erfahrung bezeichnen kann. Sabine Hark und Paula-Irena Villa stellen heraus, dass es der feministischen Kritik nicht einfach nur darum gehen kann, mehr Sichtbarkeit von Frauen zu verlangen, denn diese habe sich tatsächlich in den vergangenen Jahren verstärkt. Stattdessen stelle sich die Frage, *welche* Frauenbilder (z.B. Supermodels, Ehefrauen etc.) zu sehen sind.[15] Mit dem Fokus auf die ästhetische Erfahrung gehe ich noch einen Schritt weiter und untersuche nicht nur, welche Frauenbilder zu sehen sind, sondern auch, wie diese inszeniert werden. Meine Frage lautet daher nicht: »Welche Frauenbilder zeigen die Filme?« Sondern sie lautet: »Wie erfahren die Zuschauerinnen diese?« Wenn man davon ausgeht, dass die Filme vor allem bei Frauen auf Zuspruch stoßen, wie lässt sich dann eine geschlechtsspezifische Erfahrung fassen?

Chick Flicks zeichnet meines Erachtens eine Affektdramaturgie aus, d.h. die Inszenierung eines spezifischen affizierenden Musters, das unabhängig von der jeweiligen Prädisposition der Zuschauerin vehemente Kritik und/oder tosenden Beifall provoziert. Betrachtet man die Filme nämlich genauer, wird deutlich, dass sie sich ambivalent zu tradierten Geschlechterverhältnissen verhalten. Weder reproduzieren sie patriarchale Machtstrukturen schlichtweg, noch unterlaufen sie diese einfach. Im Grunde machen sie stets beides zugleich.[16] Die Inszenierungen zielen meines Erachtens darauf ab, dass Zuschauerinnen sich entweder ablehnend oder zustimmend oder sowohl als auch zu den Filmen verhalten. Fortwährend ist man angehalten, sich zu den Protagonistinnen zu positionieren und sie als feministisch oder anti-feministisch, emanzipiert oder reaktionär zu definieren und sie als typisch weiblich abzulehnen oder zu feiern. Eine letztendliche Positionierung bleibt dabei allerdings unmöglich.

---

15 Vgl. Sabine Hark; Paula-Irena Villa: »Ambivalenzen der Sichtbarkeit. Einleitung zur deutschen Ausgabe«, in: McRobbie: *Top girls. Feminismus und der Aufstieg des Neoliberalen Geschlechterregimes*, a.a.O., S. 7–10.
16 Für McRobbie ist solch ein mehrdeutiges Gestaltungsmuster typisch für die postfeministische Populärkultur, wozu sie auch Chick Flicks zählt. Die gleichzeitige Affirmation feministischer und anti-feministischer Werte bezeichnet sie als »double entanglement«, durch die Feminismus seiner politischen Schlagkraft beraubt wird. Vgl. McRobbie »Post feminism and Popular Culture«). Auch wenn ich dieses Argument nachvollziehen kann, denke ich, dass sich unter Einbezug der Zuschauerinnen der Filme eine breitere, mitunter positivere Perspektivierung eröffnet.

Exemplarisch will ich dies anhand des kommerziell höchst erfolgreichen Films LEGALLY BLONDE (auf Deutsch: Natürlich Blond) demonstrieren. Er hat der Schauspielerin Reese Witherspoon zu ihrem Durchbruch verholfen und kann als Paradebeispiel eines Chick Flick betrachtet werden.[17] Dieser Film hat mein Interesse an Chick Flicks überhaupt erst geweckt und stellt seitdem einen fortwährenden Bezugspunkt meiner Überlegungen zu Weiblichkeit und Filmerfahrung dar. Aufgrund der extremen Herausstellung geschlechtlicher Attribute und seiner herausragenden Popularität eignet er sich besonders gut dafür, die ästhetische Erfahrung von Chick Flicks zu analysieren.

LEGALLY BLONDE erzählt die Geschichte von Elle Woods aus Kalifornien, die ihrem Freund Warner Huntington III. ›zu blond‹ ist, da dieser glaubt, für seine politische Karriere eine ›Jackie‹ und keine ›Marilyn‹ zu benötigen. Um seine Liebe zurückzugewinnen, beschließt Elle zu eben solch einer ›Jackie‹ zu werden und bewirbt sich an der Harvard Law School, die Warner ebenfalls besuchen wird. Obwohl sie mit ihren zahlreichen Aktivitäten im Modebereich auf den ersten Blick nicht ins Profil der renommierten Uni passt, wird sie angenommen – anders als Warner, der nur durch einen Anruf seines Vaters den Sprung von der Warteliste schafft. Nach zahlreichen Hindernissen der Eingewöhnung, da die Protagonistin auch ihren Kommilitoninnen und Professorinnen zu blond bzw. ›pink‹ ist, sorgt sie auf zwiespältige Weise überraschend als Newcomer-Anwältin in einem Mordfall für Furore. Dank ihrer Kenntnisse der Schönheitspflege – mit Dauerwelle duscht man nicht! – gelingt es ihr, die Täterin zu überführen. Warner, der dann doch um ihre Hand anhält, lässt sie links liegen. Zu ihrem neuen Partner (nicht unbedingt Freund) wählt sie einen Kollegen, der sich von Anfang an kaum durch ihren ›pinken‹ Auftritt irritieren lässt und sich mehr und mehr auf ihre Seite schlägt. Soweit zur Handlung.

Wie sich der Siegeszug der Protagonistin auf der Ebene der Affektdramaturgie gestaltet und inwiefern die Polarisierung der Kritikerinnen in der ambivalenten Inszenierungsweise des Films angelegt ist, möchte ich anhand der Bewerbungssequenz analysieren, in der Elle sich mittels

---

17 Diesen Film habe ich bereits in einem früheren Artikel analysiert (Dang: »Emma, Elle & Co. Der gegenwärtige Woman's Film als ästhetische Erfahrungsmodalität«, in: Jennifer Henke et al. (Hg.): *Hollywood Reloaded? Das Spiel mit Genrekonventionen nach der Jahrtausendwende*, Marburg 2013, S. 112–127.). Der Schwerpunkt des vorliegenden Beitrags ist allerdings ein anderer. Während es 2013 darum ging, einen neuen Genre-Ansatz zu skizzieren, fokussiere ich in diesem Beitrag die Kategorisierungsprozesse, die sich während der Filmrezeption realisieren.

eines Videos in der Ästhetik eines Ricky Martin-Clips der Jury präsentiert, die über die Aufnahme in Harvard entscheidet. Diese Sequenz ist zentral für die Analyse, denn die ambivalente Affektdramaturgie des Films kommt darin besonders deutlich zum Ausdruck.

In Glitzerbikini posiert Elle in einem Whirlpool, um sich als zukünftige Anwältin den Professoren der Universität vorzustellen. Nacheinander illustrieren verschiedene Szenen, warum sich die Protagonistin aufgrund ihrer Qualifikationen hervorragend als Juristin eignet. So zeigen Ausschnitte, wie sie als Vorsitzende der Studentinnenvereinigung über die Qualität von Toilettenpapier abstimmen lässt, welch enormes Gedächtnis sie in Bezug auf Soap Operas vorweisen kann, oder auf welche Weise sie sich juristischer Rhetorik als Schild gegen sexuelle Belästigung bedient. Einmal leitet sie, am Kopfende eines langen Tischs im Konferenzraum stehend, eine Versammlung im Wohnheim und schlägt wie eine Richterin mit dem Vollzugshammer auf den Tisch. In einer anderen Szene ist Elle zu sehen, wie sie, gemeinsam mit ihrer Freundin, auf einer Luftmatratze über den wasserklaren Bildschirm gleitet und sich des Geschehens aus DAYS OF OUR LIVES erinnert. Und zuletzt präsentiert sie ihr Fachvokabular, als ihr jemand hinterher pfeift: »I object!«.

Zum einen, so ließen sich die Szenen interpretieren, demonstrieren die Ausschnitte gemeinhin anerkannte Fähigkeiten wie Führungsqualität, Zielstrebigkeit, sicherer Ausdruck und Gebrauch von Fachtermini sowie Flexibilität. Zum anderen gründen Elles derart definierbare Qualifikationen in Bereichen, die vollkommen fern juristischer Tätigkeiten zu liegen scheinen. Durch die Bewerbungssequenz eröffnet sich ein Raum möglicher Umdeutungen. Denn warum sollte Mode nicht essentieller Bestandteil interdisziplinärer Forschung sein?

Diese Perspektivierung evoziert zunächst eine eindeutig ablehnende Haltung gegenüber der Hauptfigur, zu aberwitzig erscheint Elles Videobewerbung und als absolut unvereinbar mit den Anforderungen der Universität. Doch eigentlich, so wird dann deutlich, lässt sich die Aufnahme, die dann trotz – oder wegen – dieses Auftritts erfolgt, gut begründen.

Das Video sorgt nicht nur seitens der Zuschauerin für Staunen und Sprachlosigkeit. Nachdem die Professoren das Video gesehen haben, müssen sie sich erst einmal sortieren. Zögerlich beginnen sie die Qualifikationen der Bewerberin hervorzuheben. Dabei legen sie die Teilnahme an einem Ricky Martin-Video als Musikinteresse aus und die Kreation eines Kunstpelzlippenstifts als Zeichen für Tierliebe. Während der durchtrainierte Körper der Kandidatin bis zuletzt im Bild zu sehen ist, berät die Auswahlkommission über deren (oder dessen, des Körpers) Aufnahme.

Die erfolgreiche Bewerbung wird als Ergebnis einer durchaus zwiespältigen Entscheidung inszeniert, da nicht klar wird, ob Elle Woods aufgrund ihres Äußeren oder ihrer Qualifikationen angenommen wird. Oder qualifiziert sich Elle durch ihr Äußeres? Bestimmt das männliche Begehren die Argumentation der Jury oder die Eignung der Bewerberin? Handelt es sich um eine machtpolitische Entscheidung oder basiert sie auf objektiven Kriterien? Die Entscheidung lässt sich als Entscheidung interpretieren, die auf einem männlichen Begehren basiert, das wiederum durch objektive Kriterien (Tierliebe, Musikinteresse) legitimiert werden muss. Gleichzeitig bringt Elle tatsächlich Diversität mit, was wiederum in dem repräsentativen Muster des männlichen Blicks auf einen weiblichen Körper unterzugehen droht. Indem beide Logiken nebeneinander stehen und miteinander ringen, verunsichert der Film das Publikum. Geht es in der Bewerbungssequenz um die Affirmation stereotyper Geschlechterbilder oder um deren Dekonstruktion? Bestätigt sie das Bild der dummen Blondine oder arbeitet sie gegen diese Vorstellung an? Der Film lässt beide Deutungsmöglichkeiten zu und verwehrt der Zuschauerin ein abschließendes Urteil. Auf diese Weise entzieht er sich einem progressiv versus reaktionär ausgerichteten Wertesystem und verweist auf diese unmöglich im Konkreten aufrecht zu erhaltenden Normierungen. Die Bewerbungssequenz hinterfragt somit nicht nur gängige Vorstellungen eines Wertesystems, sondern auch, inwiefern es überhaupt einen allgemeinen Maßstab geben kann. Der Film verunmöglicht der Zuschauerin eine eindeutige Stellungnahme sowohl gegenüber der Hauptfigur (fort- oder rückschrittlich?) als auch gegenüber der Jury (sexistisch oder progressiv?). Beide Dimensionen bleiben während der Bewerbungsszene bestehen. Somit verwehrt das Bewerbungsvideo eine letztgültige Kategorisierung.

Indem das Bewerbungsvideo zwischendurch mit Szenen konfrontiert wird, in denen Elle (tatsächlich) für den LSAT (Law School Admission Test) lernt, verwebt die Sequenz unterschiedliche Logiken miteinander. Zum einen können wir verfolgen, wie Elle als fleißige Studentin in der Bibliothek arbeitet, zum anderen zeichnet das Video das Bild einer rein äußerlich definierbaren Blondine. Neben dieser Kontrastmontage findet sich auch innerhalb der verschiedenen Szenen stets dieser Gegensatz veranschaulicht, etwa wenn Elle mit schmachtvollem Blick der Herde grölender, oben unbekleideter Jungs nachsieht, um ihre Augen dann wieder in das Buch zu richten; oder wenn ihre beiden Freundinnen ihr tägliches Workout-Programm absolvieren und währenddessen die Zeit stoppen für den Probedurchlauf.

Genau diese Gleichzeitigkeit von diametral entgegen gestellten Deutungsmöglichkeiten entfaltet ein nicht auflösbares Spannungsverhältnis zwischen der Inszenierung stereotyper Geschlechterdifferenzen und vorhandenen Strukturen zuwiderlaufenden Vorstellungen. Abschließende Kategorisierungsversuche laufen ins Leere.

Aus dieser Perspektive geht es in LEGALLY BLONDE weniger um Frauen als um den Blick auf Frauen. So ist es kein Zufall, dass sich Elle Woods mit einem Video bei Harvard bewirbt. Die durch die Grobkörnigkeit, die quer verlaufenden Linien und die Rahmung des Bildschirms hervorgebrachte Videoästhetik verweist auf die Repräsentationsebene der Bewerbung und die audiovisuelle Konstruktion der Hauptfigur. Zudem verweist das REC-Zeichen am oberen Bildrand auf die aufzeichnende Kamera, deren Präsenz sich als Blick der Zuschauerin realisiert – um dann in den versteinerten Gesichtern der urteilenden männlichen Professoren zu münden.

Allerdings inszenieren Chick Flicks nicht nur den Blick auf Frauen, sondern sie machen diesen Blick explizit zum Gegenstand. D.h. sie inszenieren den Blick auf den Blick auf Frauen. Genauer: Sie inszenieren die feministische Auseinandersetzung mit dem Blick auf Frauen. Theorie wird zum Gegenstand der Filme. So findet sich in der Bewerbungssequenz das von Laura Mulvey herausgearbeitete Dispositiv »männlicher Blick/weibliches Objekt« wieder. In ihrem Aufsatz »Visual Pleasure and Narrative Cinema« kommt Mulvey 1975 zu dem Schluss, dass das narrative Kino Hollywoods der 1930er bis 1950er Jahre als symptomatisches Repräsentationssystem der patriarchalen Gesellschaft Frauen jegliche Schaulust im Kino verwehre und sich einzig an einem männlichen Blick, d.h. einem männlichen Subjekt ausrichte.[18] Trotz erheblicher Kritik, insbesondere aufgrund der essentialistischen und heteronormativen Prämissen, prägt diese Konzeption des Kinos bis heute feministische Filmtheorien – und das gegenwärtige Kino.

Wie in einem Lehrstück stellt LEGALLY BLONDE die *to-be-looked-at-ness*, das Angesehenwerden des weiblichen Körpers durch ein männliches Zuschauersubjekt, aus. Allerdings durchbricht die Szene diese Anordnung. Der Blick auf Elle wird auf die Professoren zurückgeworfen. In dem Moment, da die Kamera auf den aufgerissenen Augen und den offenen Mündern der Männerrunde landet, wird der zuvor durch das Video etablierte Blick der Zuschauerin, der mit jenem der Professoren zusammenfällt, als voyeuristisch enttarnt und diegetisch rückgebunden.

---

18 Vgl. Laura Mulvey: »Visual Pleasure and Narrative Cinema«, in: Amelia Jones: *The Feminism and Visual Culture Reader*, 2003 [1975], S. 44–53.

So findet man sich einerseits selbst in der Position der Jury wieder und andererseits blickt man auf die nach Worten suchenden Repräsentanten der Ivy League. Wenn am Ende der Sequenz der flimmernde Frauenkörper und das übergroße Lächeln mit den in schwarz-braun gehaltenen, fast unbewegten Bildern der Jury kollidieren, kommt eben jene ambivalente Haltung der Zuschauerin gegenüber Elle zum Ausdruck, die die gesamte Filmerfahrung strukturiert. In diesem Moment der diegetischen Brechung kulminieren die extremen Gegensätze, die von Anfang an den Film bestimmen: die permanente Affirmation gesellschaftlicher Vorstellungen und deren ständige Dekonstruktion. Einerseits bestätigt die Sequenz das von Mulvey proklamierte Paradigma männlicher Blick/ weibliches Schauobjekt, andererseits hinterfragt sie dessen Gültigkeit. Denn das Bewerbungsvideo hat tatsächlich Erfolg – ob aufgrund inhaltlicher Werte oder Elles äußerlicher Erscheinung, lässt sich aus Zuschauerinnenperspektive nicht beurteilen. Ob es eine durch sexistische Logik bestimmte Entscheidung war oder ein emanzipatorischer Akt, bleibt unentscheidbar. Aus dem Grund möche ich Angela McRobbie widersprechen, die postfeministischen Medienproduktioen vorwirft, feministische Theorie zu musealisieren und damit abzuschaffen.[19] Denn meiner Meinung nach beleuchtet der Film schlichtweg ein feministisches Konzept und fragt, inwiefern es noch nützlich ist und was es heutzutage bedeutet.

Wenn es also weniger um Frauen, sondern um den Blick auf Frauen bzw. den Blick auf den Blick auf Frauen geht und um feministische Theorie, dann definiert sich die Filmerfahrung von Chick Flicks nicht durch die Identifikation mit Frauen, sondern durch die Auseinandersetzung mit deren Repräsentation. Die Filme und Serien lesen sich wie eine Antwort auf den Diskurs der Second Wave.[20] Einerseits mögen sie feministische Positionen der 1970er und 1980er Jahre wie die Objektifizierung von Frauen verabschieden, andererseits heben sie deren gegenwärtige Bedeutung hervor. Chick Flicks fordern meines Erachtens eindeutige Subjektkonzepte und Vorstellungen massenmedialer Reprä-

---

19 McRobbie: *Top girls. Feminismus und der Aufstieg des neoliberalen Geschlechterregimes*.

20 Je nachdem, ob in der historischen Entwicklung des Feminismus eher eine Trennung zwischen den verschiedenen Generationen von Frauen gesehen wird oder eine Fortführung feministischer Traditionen, ist entweder vom *Neo-* oder *Postfeminismus* die Rede, oder von verschiedenen Wellen des Feminismus (der *First Wave*, repräsentiert durch die Suffragetten des 19. Jahrhunderts, die *Second Wave* vertreten durch die Frauenbewegungen der 1960er bis 1980er Jahre und der *Third Wave*, die neue Generation von Feministinnen, prominent vertreten durch Judith Butler).

sentation heraus. Damit wende ich mich gegen die Auffassung, dass mit der Popularisierung feministischer Theorie automatisch eine Entpolitisierung einhergeht und dass gegenwärtige Medienproduktionen symptomatisch für den desolaten Zustand des Feminismus und damit der Gesellschaft sind.

Wenn die Filmerfahrung von LEGALLY BLONDE nicht aus der Identifikation mit der Protagonistin im Sinne eines dem Film vorgängigen Subjekts, das man als Frau bezeichnet, herrührt, sondern vielmehr aus der Auseinandersetzung mit Subjektkonzepten, dann ist auch das Happy End nicht einfach als erfolgreicher Abschluss des Mordfalls durch eine Frau zu verstehen. Betrachtet man die Affektdramaturgie des Films, dann wird deutlich, dass das Zuschauerinnengefühl[21] des *empowerment*, das häufig mit Chick Flicks in Verbindung gebracht wird und oftmals Anstoß zur Kritik bietet, da dieses in einem falschen Bewusstsein gründe,[22] nicht einfach auf das glückliche Ende einer Heldinnengeschichte zurückgeführt werden kann. Das Gefühl des *empowerment* speist sich vielmehr aus einer Bewegung von einem ›Ich‹ über ein ›Du‹ zu einem ›Wir‹, von einem »Yes, I can!«, über ein »Yes, you can!« zu einem »Yes, we can!«. Indem LEGALLY BLONDE die Protagonistin als durchschnittliche, mit allen erdenkbaren weiblichen Attributen ausgestatteten Frau inszeniert, die es aller Widerstände zum Trotz schafft, sich mittels ›weiblicher‹ Fähigkeiten durchzusetzen, spielt der Film auf die Erzählung des American Dream an: jede (Frau) kann es schaffen, »Du auch!«. Als audiovisuelle Figuration der skizzierten Unentscheidbarkeit wird Elle zudem im Laufe des Films zur Repräsentantin einer sich durch sie konstituierenden Gemeinschaft und gewinnt sozusagen im Namen aller. Dies zeigt sich in der Szene aus der Bewerbungssequenz, wo sie wie eine Königin die Treppe herunterschreitet und von allen Studentinnen umringt wird, als der Bescheid über den bestandenen LSAT eintrifft, um dann emporgehoben und gefeiert zu werden.

---

21 Mittels des Begriffs des *Zuschauergefühls* zielt Hermann Kappelhoff auf eine Erfahrungsdimension des Kinos ab, die im Anschluss an Vivian Sobchacks neophänomenologische Medientheorie (Vivian Sobchack: *The Address of the Eye: A Phenomenology of Film Experience*, Princeton 1992) ein Verhältnis zwischen Film und Zuschauerin impliziert, das sich nicht auf ein Verständnis von Identifikation oder Empathie zurückführen lässt, sondern das eine audiovisuelle Orchestrierung von Affekten meint. Siehe Hermann Kappelhoff: »Zuschauergefühl. Die Inszenierung der Empfindung im dunklen Raum des Kinos«, in: Erika Fischer-Lichte; Clemens Risi; Jens Roselt (Hg.): *Kunst der Aufführung. Aufführung der Kunst*, Berlin 2004. S.188–200.
22 Siehe etwa McRobbie: *Top girls*, S. 37.

Mit dem Siegeszug der Protagonistin realisiert sich der Siegeszug der zu Beginn des Films etablierten Ambivalenz. Mit anderen Worten: Die Heldin des Films ist die bis zuletzt sich aufrecht erhaltende Mehrdeutigkeit, die sich in der Inszenierung der Hauptfigur entfaltet. Schließlich gewinnt Elle den Fall, da sie über die entscheidenden Kenntnisse der Schönheitspflege verfügt. Ist dieser Ausgang nun feministisch oder anti-feministisch? Wer oder was wird hier eigentlich wie repräsentiert? Einerseits werden stereotype, negativ besetzte Vorstellungen von Weiblichkeit wie Äußerlichkeit und Oberflächlichkeit affirmiert; andererseits werden typisch weibliche Lebensbereiche, die normalerweise als nebensächlich abgewertet werden, wie Körperpflege, als Basis einer erfolgsversprechenden Strategie aufgewertet. Weibliche Eigenschaften werden als variabel und damit als konstruiert aufgezeigt. Der Erfolg dieser Mehrdeutigkeit erfährt seinen affektdramaturgischen Höhepunkt, wenn die Hauptfigur am Ende die Dankesrede im universitären Zeremoniensaal vor den Studentinnen und Professorinnen hält. Das Emanzipatorische des Films liegt also nicht nur in der Dekonstruktion wiedererkennbarer Merkmale, sondern in dem erfahrbaren Siegeszug der die kategoriale Loslösung repräsentierenden Protagonistin. Mit dem Happy End hat sich die zu Beginn des Films etablierte Ambivalenz durchgesetzt.

Kommen wir zurück zur Ausgangsfrage: Was sind Chick Flicks? Rekonstruiert man die feministischen Auseinandersetzungen der 1970er und 1980er Jahre mit dem klassischen Woman's Film Hollywoods, so wird deutlich, dass die unter dem Begriff des Woman's Film versammelten Filme äußerst heterogen sind – u.a. gibt es den Paranoiafilm, den Mutter-Tochter-Film, die working girls-Filme).[23] Zudem wird deutlich, dass das Genre sich nicht durch eine reale Zuschauerin definiert, sondern vielmehr über die Vorstellung einer Zuschauerin, d.h. über die Reflexion weiblicher Subjektivität, Adressierung und Repräsentation. In einem ähnlichen Sinne konstituieren sich auch Chick Flicks nicht über Frauen als den Filmen vorgängige Subjekte, sondern über deren Konzeptionierung. Während der klassische Woman's Film sich über die Zuschauerin oder vielmehr über die Vorstellung einer Zuschauerin definierte bzw. überhaupt erst konstituierte, hat die Theorie Eingang gefunden in den gegenwärtigen Woman's Film – wie ich Chick Flicks im Anschluss an meine Perspektivierung nennen möchte. Die damaligen

---

23 Mary Ann Doane: »The Woman's Film: Possession and Address«, in: Dies.: Patricia Mellencamp; Linda Williams (Hg.): *Re-Vision: Essays in Feminist Film Criticism*, Maryland 1984, S. 67–82. Siehe auch Doane: *The Desire to Desire. The Woman's Film of the 1940s*, Bloomington 1987.

Debatten haben sich in die aktuellen Medienproduktionen hineinverlagert.[24]

Zudem kommt hinzu, dass anders als der klassische Woman's Film der gegenwärtige Woman's Film nicht mehr allein im Kino einen Aufführungsort findet. Mit ALLY MCBEAL und SEX AND THE CITY lässt sich sein Ursprung im Fernsehen verorten. Darüber hinaus wird er im Kino gesehen, auf DVD, im Flugzeug oder auf dem Smartphone. Das Kino selbst, das in den Augen der feministischen Filmtheorie für Frauen insbesondere zu Zeiten des Frühen Kinos, zu Beginn des 20. Jahrhunderts, einen entscheidenden Ort der Öffentlichkeit darstellte, hat sich verändert. Es ist Teil eines multimedialen Erfahrungsflusses geworden und hat seinen Ereignischarakter eingebüßt. Und dennoch möchte ich behaupten, dass man trotz der vielfältigen Rezeptionsmöglichkeiten angesichts des gegenwärtigen Woman's Film von einem Publikum und einer kollektiven Erfahrungsform sprechen kann.

Die die Zuschauerinnen verbindende Erfahrungsdimension setzt wohlgemerkt weder ein gleichzeitiges Filmerleben voraus noch eine gemeinschaftliche Identifikation mit den Repräsentantinnen eines »neoliberalen Geschlechterregimes«.[25] Es handelt sich nicht um eine Repräsentation einer dem Film vorgängigen Gemeinschaft. Das gemeinschaftsstiftende Moment des Genres liegt in der spezifischen, sich in der Dauer der Rezeption realisierenden Filmerfahrung. Die sich durch den gegenwärtigen Woman's Film konstituierende Erfahrung von empowerment speist sich aus eben jener beschriebenen Mehrdeutigkeit, die sich in einem ›Wir‹ entlädt.

Die Kategorie Frau dient dabei als Bezugspunkt der Zuschauerin und wird zugleich in ihrer Heterogenität erfahrbar. Sie kann Zeichen oppressiver Strukturen sein oder ein Symbol der Emanzipation. Aus dieser Sicht wendet sich der gegenwärtige Woman's Film gegen essentialistische Identitätskonzepte und gegen Vorstellungen, welche diese als Basis von Solidarität und Kollektivität voraussetzen. Weder vereint das somit konzipierte Publikum eine gemeinsame Erfahrung, noch setzt die sich solcherart konstituierende Form von Kollektivität eine gemeinsame Identität voraus. Das Publikum des gegenwärtigen Woman's Film, das man als ›Frauen‹ bezeichnet, definiert sich nicht dadurch, dass die einzelnen Zuschauerinnen Frauen sind. Die einzelnen Zuschauerinnen formieren sich zu einem Publikum in der umrissenen Filmerfahrung, die

---

24 Siehe auch meine Ausführungen in Dang: *Film, Erfahrung und Feminismus*.
25 Sabine Hark; Paula-Irena Villa: »Ambivalenzen der Sichtbarkeit. Einleitung zur deutschen Ausgabe«, in: McRobbie: *Top girls.*, S. 9.

sich entlang der Kategorie Frau entfaltet. Weder gehe ich also davon aus, dass alle Frauen Chick Flicks sehen, noch dass Chick Flicks allein Frauen ansprechen. Der gegenwärtige Woman's Film verunmöglicht es im Grunde, sich eindeutig als Frau zu identifizieren. Stattdessen bringt er eine Öffentlichkeit hervor, die es erlaubt, individuelle Differenz-Erfahrungen auf eine allgemeine Dimension zu beziehen. Auf diese Weise ermöglicht er den Zuschauerinnen, sich als sehende Öffentlichkeit[26] wahrzunehmen und sichtbar zu machen. In diesem Sinne würde ich das Genre in Anlehnung an Jacques Rancières »Politik des Ästhetischen« als eine Form der Sichtbarmachung von Frau verstehen.

Ästhetik und Politik gelten für Rancière als unmittelbar miteinander verschränkt. Wer und was sich als Subjekt in der Öffentlichkeit artikulieren, d.h. hörbar und sichtbar machen kann, sei hinsichtlich der »Aufteilung des Sinnlichen« zu untersuchen, der spezifischen Ordnung gesellschaftlicher Wahrnehmung, die über die Teilhabe bzw. Nicht-Teilhabe an einem Gemeinsamen entscheidet bzw. dieses überhaupt erst konstituiert. Politik stellt für Rancière eine Form von Neuordnung bestehender Aufteilung dar, was immer mit Dissens verbunden ist, mit einem permanenten Aufeinandertreffen von Teilhabenden und Nicht-Teilhabenden, von Gehörten und Nicht-Gehörten, Sichtbaren und Nicht-Sichtbaren. Allerdings kommt es nicht nur darauf an, dass sich jemand oder etwas artikuliert, sondern vor allem ist es bedeutend, wer oder was gehört und gesehen bzw. verstanden wird. Ob etwas Lärm ist oder Rede, das ist der entscheidende Unterschied, der zugleich Ausdruck der politischen Sphäre darstellt.[27]

Es ist also entscheidend, welche Bedeutung der Inszenierung von Weiblichkeit im gegenwärtigen Woman's Film zukommt. Meines Erachtens unterscheidet diese sich von jener im klassischen Hollywoodkino. Pinkheit und Blondheit werden als exzessive Expressivitäten erfahrbar, die es weder zu neutralisieren, geschweige denn zu heilen gilt. Genau darin gründet sich die emanzipatorische Erfahrung des Films: in der euphorischen Affirmation des Frau-Seins und der gleichzeitigen Dekons-

---

26 Mit der Formulierung der »sehenden Öffentlichkeit« beziehe ich mich auf das Konzept des Kinos der Kritischen Theorie, namentlich Siegfried Kracauer, Walter Benjamin und Theodor W. Adorno, wie es Miriam Hansen in ihrem Buch *Cinema and Experience* herausarbeitet, sowie auf die Vorstellung von Oskaer Negt und Alexander Kluge, die Öffentlichkeit als »allgemeinen sozialen Erfahrungshorizont« definieren. Vgl. Miriam Bratu Hansen: *Cinema and Experience. Siegfried Kracauer, Walter Benjamin, and Theodor W. Adorno*, Berkeley 2012.
27 Vgl. Jaques Rancière: *Die Aufteilung des Sinnlichen. Die Politik der Kunst und ihre Paradoxien*, Berlin 2006.

truktion desselben. Dabei kommt der immensen Präsenz von Weiblichkeit eben eine gänzlich andere Bedeutung zu als eine heteronormative Lesart nahelegen würde. Die sich durch den gegenwärtigen Woman's Film realisierende Sichtbarmachung meint nicht ein fehlgeleitetes oder folgerichtiges Einlösen der geforderten Präsenz von Frauen. Begreift man das grelle Pink und die schrillen Stimmen als unablöslicher Teil jener herausgearbeiteten figurativen Logik der insistierenden Mehrdeutigkeit, die sich in der ästhetischen Erfahrung vollzieht, so bezeichnet Sichtbarmachung die öffentliche Reflexion vorherrschender Geschlechterbilder und Subjektkonzepte. Was im klassischen Woman's Film pathologisiert wird, wird nun zum Instrument des empowerment. Hysterie wird zum Mittel der Sichtbarmachung.

Wenn Chick Flicks Frauenfilme sind, Filme über Frauen, die von Frauen geguckt werden, es aber weder um Frauen noch unbedingt um Zuschauerinnen geht, drängt sich die Frage auf, was ›Frau‹ dann überhaupt noch meint. Vielleicht, so Judith Butler, »stellt sich heraus, daß die Repräsentation als Ziel des Feminismus nur dann sinnvoll ist, wenn das Subjekt ›Frau(en)‹ nirgendwo vorausgesetzt wird.«[28]

---

28 Judith Butler: *Das Unbehagen der Geschlechter*, Frankfurt a. M. 1991.

Jörn Schafaff

Framing und Reframing

Zur Idee einer »Kunsthalle for Music«

Niemand weiß bisher genau, was die Kunsthalle for Music sein wird. Auch ihre erste Manifestation Anfang 2018 im Rotterdamer Kunstzentrum Witte de With hat keinen endgültigen Aufschluss darüber gegeben. Die Ausstellung war ein erster Versuch, ein Testlauf unter realen Bedingungen, im Verlauf dessen sich vielleicht einige Parameter der Institution abzeichneten. Vielleicht wird daraus eine tatsächliche Einrichtung, vielleicht wird »Kunsthalle for Music« aber auch eine Metapher bleiben – ein Label, das Assoziationen weckt. Assoziationen, die Ari Benjamin Meyers, dem Initiator der Kunsthalle, dazu dienen, unter den institutionellen Bedingungen des Ausstellens Möglichkeiten der Produktion, Präsentation und Rezeption live gespielter Musik zu erproben. Ein Reflexionsinstrument, das mit Mitteln des Framings und des Reframings auf die Konventionen, Regeln und Zwänge des Konzertwesens abzielt – und gleichzeitig das institutionelle Selbstverständnis der bildenden Kunst herausfordert. Welche Fragen eine derartige Verlagerung von Musik in den Kontext der Kunstausstellung aufwerfen, ist Gegenstand der folgenden Überlegungen. Welche Rolle spielen die räumlichen und zeitlichen Bedingungen des Präsentationsformats Ausstellung für die Komposition? Was ist das Exponat, wer bildet das Publikum und wie formiert es sich, wenn die Vorgaben des Konzertsaals außer Kraft gesetzt sind? Nach welchen Kriterien ist ein musikalisches Erlebnis zu beurteilen, wenn es als und im Rahmen von bildender Kunst stattfindet? Auf welche Weise, schließlich, verändern die durch die *Kunsthalle for Music* entstehenden Rahmenbedingungen künstlerischer Arbeit und der ästhetischen Urteilsprozesse die Konditionen und Konfigurationen des Gemeinschaftlichen oder Kollektiven? Die erste Manifestation der Kunsthalle for Music lieferte erste Antworten auf diese Fragen. Auch Beispiele aus der früheren künstlerischen Praxis Meyers', der als ausgebildeter Musiker, Komponist und Dirigent selbst seit einigen Jahren im Praxisfeld der bildenden Kunst agiert, lassen sich heranziehen. Beispiele von anderen Künstlern, die aus der Kunst kommend Musik zu ihrem Material gemacht haben. Beginnen wir also bei den ersten Schritten, die auf dem Weg zur Kunsthalle for Music unternommen wurden.

Am 4. November 2016 verkündete eine Anzeige auf der Internet-Plattform e-flux.com die Gründung einer neuen Institution. Meyers, hieß es in der Anzeige, sei ihr künstlerischer Leiter, als Gründungsdirektoren waren außerdem auch Defne Ayas, Direktorin des Witte de With, und Mimi Brown, Leiterin des Spring Workshop in Hongkong, erwähnt. Das deutsche Wort »Kunsthalle« ist im Englischen die Bezeichnung für Ausstellungshäuser zeitgenössischer Kunst, die im Unterschied zum Museum über keine Sammlung verfügen, sondern ausschließlich auf Wechselausstellungen und ähnliche temporäre Veranstaltungen fokussiert sind. Daraus folgt: Die Kunsthalle for Music soll eine Institution werden, in der sich die Produktion, Präsentation und Rezeption von Musik an den Vorgaben des White Cube orientiert. »Can we imagine a space for music that exists outside of any media and beyond the stage?« beginnt der mit der Anzeige veröffentlichte Text. »A space for unrecordable music, music of undefined duration, existing even when no audience is present? [...] A space wherein the ideal listening and viewing position is determined independently by each artist, performer or visitor, not determined beforehand by a seat number on a ticket.«[1] Der White Cube ist ein solcher Ort. Was dort ausgestellt wird, ist in der Regel dauerhaft verfügbar, begrenzt nur durch die Öffnungszeiten der Institution. Abgesehen von den Wänden, die ihn begrenzen, macht er keine Vorgaben, wo das in ihm Präsentierte positioniert zu sein hat. Jede Ausstellung bietet die Möglichkeit, die beteiligten Elemente neu zu konfigurieren, von den Exponaten über die Ausstellungsarchitektur, die Lichtsetzung und andere Mittel des Displays bis zu den Besuchern. Deren Position ergibt sich einerseits aus den Vorgaben der Kunstwerke und der Platzierung der anderen Elemente, hängt aber auch von ihrer eigenen Entscheidung ab, wie sie sich den Exponaten nähern wollen und wie lange. Keinesfalls aber entscheidet der Eintrittspreis, ob sie die Kunstwerke aus der Nähe betrachten können oder nicht. Im Vergleich zum Konzertsaal bietet der White Cube ungleich größeren Spielraum, sowohl für Komponisten und Musikkuratoren als auch für Besucher: »Music is not necessarily what you think it is.«[2]

Musik, wie sie die Kunsthalle for Music präsentieren wolle, sei kein Konsumprodukt, hieß es in der Ankündigung. Es gehe weder um die

---

1 http://www.e-flux.com/announcements/69184/kunsthalle-for-music/. Siehe auch www.kunsthalleformusic.org.
2 Ebd.

perfekte Aufnahme, noch um die perfekte Wiedergabe eines Werkes auf einer Bühne. Stattdessen gehe es um all jene Dinge, für die im Konzert üblicherweise kein Platz ist: den Moment der Probe, für das Ereignis der Zusammenkunft unterschiedlicher Menschen aus Anlass des Musizierens. Die längste Zeit in der Geschichte der Menschheit habe Musik bedeutet, einen gemeinsamen Raum und eine gemeinsame Zeit zu definieren: »Music was not merely in space; it was space. Music was not only social through listening; it was social in its conception. Music didn't happen in time; it defined time.«[3] Diesen Aspekten von Musik wolle sich die Kunsthalle for Music widmen – und zwar als »contemporary art«, denn es gelte, die historische Abspaltung der Musik von der zeitgenössischen Kunst in Frage zu stellen und daran zu erinnern, dass Merkmale von Musik – »compositional strategies, formal structures, harmony and dissonance, orchestration, scoring, arrangement, rhythm, tempo« – für jegliche künstlerische Praxis grundlegend seien. Erste Hinweise darauf, in welcher Form das geschehen könnte, lieferten die Ausstellung »An exposition, not an exhibition« im Spring Workshop, sowie die Tagung »Music Is Not«, während der auch erste »Auditions« für das Ensemble der Rotterdamer Kunsthalle for Music stattfanden.[4]

Mögliche Exponate

»Exposition« ist das französische Wort für »Ausstellung«, aber auch die Bezeichnung für jenen Teil einer Komposition, in dem das Thema bzw. die Themen des Stückes zum ersten Mal vorgestellt werden. Im Titel der Hongkonger Ausstellung verwies »Exposition« somit auf deren grundlegende Bedeutung für die Kunsthalle for Music. Gleichzeitig zeigte die Wortwahl das Anliegen an, die Präsentationsmodi von Musik und Kunst zusammenzubringen, und zwar so: Auf Einladung von Meyers spielte das Hong Kong New Music Ensemble sein gesamtes Repertoire von über einhundert lokalen und internationalen Werken zeitgenössischer Musik,

---

3 Ebd.
4 »Ari Benjamin Meyers: An exposition, not an exhibition«, 11.03.–01.04.2017, Spring Workshop, Hongkong. »Music Is Not«, 26.–27.05.2017, Witte de With, Rotterdam. Eine weitere vorbereitende Veranstaltung war das Seminar »Musik ausstellen, Ausstellungen komponieren: Zur Idee einer Kunsthalle for Music«, das ich im Sommersemester 2017 in Zusammenarbeit mit Meyers am Kunsthistorischen Institut der Freien Universität Berlin abhielt.

Jörn Schafaff

an zwölf Tagen für jeweils fünf Stunden.[5] Die Mitglieder des Ensembles[6] folgten dabei einer von Meyers vorgegebenen Choreographie, bei der sie teilweise im Sitzen musizierten, teilweise sich aber auch im Raum bewegten oder die Position ihrer Klappstühle und Notenpulte veränderten. Als räumlicher Rahmen diente der abgedunkelte, mit wenigen Spots akzentuierte Veranstaltungsraum des Spring Workshop, den Meyers mit einem dunklen Teppich ausgestattet hatte. Drei Transparente verkündeten die Reihenfolge der Stücke, versehen mit Angaben zur jeweiligen Dauer, jedoch ohne genauere Informationen darüber, wann die Stücke gespielt werden würden. Drei an einer Wand lehnende Kreidetafeln standen bereit, um dem Ensemble und den Besuchern die Notation der aktuell gespielten Stücke nahezubringen. Die Besucher konnten während der Öffnungszeiten kommen und gehen, wie sie wollten, genauso wie ihnen freistand, sich zu setzen, zu stehen oder sich durch den Raum zu bewegen. Als einzige Vorgabe wurden sie gebeten, während ihres Aufenthalts weiße oder schwarze Masken zu tragen, und zwar VR-Hygienemasken, wie sie in den in jüngster Zeit in China entstandenen Virtual-Reality-Spielcentern unter den VR-Brillen getragen werden. Auch das Ensemble trug diese Masken, was für eine zusätzliche Verbindung zwischen allen Anwesenden sorgte.

Litany and Rapture (2017), wie der Titel des Werkes (der Komposition?) lautete, stellte das Ensemble vor enorme Herausforderungen, nicht nur wegen exzessiven Dauer ihrer Präsentationen und der ungeheuren Menge an Stücken, die sie in dieser Zeit aufführten. Als mindestens genauso schwierig erwies es sich, den gewohnten Rahmen der Konzertsituation zu verlassen, angefangen mit der Idee, dass ein Konzert am Ende eines längeren Probenprozesses steht, dessen Ziel es ist,

---

5 Hinzu kamen vier Stunden am Eröffnungstag. Zur Ausstellung gehörten auch sechs *Hong Kong Solos* (2017), deren Komposition Meyers bei sechs ortsansässigen Komponisten in Auftrag gegeben hatte. Sie kamen an sechs anderen Kunstorganisationen zur Aufführung, M+, Asia Art Archive, Para Site, Hong Kong Arts Center, Things that can happen, und Soundpocket. Meyers' Vorgabe war, die Stücke in enger Zusammenarbeit mit den Angestellten der Organisationen zu komponieren. Diese trugen die Solos auch vor, vor einem jeweils aus einer bis vier Personen bestehenden Publikum, das vorab Termine buchen konnte.

6 William Lane (Viola), Euna Kim (Violine), Selena Choi (Violine), Angus Lee (Flöte und Dirigat), Leung Chi Shing (Klarinette), Loo Sze Wang (Sheng), Chiu Tan Ching (Guzheng), Zhu Mu (Cello), Leung Tak Wing (Bassoon), Linda Yim (Klavier), Simon Hui (Bass, Toningenieur und Gitarre), Karina Yau (Percussion), Mike Yip (Elektrische Gitarre), und andere.

das Stück möglichst perfekt aufzuführen.[7] Die Vorgabe Meyers' brachte es dagegen mit sich, dass sich zwangsläufig Fehler einstellen würden. Mehr noch, als Teil seiner Choreographie verlangte er sogar, dass die Musiker ihre Darbietungen von Zeit zu Zeit mitten im Stück unterbrechen. Im Konzertsaal wäre dies eines der denkbar größten Missgeschicke, das nicht nur dem Anspruch des Orchesters entgegen steht, die Partitur zu beherrschen, sondern auch das Publikum an die Fragilität des Live-Erlebnisses erinnert – ein Unsicherheitsfaktor, der den heutzutage in der Regel an der Perfektion der Audioaufnahme orientierten Musikgenuss gefährdet. In Hong Kong dagegen war genau diese Erinnerung an den Ereignischarakter der Musikaufführung ein offenbar gewünschter Effekt. Er sensibilisierte die Anwesenden für die Situation und half so, die Aufmerksamkeit über das Klangerlebnis hinaus auch auf alle anderen Elemente zu lenken. Zum Beispiel auf die Masken. Ihr anonymisierender Effekt bot den Anwesenden einen gewissen Schutz: dem Ensemble, das sich für Stunden den Blicken der Besucher ausgesetzt sah und unter diesem Blicken Handlungen ausführte, die weit über die normalen Abläufe eines Konzertes hinausgingen und dadurch das Bewusstsein für die Präsenz der Musiker als Akteure im Raum zusätzlich verstärkten. Aber auch den Besuchern, die sich hinter den Masken ein wenig von ihrem kulturell eingeübten Verhalten lösen und dadurch vielleicht leichter auf die ungewohnten Parameter der Situation einlassen konnten.[8] Nicht zuletzt passte hierzu auch die Virtual-Reality-Referenz, als sei der miteinander geteilte Raum ein Möglichkeitsraum, in dem sich lebensnah nicht nur ein anderes Erlebnis von Musik, sondern auch ein anderes Verhalten, ein anderes Miteinander durchspielen ließe. Dass es um dieses Miteinander, vielleicht sogar um eine Gemeinschaft (ein Ensemble) ging, dafür sprach nicht nur die bereits erwähnte vereinheitliche Wirkung der Masken. Auch der ausgelegte Teppich ließ den Schluss zu, er markiere einen Raum, den Musiker und Besucher miteinander teilen, und zwar in einem grundlegenderen oder zumindest anderen Sinn, als es für die Aufführungskünste angesichts der Ko-Präsenz von Akteur und Zuschauer ohnehin gilt. Erika Fischer-Lichte definiert die Aufführung allgemein als »ein Ereignis [...], das aus der Konfrontation und Interaktion zweier Gruppen von Personen hervorgeht, die sich

---

7 Die folgenden Darstellungen gehen weitgehend auf die Schilderungen Meyers' zurück, die er mir in einem Gespräch über die Ausstellung vermittelte.
8 Meyers berichtet, welch heftige Gefühlsreaktionen die Musik in einigen Besuchern auszulösen vermochte – und dies in einer Kultur, deren Verhaltenscodes zu weiten Teilen darauf ausgerichtet sind, in der Öffentlichkeit Haltung zu bewahren.

am selben Ort zur selben Zeit versammeln, um in leiblicher Ko-Präsenz gemeinsam eine Situation zu durchleben, wobei sie, z.T. wechselweise, als Akteure und Zuschauer agieren.«[9] Dies trifft auch auf *Litany and Rapture* zu, jedoch verwies der Teppich – gleich einem Sockel – darauf, dass die Besucher nicht nur ein konstitutiver Bestandteil der Musikaufführung, sondern ein einkalkuliertes Element der künstlerischen Situation waren – wie auch die Musiker, die Masken, die Tafeln, etc. Angesichts der ungewohnten Rezeptionssituation waren sie angehalten, überhaupt erst herauszufinden, wie sie sich angemessen zum Vorgefundenen verhalten könnten – zu den Musikern, aber auch zu den anderen Besuchern. Wenn aber die Besucher und die anderen Elemente in dieser Weise von Belang waren, was genau war dann das Werk, das hier ausgestellt wurde? Waren es die Kompositionen zeitgenössischer Musik, interpretiert durch das Hong Kong New Music Ensemble? War es das Ensemble selbst, im Sinne einer Performance? Oder war es nicht eher die gesamte Situation, wie sie sich im Verlauf der Ausstellung entfaltete?

Die Kunsthalle for Music in Rotterdam war in vielerlei Hinsicht ähnlich. Auch hier gab es ein Repertoire, auch hier agierte die Performer jeweils über eine Dauer von mehreren Stunden, auch hier konnten die Besucher kommen und gehen, verbunden mit dem Zwang zur Entscheidung, wie lange man vor Ort verbringen wollte. Allerdings verteilten sich die Darbietungen auf mehrere, bis auf wenige Ausnahmen hell erleuchtete und bis auf vereinzelte Musikinstrumente und anderes technisches Equipment leere Etagen und Räume – eine geradezu demonstrative Mise en Scène des White Cube.[10] Nach einer einstudierten Choreografie kam das weiß gekleidete Ensemble zusammen, spielte ein Stück, um im nächsten Moment wieder auseinanderzugehen. Manchmal zogen sich die Performer auch in eine Ecke der Kunsthalle zurück, wo sie einsehbar, aber scheinbar »backstage«, unterschiedliche Handlungen vollzogen.[11] Klar war: Folgte man einer Person, verpasste man zwangsläufig, was anderswo passierte. Im Übrigen waren die Mitglieder des Ensembles nur teilweise akademisch ausgebildete Musiker; zwei hatten

---

9 Erika Fischer-Lichte: »Aufführung«, in: Dies. Doris Kolesch; Matthias Warstat (Hg.): *Metzler Lexikon Theatertheorie*, Stuttgart 2005, S. 16–26, hier 16.
10 In allen Räumen gab es Titelschilder, darauf jeweils ein Stück des Repertoires – eine weitere Reminiszenz an die Konventionen der Kunstausstellung.
11 Jonathan Bepler, *untitled* (2018). Bepler hatte seine »Komposition« eigens für das Witte de With geschrieben.

einen Hintergrund in Tanz und Performance, andere kamen aus der bildenden Kunst oder der Filmwissenschaft.[12]
Ein anderes Beispiel: Am 10. Juni 2012 weihte das Migros Museum für Gegenwartskunst in Zürich seine neuen Ausstellungsräume mit einer fünfstündigen Performance des isländischen Künstlers Ragnar Kjartansson ein.[13] Verteilt über die ansonsten leeren Räume standen mehrere Klaviere, an denen insgesamt elf Pianisten und acht Opernsänger Franz Schuberts »An die Musik« (1817) intonierten – von 12 bis 17 Uhr in unablässiger Wiederholung. Da die Musiker das Lied nicht gleichzeitig anstimmten, entstand eine Kakophonie einander überlagernder Melodien und Intonationen, welche die Räume aus allen Richtungen mit Musik erfüllte. Verstärkt wurde der Effekt durch den starken Hall, der von den kahlen Wänden des White Cube in den Raum zurück geworfen wurde. Umso mehr veranlasste dies die Besucher, sich herumwandelnd von einem Klavier zum anderen zu bewegen. Je näher man an die Klangquellen heranging, desto besser konnte man sich auf die jeweilige Darbietung konzentrieren. Dabei konnten die Besucher immer wieder auch auf Kjartansson selbst stoßen, der sich als einziger Performer ohne Gesangsausbildung dem Vergleich mit den professionellen Sängern aussetzte. Im nächsten Moment schweifte der Blick vielleicht schon wieder durch den Raum, der mit seinen locker über die Ausstellungsflächen verteilten »Exponaten« einerseits den Eindruck einer Ausstellung weckte, gleichzeitig aber so gar nicht an eine übliche Ausstellungssituation erinnerte. »An die Musik« ist ein Kunstlied, das Schubert für Solostimme und Klavier komponierte. Als Grundlage diente ein Gedicht Franz von Schobers, einem Freund des Komponisten. Es ist anzunehmen, dass Kjartansson es in erster Linie wegen dieses Textes auswählte:

Du holde Kunst, in wieviel grauen Stunden,
Wo mich des Lebens wilder Kreis umstrickt,
Hast du mein Herz zu warmer Lieb' entzunden,
Hast mich in eine beßre Welt entrückt!
Oft hat ein Seufzer, deiner Harf' entflossen,
Ein süßer, heiliger Akkord von dir

---

12 Bergur Thomas Anderson (Gitarre), Billy Bultheel (Klavier), Sandhya Daemgen (Violine und Gesang), Sara Hamadeh (Violine), Alexander Iezzi (Schlagzeug und Percussion), Nanna Ikonen (Saxophon und Elektronik), Jackson Moore (Saxophon) und Pau Marquès i Oleo (Cello).
13 Ragnar Kjartansson: *An die Musik* (2012), Performance am 12.06.2012, Migros Museum für Gegenwartskunst, Zürich.

Jörn Schafaff

*Den Himmel beßrer Zeiten mir erschlossen,
Du holde Kunst, ich danke dir dafür!*

Bemerkenswert an dem Text ist nicht allein die weltabgewandte, trostspendende, zukunftsverheißende Funktion, die er der Musik zuspricht, sondern auch, dass zwar von »Harf'« und »Akkord« die Rede ist, aber statt Musik das Wort »Kunst« verwendet wird. Beides zusammen erinnert nicht nur an das Ideal von Kunst in der Romantik, sondern auch an die herausgehobene Stellung der Musik für den im frühen 19. Jahrhundert in der deutschen Kultur vorherrschenden Kunstbegriff.[14] Im Rahmen des Migros Museums für Gegenwartskunst ließ sich diese exzessive Anrufung von Musik als Kunst dann wahlweise als Appell für eine Wiedervereinigung der beiden Disziplinen oder als Aufforderung an die Institution und die Besucher verstehen, sich darüber Gedanken zu machen, was heutzutage die Aufgabe und Bedeutung von Kunst ist.

Im engeren Sinne entstand die Gattung des Kunstliedes im frühen 19. Jahrhundert als Ausdruck der zunehmenden Emanzipation des deutschen Bürgertums. Privat organisierte Konzerte bildeten einen Gegenpol zu den repräsentativen Veranstaltungen des Adels, die Pflege der deutschen Sprache bot Ersatz für die fehlende nationale Einheit.[15] Etwa in dieselbe Zeit fällt auch die Gründung der ersten öffentlichen Kunstmuseen, auch sie waren ein Ausdruck der aufstrebenden bürgerlichen Klasse, Mittel der Selbstvergewisserung und der Einübung in ein gesellschaftliches Ideal.[16] Kjartanssons *An die Musik* (2012) war somit auch eine Engführung dieser beiden Historien und ein weiterer Anlass, sich Fragen über den gegenwärtigen Status des Museums zu stellen. Dazu gehörte nicht zuletzt die Frage, inwieweit das Museum zu Beginn des 21. Jahrhunderts als öffentlicher Raum zu verstehen ist, welche Art von Öffentlichkeit sich darin formiert, wie das geschieht und in welchem Verhältnis dies zur sozialen und gemeinschaftsstiftenden Funktion von Musik steht.

Unterstützt wurde die Thematisierung des Verhältnisses von öffentlichem und privatem Raum auch durch die Wahl des Instruments, erinnerten die Klaviere doch eher an das Musizieren in häuslicher Umgebung

---

14 Helmut Draxler: »Wie können wir Sound als Kunst wahrnehmen?«, in: *See This Sound. Versprechungen von Bild und Ton*, Ausst. Kat., Linz: Lentos Kunstmuseum, 2009, S. 20–25.
15 Martin Günther: *Kunstlied als Liedkunst. Die Lieder Franz Schuberts in der musikalischen Aufführungskultur des 19. Jahrhunderts*, Stuttgart 2016.
16 Über die gesellschaftsbildende Funktion von Museen und Ausstellungen im 19. Jahrhundert siehe Tony Bennett: »The Exhibitionary Complex«, in: *New Formations*, Nr. 4, Spring 1988, S. 73–102.

als es Konzertflügel getan hätten. Die Kleidung der Musiker – die Männer im Frack, die Frauen in festlichen Kleidern oder Anzügen – erinnerte dagegen eher an öffentliche Konzertauftritte. Dazwischen wandelten die Besucher, unterhielten sich, bildeten kleine Gruppen um die Interpreten und strebten wieder auseinander, durchaus auch vor dem Ende der jeweiligen Darbietung. Ihr Verhalten glich eher dem in einer Kunstausstellung, als dass es den Codes des Konzertbesuchs entsprach. Anlass für dieses Verhalten gab nicht nur der institutionelle Rahmen, der das Geschehen darin ja zunächst einmal als Kunstperformance einordnete, sondern auch der formale Aufbau der Szenerie. Wie für die Ausstellung von Kunstwerken üblich, waren die Konstellationen aus Musikern und Instrument über den Raum verteilt und damit gleichzeitig präsent – im Rahmen eines Konzertabends undenkbar. Eben diese gleichzeitige Präsenz machte aber auch sinnfällig, dass das Ausstellen von Musik, wie auch von Performancekunst allgemein, nicht ohne Weiteres mit den Konventionen von Ausstellungsinstitutionen vereinbar ist. Was im Migros Museum zur Ausstellung kam, war somit nicht allein Schuberts Lied, nicht allein seine Aufführung und nicht einmal nur die fünfstündige Performance, sondern genauso und vor allem auch der institutionelle Rahmen, innerhalb dessen die Veranstaltung stattfand.

Framing und Reframing

Wie in Hongkong und Rotterdam hatte auch in Zürich die Frage im Raum gestanden, welche Rolle dem verantwortlich zeichnenden Künstler zuzuschreiben ist. Wie Meyers hatte Kjartansson einen Rahmen für die künstlerische Darbietung anderer geschaffen und dabei auf ein bestehendes musikalisches Werk zurückgegriffen. Folglich resultierte das ästhetische Erlebnis nicht allein aus ihrer jeweiligen schöpferischen Idee, sondern aus der Verschachtelung mehrerer Autorenpositionen: ihrer eigenen, die zwischen denen des Künstlers und des Choreographen oszillierte, jener der Komponisten der Stücke und jener der Musiker mit ihren Interpretationen. Bei Kjartansson kam hinzu, dass er sich als musikalischer Amateur zu den Profis ins Verhältnis gesetzt hatte. Meyers hatte dagegen nicht nur zwei eigene Stücke in das Repertoire des Hongkong New Music Ensemble eingefügt, sondern in Vorbereitung auf die Kunsthalle for Music bereits wie ein Artistic Director agiert.[17]

---

17 *Module 4 from S.I.* (2013) und *Anthem* (2017). In Rotterdam waren es vier eigene Arbeiten: *Serious Immobilities (workshop version)* (2013/2016), *Duet* (2014), *Elevator*

Für Craig Owens ist die Frage der Autorschaft ein zentraler Ausgangspunkt der Hinwendung »vom Werk zum Rahmen«, wie sie insbesondere seit den 1960er Jahren im Praxisfeld der bildenden Kunst zu verzeichnen gewesen ist. Wenn es stimmt, was Roland Barthes 1967 in seinem berühmten Essay »Der Tod des Autors«[18] festgestellt hatte, nämlich dass der Autor nicht behaupten könne, die alleinige oder auch nur vorrangige Quelle der Bedeutung seines Kunstwerkes zu sein, welche anderen Faktoren spielen in die Bedeutungsproduktion hinein? Für Owens folgte daraus eine ganze Reihe von Fragen:

> »Where do exchanges between readers and viewers take place? Who is free to define, manipulate and, ultimately, to benefit from the codes of and conventions of cultural production? These questions shift attention away from the work and its producer and onto its *frame* – the first, by focussing on the location in which the work of art is encountered; the second, by insisting on the *social* nature of artistic production and reception. […] More often than not […] the ›frame‹ is treated as that network of institutional practices (Foucault would have called them ›discourses‹) that define, circumscribe and contain both artistic production and reception.«[19]

Die Autorenposition bzw. ihre hervorgehobene Stellung im Ausstellungsbetrieb und Konzertwesen, ist eine dieser Praktiken, ihre Verkomplizierung ein Mittel, das verborgene Wirken des Rahmens sichtbar zu machen. In ähnlicher Weise wie Meyers hatte Ende der 1960er Jahre bereits Marcel Broodthaers in der Rolle des Direktors einer fiktiven Institution agiert. Sein *Musée d'Art Moderne, Département des Aigles* (1968–1972) ist eines der Beispiele, die Owens für seine Argumentation heranzieht. Anders als Meyers bisher hatte Broodthaers diese Rolle aber systematisch zur Disposition gestellt, angefangen mit der ersten Manifestation des Museums, für die er in seinem Brüsseler Atelier einige Transportkisten platzierte, die im Vergleich zu den nur als Postkartenreproduktionen vorhandenen Gemälden deutlich mehr Präsenz hatten.

Music (2016/2018) sowie *Anthem* (2017), der Hymne der Kunsthalle for Music, mit der der tägliche, in der Auswahl der aufgeführten Stücke variierende Ablauf jeweils begann und endete.
18 Roland Barthes: »Der Tod des Autors«, in: Fotis Jannidis; Gerhard Lauer; Matias Martinez und Simone Winko (Hg.): *Texte zur Theorie der Autorschaft*, Stuttgart, 2000 (frz. 1967), S. 185–193.
19 Craig Owens: »From Work to Frame, or, Is There Life After 'The Death of the Author« (1985), in ders.: *Beyond Recognition: Represenation, Power, and Culture*, herausgegeben von Scott Bryson u.a., Berkley, Los Angeles und London 1992, S. 122–139.

Die Eröffnungsrede hatte ein echter Museumskurator gehalten, was den direkten Vergleich zu Broodthaers' selbsternannter Position erlaubte.[20] In den folgenden Jahren hatte Broodthaers dann die unterschiedlichen Abteilungen, Funktionen und Praktiken des Museumsbetriebes durchgespielt und dabei immer wieder die Rolle des Museumsdirektors mit der des Künstlers konfrontiert.[21] Sein Museum gipfelte 1972 in einer Ausstellung in der Düsseldorfer Kunsthalle, für die er mehrere hundert Gegenstände aus verschiedenen Bereichen der Kultur zusammentrug, deren einziges verbindendes Element das Adlermotiv war. Jeweils versehen mit einem Schild »Dies ist kein Kunstwerk«, machte genau dieser Hinweis umso deutlicher, dass genau dies die rahmende Macht des Museums ist: den darin ausgestellten Artefakten den Status von Kunst zu verleihen, egal ob sie als Kunst gemacht wurden oder nicht.

Ein anderer Vertreter der später so genannten Insitutional Critique, Daniel Buren, lenkte die Aufmerksamkeit dagegen stärker auf die rahmengebende Funktion von Architektur, die er als physische Grenze, aber auch als symbolische Manifestation institutioneller Macht bzw. kultureller Konventionen verstand. Für seine Ausstellung »Within and Beyond the Frame« spannte er 1973 ein Band aus hochformatigen, mit 8,7 cm breiten vertikalen Streifen versehenen Fahnen durch den Raum der New Yorker John Weber Gallery, das sich durch ein geöffnetes Fenster bis auf die gegenüberliegende Fassade über den West Broadway erstreckte. Ganz buchstäblich markierte das Fenster die Grenze von einem Bezugsrahmen zum anderen. Was innerhalb der Galerie als Installation oder gar als minimalistische Malerei gelten konnte, war für vorbeikommende Passanten nicht mehr als eine eigenwillige Dekoration, vielleicht übrig geblieben von irgendeinem Umzug oder Straßenfest.[22] Bereits 1971 hatte er in einem zunächst nur »Rahmen«betitelten, später dann in »Grenzen/Kritik«[23] umbenannten Artikel am Beispiel der

---

20 Johannes Cladders vom Museum Abteiberg in Mönchengladbach.
21 Siehe hierzu Douglas Crimp: »Dies ist kein Kunstmuseum« in: ders.: *Über die Ruinen des Museums*, Dresden 1996, S. 212–241, und Susanne König: *Marcel Broodthaers: Musée d'Art Moderne, Département des Aigles*, Berlin 2012.
22 Auch hier stand eine Kritik des Autors im Hintergrund. Buren, der aus der Malerei kam, verwendete das standardisierte Streifenmuster seit 1966, ursprünglich um sich der Identifikation von Künstler und individuellem Gestus zu widersetzen.
23 Daniel Buren: »Grenzen/Kritik« (1971), in: ders.: *Achtung! Texte 1967–1991*, herausgegeben von Gudrun Imboden, Dresden/Basel 1995, S. 123–142. In deutscher Sprache ursprünglich erschienen als »Rahmen«, in: *Daniel Buren: Position – Proposition*, Ausst.-Kat., Mönchengladbach: Städtisches Museum, 1971, S. 24–38. Französisch: Daniel Buren: *Limites Critiques*, Paris 1970, ohne Seitenangaben.

Malerei aufgezeigt, wie die Produktion und Rezeption von Kunst gleich von einer ganzen Reihe ineinander verschachtelter Rahmen bestimmt sind: vom Keilrahmen über die Wand oder die Vitrine als Träger des Kunstwerks und das Museum bis hin zu den zu einer gegebenen Zeit vorherrschenden kulturellen Grenzen. »Any object placed on exhibition in a museum space is framed not only physically by the museum architecture but also (and certainly not the less) by the cultural context which a museum signifies«, fasste Buren seine Beobachtungen 1977 zusammen und fügte hinzu: »It is to be noted that the same museum has in its shell art of different centuries [...]. All these objects are by force outside of their original context and, by force, mixed together in one single context, a museum context... Where are the connections? [...] Anyhow, framing is certainly not as banal or neutral as it means to be.«[24]

Für Buren war »Framing« ein negativ besetzter Begriff, er meinte damit die Verfahren, mit denen Kunstinstitutionen die Rahmenbedingungen der Kunstproduktion und -rezeption schaffen, die sie gleichzeitig zu verbergen bemüht sind. Tatsächlich waren seine Markierungen aber selber Framings, und zwar insofern, als sie diese verborgenen Rahmenbedingungen ihrerseits ins Bild setzten. Broodthaers setzte dagegen offensiv auf das Verfahren des Framings, und zwar indem er den vorherrschenden Bedingungen des musealen Betriebs durch eine eigene, fiktive Setzung spiegelte: »Dies ist ein fiktives Museum. Die Fiktion macht es möglich, Wirklichkeit einzufangen, aber gleichzeitig auch das, was die Wirklichkeit verbirgt.«[25]

Wird die Kunsthalle for Music ein solches fiktives Framing sein? Auf jeden Fall ist sie eine künstlerische Setzung, die bereits in ihrem Namen zwei disziplinäre Bezugsrahmen zueinander in Beziehung setzt und damit Debatten über das Selbstverständnis der beteiligten Disziplinen auslöst.[26] Wie der erste Testlauf in Hongkong und die erste Manifesta-

---

24 Daniel Buren: »Dominoes«, in: Matrix 33, *Daniel Buren. Dominoes: A Museum Exhibition*, Ausst.-Kat., Hartford: Wadsworth Atheneum, 1977, ohne Seitenangaben.
25 Marcel Broodthaers, Pressemitteilung zu *Musée d'Art Moderne, Département des Aigles, Section Art Moderne et Publicité*, Kassel 1972 (auf der documenta 5), abgedruckt in: *Marcel Broodthaers*, Ausst.-Kat., Galerie Nationale du Jeu de Paume, Paris 1991, S. 227.
26 Einen interessanten Vergleich bietet diesbezüglich die Umbenennung des Nationalen Zentrum für Choreographie im Rennes »Musée de la Danse«, die der Tänzer und Choreograph Boris Charmatz 2008 vornahm, nachdem er zum neuen Leiter der Institution ernannt worden war. http://www.museedeladanse.org. Siehe auch »Boris Charmatz in conversation with Mathieu Copeland«, in: Mathieu Copeland (Hg.): *Choreographing Exhibitions*, Dijon 2014, S. 105–112.

tion in Rotterdam, aber auch Kjartanssons *An die Musik* zeigen, ergibt sich das reflexive Potenzial der Kunsthalle gerade dort, wo die Merkmale der Bezugsrahmen miteinander kollidieren.[27] Gerade die Differenz und die Nichtvereinbarkeit wirken wie Wahrnehmungsverstärker, die den Blick auf die jeweils zugrunde liegenden Parameter der beteiligten Disziplinen eröffnen. Dies wiederum ist die Grundlage nicht nur für ihre bewusste Erörterung, sondern auch für ihre potenzielle Veränderung.

Wichtig ist in diesem Zusammenhang, dass im Falle der Kunsthalle for Music zu dem von Broodthaers und Buren bekannten Verfahren des Framings noch ein weiteres kommt, nämlich das des Reframings. Die Verlagerung von Gegenständen, Sachverhalten oder Verfahrensweisen von einem Bezugsrahmen in einen anderen ist ein künstlerisches Verfahren, das sich bis ins frühe 20. Jahrhundert zurückverfolgen lässt. Kubisten, Dadaisten und Surrealisten testeten die Grenze zwischen Kunst und Nicht-Kunst aus, indem sie traditionell kunstferne Gegenstände in künstlerisches Material verwandelten. Der Transfer in die Kunst lenkte die Aufmerksamkeit auf die ästhetische Dimension der Gegenstände und eröffnete ihnen neue Bedeutungsebenen. Umgekehrt führte er die traditionellen Gattungen der Malerei und Skulptur näher an die Realität außerhalb der Kunst heran, schließlich waren die Gegenstände ihr direkt entnommen (und nicht nur nachgebildet). Marcel Duchamps Readymades waren in dieser Hinsicht sicherlich am radikalsten, da er die von ihm ausgewählten Gegenstände weitgehend unverändert zum Kunstwerk erklärte. Auch hier spielte der institutionelle Rahmen, in dem das Objekt erscheint, bereits eine Rolle, entscheidend aber war die Autorität (die Autorschaft) des Künstlers, seine Wahl, bekräftigt durch seine Signatur – im Falle des berühmten Urinoirs (*Fountain*, 1917) das Pseudonym »R. Mutt«.

Aufbauend auf den Verfahren von Dada und Surrealismus entwickelten die Mitglieder der Situationistischen Internationale ab den späten 1950er Jahren Ideen für die Umwidmung nicht nur einzelner

---

27 Dies gilt auch für andere Arbeiten Meyers': 2013 nahm die Berliner Galerie Esther Schipper Meyers in ihr Künstlerprogramm auf. Schon zuvor hatte er mit Künstlern wie Anri Sala, Dominique Gonzalez-Foerster oder Tino Seghal zusammengearbeitet. Einen Eindruck seiner künstlerischen Arbeiten vermittelt die Webseite http://aribenjaminmeyers.com. Für seine Position als Grenzgänger zwischen den Disziplinen siehe Ari Benjamin Meyers, Jörn Schafaff, Julia H. Schröder: »Musik zeigen, Ausstellungen komponieren«, in: Jörn Schafaff und Benjamin Wihstutz (Hg.): *Sowohl als auch dazwischen – Erfahrungsräume der Kunst*, Paderborn 2015, S. 77–94.

Gegenstände, sondern ganzer Gebäude oder gar Stadtteile.[28] Ziel solcher *détournements* war allerdings nicht, die bestehende Ordnung der Kunst zu verändern, den Situationisten ging es um die Veränderung der gesellschaftlichen Ordnung. Künstlerische Mittel waren hierfür willkommen, Kunst als separater Bereich der Kultur aber abzulehnen. Parallel dazu nahmen bildende Künstler in den 1960er Jahren verstärkt Anleihen bei Theater, Tanz und Musik. Die Übernahme formaler und struktureller Merkmale der Aufführungskünste führte zu neuen Kunstformen wie Environment, Happening und Performance, zur Debatte standen dabei allerdings weniger die gesellschaftlichen Verhältnisse (zumindest nicht in vergleichbar direkter Weise), als vielmehr die Möglichkeiten künstlerischen Handelns und die Durchlässigkeit der »Binnengrenzen der Künste«[29] – auch wenn die Künstler mit ihren Arbeiten soziale, politische oder kulturkritische Anliegen verfolgten.

Anfang der 1970er Jahre machte sich die kanadische Künstlergruppe General Idea diese Entwicklungen zu nutze, indem sie Performance-Abende veranstaltete, bei denen theatrale und musikalische Elemente zusammenkamen. Ihre *Miss General Idea Pageants* waren queere Schönheitswettbewerbe, die ironisierend den einschlägigen Formaten im nordamerikanischen Privatfernsehen nachempfunden waren. Andere Performances dienten der Einübung des Publikumsverhaltens auf solchen Veranstaltungen, zum Beispiel *Going Through the Motions* (1975), ein Abend in der Art Gallery of Ontario in Toronto, während dessen die etwa 800 Gäste angehalten wurden, auf Kommando zu klatschen, zu lachen, den Atmen anzuhalten oder stehende Ovationen zu geben.[30] »The Pageant performances«, erläutern General Idea rückblickend, »were staged between 1970 an 1978 as a large-scale theatrical presentation in a television-studio format. The audience played the part of the studio audience performing their role for the television cameras.«[31] Damit handelte es sich bei den Veranstaltungen gleich um zweifache Reframings: um Transfers von Merkmalen anderer Disziplinen in das Praxisfeld der Kunst und um die Umwidmung und Verlagerung nicht-

---

28 Roberto Ohrt: *Phantom Avantgarde. Eine Geschichte der Situationistischen Internationale und der modernen Kunst*, Hamburg 1990.
29 Benjamin Wihstutz: »Zur Theatralität von Institutional Critique«, in: Ina Scheffler; Henriette Plegge (Hg.), *Umräumen. Der Moment der Veränderung bildungsinstitutioneller Räume*, Oberhausen 2018, S. 89–106, hier S. 101.
30 Stephan Trescher: *Die kanadische Künstlergruppe General Idea*, Nürnberg 1996.
31 General Idea: »›How our mascots love to humiliate us…‹ Revelations from the doghouse«, in: *General Idea 1968–1984*, Ausst.-Kat., Eindhoven: Stedelijk Van Abbemuseum, 1984, S. 23–40, hier S. 27.

künstlerischer kultureller Formate, dem Schönheitswettbewerb und dem Fernsehstudio. Ziel dieser Reframings war jedoch nur zum Teil, die Grenzen zwischen den Künsten bzw. zwischen Kunst und Nichtkunst auszutesten. Vor allem ging es darum, ein Sendeformat, das normalerweise der Verbreitung sozialer Rollenklischees dient, für die eigenen queeren Interessen zu kapern – als bekennende Homosexuelle waren AA Bronson, Felix Partz and Jorge Zontal Teil der queeren Community Torontos. Das zweite Anliegen war, die Besucher der Veranstaltungen für die Mechanismen der Fernsehwelt zu sensibilisieren. Anders ausgedrückt: Genauso wie das Reframing in die Kunst hinein wirkte, lenkte es die Aufmerksamkeit auf die Rahmenbedingungen der Zusammenhänge, denen die in die Kunst verlagerten Elemente entnommen worden waren.[32]

In den 1990er Jahren griffen Künstler wie Philippe Parreno die Strategie General Ideas auf, mithilfe von »Framing Devices«[33] Setzungen vorzunehmen, die einen szenischen Rahmen für ein im institutionellen Rahmen von Kunst stattfindendes Geschehen bereiten und im Zuge dessen verschiedene kulturelle Bezugsrahmen reflexiv miteinander zu verschränken. Wenn etwa Parreno zusammen mit einigen Kollegen eine Ausstellung in einer Galerie zu einem »Film in Realzeit«[34] erklärte, appellierte er an die Vorstellungskraft der Ausstellungsbesucher, ihre Wahrnehmung und ihr Verhalten auf diese Behauptung hin einzustellen und sich der vorgefundenen Situation unter den geänderten Voraussetzungen zu nähern: die eigenen Blickbewegungen als Kameraeinstellungen zu betrachten, Exponate als Kulissen und den eigenen Aufenthalt dafür zu nutzen, als Schauspieler in einer Rolle zu agieren – und sei es die des eigenen Lebens. Dabei griff er nicht zuletzt auf das zurück, was Gregor Stemmrich das »Realitätsprinzip« der Künste nennt, das »es der Kultur gestattet, etwas – auch über den Widerstand traditioneller Vorstellungen hinweg – als Skulptur, als Tanz, als Theater etc. zu akzeptieren – oder adjektivisch: als skulptural, als tänzerisch, als poetisch,

---

32 Dies galt auch noch, als sie Mitte der 1970er Jahre den Miss General Idea Pavillon als zukünftigen Austragungsort der Schönheitswettbewerbe erfanden, dann aber erklärten, der Pavillon sei abgebrannt, um diesen narrativen Rahmen in den Folgejahren dazu zu nutzen, in Ausstellungen herkömmliche Kunstwerke zu präsentieren, die sie angeblich aus den Flammen gerettet hatten.
33 General Idea:»How our mascots love to humiliate us...«, 1984, S. 24ff.
34 Philippe Parreno, Pierre Joseph, Bernard Joisten, Philippe Perrin: *Les Ateliers du Paradise. Un film en temps réel* (1990). Dazu und zu der Verbindung zwischen Parreno und General Idea siehe Jörn Schafaff: *How We Gonna Behave? Philippe Parreno: Angewandtes Kino*, Köln 2010.

als filmisch etc.«[35] Gerade weil Parreno davon ausgehen konnte, dass das Wort »Film« bei den Besuchern bestimmte Assoziationen auslösen würde, brauchte er nicht einmal irgendwelche offensichtlich dem Film oder Kino entstammende Verweise, um den gewünschten Effekt zu erzielen.

In ähnlicher Weise funktioniert auch Meyers' Kunsthalle for Music: als eine zunächst einmal semantische Setzung, die einen Gegenstand – die Musik – in einen anderen Bezugsrahmen versetzt, den der bildenden Kunst. Allerdings läuft das Reframing nicht einfach in umgekehrter Richtung ab und genau dies macht die Sache kompliziert. Denn Meyers nimmt keine Konzerthalle und verleiht ihr einen anderen Namen, auf dass alles, was dort an Konzerten stattfindet, als bildende Kunst wahrgenommen werden möge; der Rahmen, in dem er seine eigenen Kompositionen und die anderer präsentiert, ist der der Kunstausstellung. Genauso wenig aber behandelt er die musikalischen Werke und ihre Aufführung als Readymades, die durch den Transfer in den Ausstellungszusammenhang den Status von Kunstwerken erhalten. Vielmehr werden ihm die bestimmenden Merkmale des Ausstellens zu konstitutiven Faktoren der Komposition. Auch wenn er sich nun in Praxisfeld der bildenden Kunst bewegt, argumentiert er weiterhin aus der Perspektive der Musik, genauer, des Komponisten und Dirigenten:

> »We need the Philharmonie or La Scala in all its perfection like we need museums to display the old masters, but we also need another kind of space for contemporary music performance that hasn't really existed until now, let's call it a ›Kunsthalle‹ for music. We as composers and musicians haven't traditionally had this playground as we know it in contemporary art. [...] An art space has of course its own rules, but is still a space you can navigate at your own pace.«[36]

Auch wenn die Kunsthalle for Music als Institution eine fiktive Setzung ist, geht es Meyers darum, reale Bedingungen für die Produktion, Präsentation und Rezeption von Musik zu schaffen. Nach eigenem Bekunden stieß Meyers immer wieder auf infrastrukturelle, finanzielle und ideologische Widerstände, die ihn daran hinderten, seine Kompositionen im Rah-

---

35 Gregor Stemmrich: »Ästhetisch vereinbarte Räume und ihre Überschreitung«, in: Jörn Schafaff; Benjamin Wihstutz (Hg.): *Sowohl als auch dazwischen. Erfahrungsräume der Kunst*, Paderborn 2015, S. 117–130, hier S. 129.
36 Meyers zit. nach Marie-France Rafael: *Ari Benjamin Meyers: Music on Display*, Köln 2015, S. 38.

men konventioneller Konzertprogramme zu realisieren: »Zum Beispiel hatte ich die Idee zu Solo, einem Konzert für nur einen einzigen Zuhörer [...]. Wenn ich das Konzept einem Opernhaus vorschlug, sagten die »Wie bitte? Sie wollen ein Stück für einen Zuhörer machen? Wir versuchen die ganze Zeit, mehr Publikum ins Haus zu kriegen, nicht weniger!«[37] Angesichts dessen wurden das Praxisfeld der Kunst und insbesondere die Regularien des White Cube für ihn in erster Linie zu einem Instrument der Befreiung – und erst danach ein rückwirkendes Mittel der Reflexion über die institutionellen Bedingungen von Musik und bildender Kunst.

Urteilen

Auch wenn es Meyers ursprünglich also weniger darum geht, die Handlungsmöglichkeiten der bildenden Kunst zu erweitern, als diejenigen der Musik, plädiert er in dem eingangs zitierten Manifest für Musik als »contemporary art«. Dies lässt zum einen den Schluss zu, Meyers ziele damit auf einen Kunstbegriff ab, der die Künste in sich vereint. Angesichts der oben angedeuteten Entgrenzung zwischen Kunst und Nicht-Kunst sowie zwischen den künstlerischen Disziplinen macht dies Sinn. Kunst in diesem Sinne wäre dann »eine kulturelle Sphäre und Praxis, in der unterschiedliche Formen, Inhalte, Materialien und mediale Konstellationen zum Einsatz kommen, [...] ein Feld dessen Aufteilungen und Gliederungen keine klaren Grenzlinien mehr erkennen lassen, sondern vielmehr unterschiedliche Zonen und Übergänge, die sich jederzeit verschieben können.«[38] Andererseits könnte es Meyers aber auch genau um die ästhetische Spannung gehen, die sich aus der Verschränkung unterschiedlicher Bezugsrahmen ergibt. Denn es ist, wie Benjamin Wihstutz anschließend an Stemmrich bemerkt, »keineswegs belanglos, in welchem institutionellen Kontext und unter welchem Label eine Arbeit präsentiert wird. Bezeichnet oder betrachtet man etwas *als* Theater, so beeinflusst diese Zuschreibung die Qualitäten ästhetischer Erfahrung ebenso wie die Kriterien ästhetischen Urteilens.«[39] Die entscheidende

---

37 Zit. nach Meyers, Schafaff, Schröder: »Musik zeigen, Ausstellungen komponieren«, S. 86. Auf ähnliche Weise argumentiert Meyers auch auf der Tagung Music Is Not! Siehe dazu den »Live Stream ›Music Is Not! A Symposium On and Around the Kunsthalle for Music‹« auf YouTube.
38 Jörn Schafaff, Benjamin Wihstutz: »Erfahrungsräume der Kunst – eine Annäherung« in: dies. (Hg.): *Sowohl als auch dazwischen*, 2015, S. 111–115, hier 114f.
39 Wihstutz: »Zur Theatralität von Institutional Critique«, S. 105.

Frage wäre dann, auf welche Weise Erfahrung und Urteil in einer Kunsthalle for Music beeinflusst werden? In Bezug auf die Erfahrung hat bereits das Beispiel Parrenos einigen Aufschluss gegeben. Die Umbenennung hat zur Folge, dass man als Besucher seine Wahrnehmung neu einstellt und Parameter auf das Wahrgenommene anlegt, die den kulturell vorherrschenden Vorstellungen von der ins Spiel gebrachten Disziplin entsprechen. Im Falle der Gegenwartskunst sind diese zwar alles andere als eindeutig (eben weil alles, was im institutionellen Rahmen von Kunst stattfindet, der heute geltenden Konvention zufolge als Kunst gelten kann), zumindest aber lässt sich sagen, dass neben der auditiven vor allem auch die visuelle Dimension von Bedeutung ist, mit anderen Worten: alles was im Ausstellungsraum von künstlerischer Seite platziert ist. Die Musiker, seien sie eigens engagierte Sänger und Instrumentalisten oder die Ausstellungsbesucher selbst, würden als Performer wahrgenommen werden, eine Anordnung von Gegenständen als Installation, beiden würde eine symbolische Bedeutung zugesprochen werden. Allein, welchen Status hätte die Musik? Wäre auch sie ein ästhetisches Objekt, symbolischer Verweis auf eine historische Epoche etwa, auf eine Kultur oder ein soziales Milieu? Fiele sie unter die Kategorie Sound?[40] Oder würden wir sie weiterhin als musikalisches Erlebnis wahrnehmen, das uns in eine Stimmung versetzt oder dessen kompositorische Finesse wir nachvollziehen? Würden wir deshalb ein Stück erwarten mit einem Anfang und einem Ende? Und wenn ja, was hieße das für eine Arbeit wie *Serious Immobilities* (2013), die Meyers für eine Galeriesituation komponierte, so dass die Länge der gespielten Musik sich an den Öffnungszeiten der ausstellenden Institution orientierte? Nach den herkömmlichen Kriterien des Musikbetriebs hätte man entweder den ganzen Tag in der Galerie verbringen müssen oder das ästhetische Erlebnis wäre unvollständig gewesen. Nach den Kriterien des Ausstellungsbesuchs war es dagegen in Ordnung, nach einer gewissen Zeit zu gehen, denn üblicherweise machen Kunstwerke keine Vorgaben, wie lange man sich ihnen zu widmen hat.[41] Anders ausgedrückt, die ästhetische Erfahrung von Musik als

---

40 Draxler: »Wie können wir Sound als Kunst wahrnehmen««, 2009.
41 Selbstverständlich haben Happening, Performance und Videokunst diese Norm seit Jahrzehnten unterminiert, dennoch bleibt die relative Unbestimmtheit der Zeit in der Ausstellung ein Merkmal, dass die bildende Kunst von den Zeit- oder Aufführungskünsten unterscheidet, mit Auswirkungen für die gesamte Organisation des Ausstellungsbetriebs. Zu den Herausforderungen der zeitbezogenen Entscheidungsfindung auf Seiten der Besucher bei *Serious Immobilities* siehe Meyers, Schafaff, Schröder: »Musik zeigen, Ausstellungen komponieren«, 2015. Zur insti-

»contemporary art« würde zu großen Teilen eine Erfahrung der Oszillation zwischen verschiedenen sinnlichen Eindrücken, symbolischen Ordnungen und Wahrnehmungskategorien sein – mit entsprechenden Folgen für die Beurteilung des Erlebten. Denn welche Kriterien würde man sinnvoller Weise anlegen? Kaum ein Musikkritiker würde über die Aufführung einer Beethoven-Symphonie in der Berliner Philharmonie schreiben, »Die Musik war zwar großartig, aber die zweite Violinistin trug Jeans und T-Shirt und saß ein wenig krumm auf ihrem Stuhl.« Was zählt, sind die Komposition und das klangliche Erlebnis.[42] Versetze ich das Orchester aber in einen Ausstellungszusammenhang, sind Kleidung und Körperhaltung sehr wohl von Belang. Es ließe sich dann darüber urteilen, ob die symbolischen Verweise nachvollziehbar oder ihrer Form nach gelungen sind, vor allem im Vergleich zu anderen skulpturalen oder installativen Kunstwerken. Umgekehrt wären dies aber keine hinreichenden Kriterien für die Beurteilung der Musik. Folglich müsste man entweder behaupten, *wie* die Musik gespielt werde und *wie* die Komposition im Vergleich zu anderen beschaffen ist, sei bedeutungslos, oder man zieht die im Praxisfeld der Musik bestehenden Kriterien heran. Dies aber würde bedeuten, die Einheit des Kunstwerks in Frage zu stellen und auch die Einheit des Bezugsrahmens der Institution bildende Kunst.

Eine dritte Möglichkeit ist, die bestehenden Qualitätskriterien *beider* Praxisfelder in Frage zu stellen und nach anderen Kriterien zu suchen. »Widerspricht die Rahmung oder Zuschreibung traditionellen Vorstellungen, so können die daraus resultierenden Spannungen zwischen Rahmung und Rezeption, zwischen Erwartung und Erfahrung Synergieeffekte erzeugen, die den institutionellen Kontext selbst auf neue Weise beleuchten.«[43] Die Kritik ist ein Teil dieses Kontexts und die Verschränkung der Bezugsrahmen, wie sie die Kunsthalle for Music in Aussicht stellt, führt diesbezüglich zweierlei Dinge vor Augen: Erstens, wie voraussetzungsvoll das ästhetische Urteil ist, seine Abhängigkeit vom Kontext, aus dem heraus es seine Kriterien bezieht; und zweitens wie die Entgrenzung der Künste als künstlerische Strategie die Urteilsbildung unterwandern, wenn nicht gar suspendieren kann, um eine Diskus-

---

tutionskritischen Handhabung von Zeit in der Kunst siehe Jörn Schafaff: »Challenging Institutional Standard Time« in: Beatrice von Bismarck; Rike Frank; Benjamin Meyer-Kramer; Jörn Schafaff; Thomas Weski: *Timing – On the Temporal Dimension of Exhibiting*, Berlin 2014, S. 189–208.
42 Etwas anders verhält es sich beim Rockkonzert, wo das Zusammenspiel von Erscheinungsbild, Performance und musikalischer Darbietung eher zum künstlerischen Gesamtkonzept gehört.
43 Wihstutz: »Zur Theatralität von Institutional Critique«, S. 102.

sion über die normativen Voraussetzungen der Beurteilung von Kunst anzuregen. Dies heißt nicht, dass man in Folge dessen überhaupt nicht mehr zu einem Urteil käme. Aber es verlangt danach, stets zu erklären, welche Faktoren dabei eine Rolle spielen. Welche Kriterien lege ich an und warum? Von welcher Position aus spreche ich? In einer Institution wie der Kunsthalle for Music würde somit erfahrbar, was für die Kunst seit der Moderne allgemein gilt, nämlich dass das ästhetische Urteil aus Sicht der Kunst selbst ein Problem darstellt, das es mit künstlerischen Mitteln zu bearbeiten gilt. Ein Problem, weil es grundsätzlich interessengeleitet und regelgebunden ist und damit die künstlerische Freiheit einschränkt.[44]

Die Frage der Position betrifft nicht nur die Zugehörigkeit zu der einen oder anderen Gruppe der Kunstbetrachter. Es geht nicht nur darum, ob ich die Kunsthalle for Music als Musikhörer oder als Kunstbetrachter besuche. Auch wenn die Philharmonie, das Kunsthistorische Museum oder ein Ort wie die Kunst-Werke Berlin jeweils eine relativ homogene soziale Gruppe versammeln, bilden sie damit keine Öffentlichkeit im Sinne einer Allgemeinheit, sondern allenfalls eine Teilöffentlichkeit, deren Normen und Wertvorstellungen abhängig sind von ihrer sozialen und kulturellen Herkunft. So, wie die Vorstellung von Öffentlichkeit als einem einheitlichen Zusammenhang fragwürdig geworden ist, ist auch die Idee fragwürdig geworden, dass ein Konzertsaal oder eine Kunsthalle Orte sind, an denen sich ein allgemeingültiger Geschmack abbildet.[45] Vielmehr handelt es sich um Orte, an denen gesellschaftliche Gruppen ihre Wertvorstellungen verteidigen, propagieren oder auch aushandeln. Ein Potenzial der Kunsthalle for Music ist deshalb, diese Aushandlung des Öffentlichen in der ästhetischen Erfahrung und im ästhetischen Urteil exemplarisch erfahrbar zu machen, allein schon weil sie von vornherein verschiedene Teilöffentlichkeiten anspricht. Während die präsentierten Exponate also die soziale und gemeinschaftsstiftende Funktion

---

44 Auf die Interessengebundenheit des ästhetischen Urteils weist auch Isabelle Graw hin: Isabelle Graw: »Le Goût, c'est moi«, in: *Texte zur Kunst*, Heft 75, 19. Jahrgang, (September 2009), S. 55–67.
45 Zur Problematisierung des Öffentlichkeitsbegriffs siehe zum Beispiel RAQS Media Collective und Geert Loovink (Hg.): *Sarai Reader 01: The Public Domain*, 2001, online: http://sarai.net/sarai-reader-01-public-domain/. Stephan Schmidt-Wulffen spricht deshalb auch von einer »Kunst ohne Publikum«. Angesichts der Fragmentierung des öffentlichen Lebens könnten Künstler schlicht nicht davon ausgehen, auf ein homogenes Publikum zu stoßen, das alle durch das Kunstwerk aufgerufenen Codes und Werte miteinander teilt. Stephan Schmidt-Wulffen: »Kunst ohne Publikum«, in: ders.: *Perfektimperfekt*, Freiburg 2001, S. 222–237.

von Musik betonen, betont die Verschränkung der Bezugsrahmen die Freiheit eines jeden Einzelnen, das Erlebte nach eigenen Kriterien zu beurteilen. Gleichzeitig wird aber einsichtig, dass diese Kriterien keinen Anspruch auf Allgemeingültigkeit haben – oder sogar insgesamt fragwürdig sind. Da das ästhetische Urteil aber nicht nur grundsätzlich darauf angelegt ist, mit anderen geteilt zu werden, sondern immer auch »Gemeinschaft postuliert«[46], also die Zustimmung der anderen, entsteht eine Spannung zwischen Subjektivem und Gemeinschaftlichem, die mit dem zwischen Kollektivität und Individualität oszillierenden Erlebnis der oben skizzierten möglichen Exponate auch darin korrespondiert, dass sie sich nicht zugunsten des einen oder anderen auflösen lässt.

»What is taste for you?« fragt Pierre Cabanne 1966 den achtzigjährigen Marcel Duchamp. »A habit.« antwortet dieser. »The repetition of something already accepted. If you start something over several times, it becomes taste.«[47] Sein ganzes Leben lang habe er versucht, dem zu entkommen. Das Spiel, das er dabei spielte, war das Spiel der Avantgarden: Infragestellung des Bestehenden als Reflex gegen Entfremdung und Fremdbestimmung, gleichsam als Kritik an den normgebenden gesellschaftlichen Verhältnissen. Gleichwohl kam es auch Duchamp darauf an, nicht so sehr zu entkommen, dass er ganz aus dem Praxisfeld der Kunst und dessen Beurteilungsrahmen herausfiel.[48] Im Zuge dieses Spiels entstand freilich ein neues Kriterium für die Beurteilung von Kunst, ein Kriterium, dass vielleicht auch für die Kunsthalle for Music geltend gemacht werden kann: Nicht länger ein vorausgesetztes Ideal von Harmonie und Schönheit galt fortan als Qualitätsmaßstab, sondern die Komplexität und Schlüssigkeit, in der sich das Kunstwerk von den jeweils vorherrschenden Normvorstellungen absetzt. Geschmack als »Akt sinnlichen Erfassens, zu erkennen und zu beurteilen, wie es um einen Gegenstand bestellt ist«[49] schien hierfür nicht länger geeignet, denn wenn, wie Gianni Vattimo meint, »die Begegnung mit dem Kunstwerk [...] eine Möglichkeit ist, in der Vorstellung andere Existenzformen und andere Lebensweisen als die, in die wir in unserer konkreten Alltäglich-

---

46 Graw: »Le Goût, c'est moi«, 2009, S. 57.
47 Pierre Cabanne: *Dialogues with Marcel Duchamp*, New York 1987 (frz. 1967), S. 48.
48 Zumindest ist dies der Eindruck, den er gegen Ende seines Lebens vermittelt. Zwischendurch war er bekanntlich für Jahre aus der künstlerischen Produktion bzw. aus dem Ausstellungsbetrieb ausgestiegen, behielt aber Kontakt zu Akteuren des Praxisfeldes Bildende Kunst. Siehe ebd.
49 Christoph Menke: »Ein anderer Geschmack«, in: *Texte zur Kunst*, Heft 75, 19. Jahrgang, (September 2009), S. 39–46, hier 39.

keit verstrickt sind, zu erfahren«[50], ist Geschmack ein schlechter Berater. Geschmack, so wie Duchamp ihn versteht, basiert auf der Gültigkeit des Bestehenden, er ist »eine durch Übungen erworbene, aber deshalb nicht auf Regeln zu bringende Fähigkeit, die das Subjekt in eigener Verantwortung […] anzuwenden vermag.«[51] Wie Christoph Menke bemerkt, diente im 19. Jahrhundert die Ausbildung des Geschmacks als Urteilskategorie der gleichzeitig entstehenden bürgerlichen Gesellschaft als Mittel, »um all die fremden Verhaltensweisen und Gegenstände zu erfassen«[52] mit denen die Menschen in der sich rasch wandelnden Kultur der Moderne konfrontiert waren. Möglich war dies aufgrund der Behauptung, Geschmack sei »objektive Instanz: die Fähigkeit, die Dinge zu sehen wie sie in sich selbst sind, unverhüllt durch den Schein des Vorurteils und der Naivität.[53] Mit anderen Worten, der Zweck des Geschmacksurteils war, das Unvertraute vertraut zu machen. Die ästhetische Erfahrung, nach der Duchamp strebte, lässt den Menschen hingegen »andere mögliche Welten erleben und zeigt ihm so auch die Zufälligkeit, die Relativität und die Unbestimmtheit der realen Welt, in die er eingeschlossen ist«[54]. Sie zeigt, mit Menke gesprochen, dass die »Identität von Subjektivitätsform und Objektivitätsanspruch […] ideologisch erschlichen«[55] ist. Die Kunsthalle for Music könnte solche andere möglichen Welten vorschlagen, nicht im Sinne des absolut Neuen, wie es die historischen Avantgarden propagierten, sondern durch das Framing und Reframing etablierter Formen und Formate. Ein Geschmack, der sich hier herausbildet, kann sich nicht auf das Bestehende berufen, nicht auf die Gewohnheit. Er ist zunächst einmal impulsiv, eine »Kraft, die sich von sich selbst äußert und unkontrollierbar im Subjekt auswirkt.«[56] Etwas zieht mich an oder stößt mich ab, aber ich kann nicht sagen, warum. Dieser »andere Geschmack« verweist einen auf »das niemals einzuholende Fremde im Eigenen«[57] – und gibt auf diese Weise Anlass, sich über die Umstände, die dieses fremde Eigene hervorgebracht haben, Gedanken zu machen.

---

50 Gianni Vattimo: *Die transparente Gesellschaft*: Wien 1992, S. 23.
51 Menke: »Ein anderer Geschmack«, 2009, S. 40.
52 Ebd.
53 Ebd.
54 Vattimo: *Die transparente Gesellschaft*, 1992, S. 23.
55 Menke: »Ein anderer Geschmack«, 2009, S. 43.
56 Ebd., 45.
57 Ebd.

Autorinnen und Autoren

Sarah-Mai Dang ist wissenschaftliche Mitarbeiterin am Institut für Medienwissenschaft der Philipps-Universität Marburg.

Kai van Eikels ist akademischer Oberrat am Institut für Theaterwissenschaft der Ruhr-Universität Bochum.

Barbara Hahn ist Professorin für German Studies am College of Arts and Science der Vanderbilt University in Nashville, Tennessee, USA.

Matthias Grotkopp ist Juniorprofessor für Digital Film Studies an der Freien Universität Berlin.

Hermann Kappelhoff ist Professor am Seminar für Filmwissenschaft der Freien Universität Berlin.

Jan Lazardzig ist Professor für Theaterwissenschaft an der Freien Universität Berlin.

Birgit Peter leitet das Archiv und die theaterhistorische Sammlung des Instituts für Theater-, Film- und Medienwissenschaft der Universität Wien.

Jörn Schafaff ist Kunst- und Kulturwissenschaftler in Berlin.

Ludger Schwarte ist Professor für Philosophie an der Kunstakademie Düsseldorf.

Martin Vöhler ist Literaturwissenschaftler und Professor für Gräzistik an der Aristoteles-Universität Thessaloniki.

Meike Wagner ist Professorin für Theaterwissenschaft an der Universität Stockholm.

Benjamin Wihstutz ist Juniorprofessor für Theaterwissenschaft an der Johannes Gutenberg-Universität Mainz.